KB246253

자원오행

작명 길라잡이

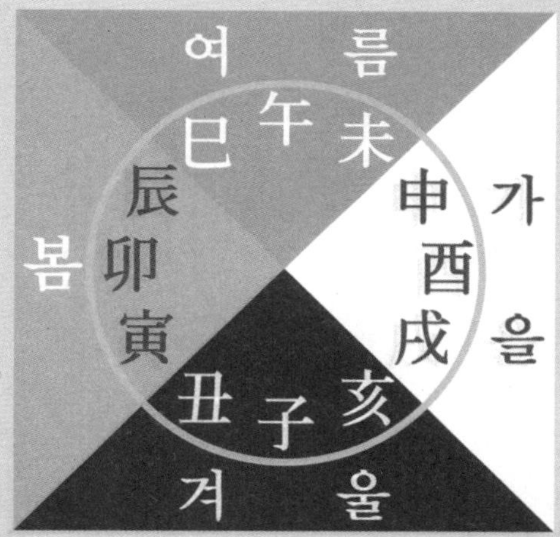

프로방스

이 책은 이렇게 썼다.

독자들께서는 그동안 本 필자의 著書인,

韓吉洙 四柱學 講義書 第 1卷 四柱學 基本論(上),
韓吉洙 四柱學 講義書 第 2卷 四柱學 基本論(下),
韓吉洙 四柱學 講義書 第 3卷 四柱學 氣象論,
韓吉洙 四柱學 講義書 第 4卷 四柱學 天干·地支와 日主論
韓吉洙 四柱學 講義書 第 5卷 四柱 通辯術(上)
韓吉洙 四柱學 講義書 第 6卷 四柱 通辯術(下)
第 7卷 來情法(辛卯年),
第 8卷 來情法(壬辰年)으로 이론적 토대와 通辯의 기틀을 완벽히 갖춘데 이어 來情法으로 수준높은 역술가로 평가받을 것이라고 확신한다.

이번에 출간하게 된 "자원오행 작명 길라잡이"는 기존에 사용하던 인명용 한자 5,400여자 외에 대법원에서 2015년부터 추가로 지정한 인명용 한자 2,700여자를 포함하여 총 8,100여자에 대한 부수, 획수, 자원오행을 파악해서 빠짐없이 적어놓았으며, 찾기 쉽도록 오행별로 묶어서 기술하였고, 같은 뜻을 가진 글자들은 오행에 상관없이 한데 묶어놓음으로써 찾는데 헷갈리지않도록 심혈을 기울였다.
그리고, 간혹 컴퓨터에서 지원하지 않는 한자는 공란으로 비워두었으니 양해바란다.
독자들의 앞날에 무궁한 발전이 함께하길 기원한다.

2017. 12. 30.

한길수 작명·철학원장

이름 짓는 방법 예시문

현재 쓰그있는 이름의 숫자가 너무 많기 때문에 일일이 설명할 수가 없으므로 한 가지만 소개한다.

□ 이름 : 金旼材(김민재)

이 튼	뜻	획 수 및 음 양		자원오행
金	성씨	8	음	금
旼	온화할	8	음	화
材	재목	7	양	목

□ 격 :

구 분	획수	격	뜻 풀 이
초년 : 원격	15	통솔격	지혜와 덕성을 겸비하여 자립 대성하며 명성을 떨친다.
중년 : 형격	16	덕망격	신망이 두텁고 품성이 인자하여 입신하며 부귀공명을 얻는다.
말년 : 이격	15	통솔격	지혜와 덕성을 겸비하여 자립 대성하며 명성을 떨친다.
전체운: 정격	23	공명격	지덕과 문무를 겸비하여 큰 뜻을 이루며 이름을 떨친다.

□ 이름 풀이 :

사주에 맞는 자원오행(한자가 갖고 있는 오행)에 해당하는 글자를 선택하였으며, 음양도 배합되도록 하였고, 가장 좋은 격을 이루도록 지었으며, 이름의 의미는 '온화한 인품과 자태를 지니고 가정과 사회의 큰 기둥이 되길 기원하여 지은 이름' 이다.

□ **구체적 작명 설명 :**

1. 사주에 맞는 자원오행을 찾는다.
   원칙적으로 작명법상 사주를 보고 그 사주에 어떤 오행이 필요한가를 파악해서 그 오행에 맞는 글자를 선택해야하나 경우에 따라서는 사주를 보지 않는 사람도 있을 수 있으므로 각자의 몫에 맡기기로 한다.

2. 글자의 획수를 찾아 음과 양이 섞이도록 하는데, 짝수는 음이고, 홀수는 양에 해당하므로 8은 짝수이고, 7은 홀수인데, 보통 성씨를 포함해서 3자이므로 어떤 이름은 음이 2개이고 양이 1개일 수도 있고, 어떤 경우는 양이 2개, 음이 1개가 될 수도 있다.

3. 획수를 찾되 좋은 격이 이루어지도록 지어야하므로 격에 맞는 획수를 찾는다.
   위 이름의 경우, 金씨의 획수는 8획, 旼자의 획수도 8획, 材자의 획수는 7획으로,
   - 초년 운을 보는 원격은 성씨를 뺀 이름 두 글자의 획수를 합한 숫자이므로 8획 더하기 7획은 15획으로 통솔격으로 좋고,
   - 중년 운을 보는 형격은 성씨의 획수와 이름 첫 자의 획수를 합한 숫자이므로 8획 더하기 8획은 16획으로 덕망격으로 좋으며,
   - 말년 운을 보는 이격은 성씨의 획수와 이름 끝자의 획수를 합한 숫자이므로, 8획 더하기 7획은 15획으로 통솔격으로 좋으며,
   - 종합적으로 보는 정격은 세 글자의 획수를 모두 합한 획수로 23획으로 공명격으로 좋은 격이 이루어진다.

   ※ 격 해설과 풀이는 부록에 수록되어 있다.
   참고자료 : 네이버 인명사전. 한한자원오행대자전. 한국성씨보감.

자원오행 작명 길라잡이

2015년 대법원에서 임명용 한자로 추가 지정한 2,700여자와

기존에 사용하고 있는 5,400여자를 합하여

모두 8,100여자에 대한 부수, 획수, 자원오행을 완벽히 수록.

한길수 작명 · 철학원장 편저

차례 | *

01 머리말 _ 3

02 이름 짓는 방법 예시문 _ 4

03 인명용 한자 _ 9

04 원부수와 약부수가 다른 부수 _ 361

05 부수일람표 _ 365

06 우리나라 성씨 _ 379

07 격과 운 해설 _ 407

자원오행

작명 길라잡이

인명용 한자

한글	번호	한자	뜻 풀 이	부수	획수	자원오행
가	1	賈	성씨, 값 가, 장사 가	貝	13	금
	2	哥	성씨, 노래 가, 노랫소리 가	口	10	수
	3	架	시렁 가, 세울 가	木	9	목
	4	家	집 가, 여자 고	宀	10	목
	5	茄	연줄기 가, 연 가	艸,++	11	목
	6	袈	가사 가, 승려의 옷 가	衣,衤	11	목
	7	枷	칼 가, 도리깨 가	木	9	목
	8	柯	가지 가, 지루 가	木	9	목
	9	苛	가혹할 가, 매울 가, 사나울 가	艸,++	11	목
	10	稼	농사 가, 심을 가	禾	15	목
	11	舸	배 가	舟	11	목
	12	榎	개오동나무 가	木	14	목
	13	檟	개오동나무 가	木	17	목
	14	笳	호드기 가(갈대 피리)	竹	11	목
	15	耞	도리깨 가	耒	11	목
	16	葭	갈대 가	艸,++	15	목
	17	佳	아름다울 가	亻	8	화
	18	街	거리 가, 대로 가	行	12	화
	19	暇	겨를 가, 여유있음 가, 틈 가	日	13	화
	20	軻	수레 가, 굴대 가, 사람이름 가	車	12	화
	21	價	값 가, 가치 가	亻	15	화
	22	假	거짓 가, 임시 가, 멀 하, 이를 격	亻	11	화
	23	駕	멍에 가, 수레 가	馬	15	화
	24	伽	절 가	亻	7	화

한글	번호	한자	뜻 풀 이	부수	획수	자원 오행
가	25	斝	술잔 가	斗	12	화
	26	跏	책상다리 할 가	足	12	토
	27	嫁	시집갈 가, 떠넘길 가	女	13	토
	28	迦	부처이름 가, 막을 가	辵,辶	12	토
	29	坷	평탄하지 않을 가	土	8	토
	30	訶	꾸짓을 가, 야단할 가	言	12	금
	31	珂	옥 이름 가, 마노 가	玉,王	10	금
	32	珈	머리꾸미개 가	玉,王	10	금
	33	歌	노래 가, 읊을 가	欠	14	금
	34	謌	노래 가	言	17	금
	35	可	옳을 가	口	5	수
	36	哿	옳을 가	口	10	수
	37	嘉	아름다울 가, 착할 가	口	14	수
	38	呵	꾸짓을 가, 웃을 가, 꾸짖을 하, 어조사 아	口	8	수
	39	加	더할 가	力	5	수
	40	痂	헌데 딱지 가, 옴 가	广	10	수
	41	嘏	클 가, 클 하	口	14	수
각	1	角	뿔 각, 견줄 각, 사람 이름 록(녹), 꿩 우는 소리 곡	角	7	목
	2	閣	집 각, 문설주 각, 세울 각	門	14	목
	3	搉	두드릴 각	手,扌	14	목
	4	擱	놓을 각	手,扌	18	목
	5	桷	서까래 각	木	11	목
	6	却	물리칠 각, 그칠 각	卩	7	화

한글	번호	한자	뜻 풀 이	부수	획수	자원오행
각	7	卻	물리칠 각	卩	9	수
	8	覺	깨달을 각, 터득할 각, 깰 교	見	20	화
	9	恪	삼갈 각, 정성 각	心,忄	10	화
	10	慤	성실할 각	心	16	화
	11	愨	성실할 각	心	16	화
	12	塙	메마를 각	土	10	토
	13	刻	새길 각, 벗길 각	刂	8	금
	14	珏	쌍옥 각, 쌍옥 곡	玉,王	10	금
	15	殼	껍질 각, 내려칠 각, 씨 각	殳	12	금
	16	各	각각 각, 시각 각	口	6	수
	17	脚	다리 각, 정강이 각	肉,月	13	수
	18	咯	울 각, 토할 객, 말다툼할 락	口	9	수
간	1	簡	성씨, 대쪽 간, 글 간, 편지 간	竹	18	목
	2	看	볼 간, 지킬 간	目	9	목
	3	干	방패 간, 방어할 간, 줄기 간, 마를 건, 들개 안, 일꾼 한	干	3	목
	4	間	사이 간, 가까울 간	門	12	목
	5	杆	몽둥이 간, 쓰러진 나무 간,	木	7	목
	6	竿	낚싯대 간, 장대 간, 죽순 간	竹	9	목
	7	揀	가릴 간, 가려낼 간, 구별할 간	手,扌	13	목
	8	柬	가릴 간, 분간 간	木	9	목
	9	栞	표할 간, 벨 간, 깎을 간, 도표 간	木	10	목
	10	桿	난간 간, 나무이름 간	木	11	목
	11	稈	볏짚 간, 짚 간	禾	12	목

한글	번호	한자	뜻 풀 이	부수	획수	자원오행
간	12	幹	줄기 간, 주관할 관, 우물난간 한	干	13	목
	13	榦	줄기 간, 주관할 관, 우물 난간 한	木	14	목
	14	稈	볏짚 간	禾	8	목
	15	茛	미나리아재비 간	艸,++	12	목
	16	侃	굳셀 간, 강직할 간, 화락할 간, 간략할 간	亻	8	화
	17	偘	굳셀 간	亻	11	화
	18	忓	방해할 간	心,忄	7	화
	19	懇	간절할 간, 정성 간	心	17	화
	20	慳	아낄 간	心,忄	15	화
	21	衎	즐길 간	行	9	화
	22	赶	쫓을 간	走	10	화
	23	姦	간사할 간, 거짓 간	女	9	토
	24	奸	간사할 간, 범할 간, 간통할 간	女	6	토
	25	艮	괘 이름 간, 어긋날 간, 그칠 간, 은은, 끌 흔	艮	6	토
	26	墾	개간할 간, 다스릴 간	土	16	토
	27	艱	어려울 간, 괴로워 할 간	艮	17	토
	28	迂	구할 간	⻌	10	토
	29	刊	새길 간, 책 펴낼 간, 깎을 간	刂	5	금
	30	玕	옥돌 간, 아름다운 돌 간	玉,王	8	금
	31	諫	간할 간, 고칠 간, 충고할 간	言	16	금
	32	磵	산골짜기 물 간	石	17	금
	33	矸	산돌 간, 깨끗한 안	石	8	금
	34	齦	물 간, 잇몸 은	齒	21	금
	35	肝	간 간, 충정 간	肉,月	9	수

한글	번호	한자	뜻 풀 이	부수	획수	자원오행
간	36	澗	산골 물 간, 계곡의 시내 간	水, 氵	16	수
	37	癎	간질 간, 경풍 간	疒	17	수
	38	癇	간질 간	疒	17	수
갈	1	葛	성씨, 칡 갈	艸, ++	15	목
	2	褐	갈색 갈, 굵은 베 갈, 털옷 간, 베옥 간	衣, 衤	15	목
	3	蝎	나무좀 갈, 전갈 갈, 나무굼벵이 할	虫	15	수
	4	乫	땅 이름 갈	乙	6	목
	5	楬	푯말 갈, 산 이름 흡	木	14	목
	6	秸	짚 갈, 뻐꾸기 길	禾	11	목
	7	曷	어찌 갈	日	9	화
	8	羯	불 깐 양 갈(거세한 양)	羊	15	토
	9	竭	다할 갈, 목마를 갈	立	14	금
	10	鞨	가죽신 갈, 말갈 갈, 두건 말	革	18	금
	11	碣	비석 갈	石	14	금
	12	喝	더위먹을 갈, 꾸짖을 갈, 목이 멜 애	口	12	수
	13	渴	목마를 갈, 물 잦을 걸, 물 거슬러 흐를 할	水, 氵	13	수
	14	噶	맹세할 갈	口	16	수
	15	蠍	전갈 갈, 전갈 헐	虫	19	수
감	1	甘	성씨, 달 감, 상쾌할 감	甘	5	토
	2	紺	감색 감, 범물 감, 연보라 감	糸	11	목
	3	瞰	굽어볼 감, 내려다볼감, 멀리볼 감	目	17	목
	4	柑	귤 감, 감자나무갈, 재갈물릴 겸	木	9	목
	5	橄	감람나무 감	木	16	목
	6	弇	사람 이름 감, 덮을 엄, 성씨 남	廾	9	목

한글	번호	한자	뜻 풀 이	부수	획수	자원오행
감	7	矙	엿볼 감	目	25	목
	8	撼	흔들 감	手,扌	17	목
	9	憾	서운해 할 감, 섭섭할 감, 근심할 담	心,忄	17	화
	10	感	느낄 감, 한할 감	心	13	화
	11	轗	가기 힘들 감	車	20	화
	12	憨	어리석을 감, 해할 감	心	16	화
	13	欿	서운할 감, 서운할 함	欠	12	화
	14	歛	줄 감, 탐할 함, 거둘 렴(염)	欠	17	화
	15	堪	견딜 감, 뛰어날 감	土	12	토
	16	邯	땅 이름 감, 강이름 감	邑,阝(우)	12	토
	17	龕	감실 감	龍	22	토
	18	埳	구덩이 감, 빠질 함	土	11	토
	19	勘	헤아릴 감, 조사할 감	力	11	토
	20	嵌	산골짜기 감, 산이 깊을 감	山	12	토
	21	坩	도가니 감	土	8	토
	22	埳	구덩이 감, 빠질 함	土	11	토
	23	嵁	울퉁불퉁할 감, 가파를 삼	山	12	토
	24	鑒	거울 감, 鑑과 同字	金	22	금
	25	鑑	거울 감	金	22	금
	26	敢	감히 감, 구태여 감, 굳셀 감, 용감할 감	攵	12	금
	27	戡	이길 감, 칠 감, 평정할	戈	13	금
	28	監	볼 감, 보살필 감	皿	14	금
	29	玪	옥 이름 감, 옥 림(임)	玉,王	8	금
	30	酣	흥겨울 감, 흥겨울 함	酉	12	금

한글	번호	한자	뜻 풀 이	부수	획수	자원오행
감	31	減	덜 감, 줄일 감	水, 氵	13	수
	32	疳	감질 감, 감병 감	疒	10	수
	33	泔	뜨물 감, 찰 함	水, 氵	9	수
	34	淦	물 이름 감, 가라앉을 함	水, 氵	12	수
	35	澉	싱거울 감, 씻을 함	水, 氵	16	수
	36	鹸	소금기 감	鹵	21	수
갑	1	閘	수문 갑, 문 여닫을 압	門	13	목
	2	甲	갑옷 갑, 친압할 압	田	5	목
	3	匣	갑 갑, 작은 상자 갑	匚	7	목
	4	岬	곶 갑	山	8	토
	5	鉀	갑옷 갑	金	13	금
	6	胛	어깨뼈 갑	肉, 月	11	수
강	1	强	성씨, 강할 강	弓	12	금
	2	康	성씨, 편안 강, 즐거울 강,	广	11	목
	3	姜	성씨 강, 생강 강, 굳셀 강	女	9	토
	4	剛	성씨, 굳셀 강, 강철 강	刂	10	금
	5	彊	굳셀 강	弓	16	금
	6	橿	감탕나무 강, 나무이름 강, 굳센모양 강	木	17	목
	7	杠	외나무다리 강, 막대기 공, 깃대 강, 다리 강	木	7	목
	8	綱	벼리 강, 법 강	糸	14	목
	9	糠	겨 강, 쌀겨 강	米	17	목
	10	穅	겨 강	禾	16	목
	11	薑	생강 강	艸, ++	19	목
	12	舡	배 강, 배 선	舟	9	목

한글	번호	한자	뜻 풀 이	부수	획수	자원오행
강	13	襁	포대기 강	衣,衤	18	목
	14	繈	포대기 강	糸	17	목
	15	茳	천궁 모종 강	艸,++	12	목
	16	扛	마주 들 강, 짐 멜 항	手,扌	7	목
	17	罡	북두칠성 강	网,罒	11	목
	18	豇	광저기 강(콩과 식물)	豆	10	목
	19	絳	진홍 강(강 이름)	糸	12	목
	20	慷	슬플 강	心,忄	15	화
	21	僵	넘어질 강	亻	15	화
	22	忼	강개할 강	心,忄	8	화
	23	悾	믿을 강, 정성 공	心,忄	12	화
	24	傋	어리석을 강, 무지몽매할 구	亻	12	화
	25	顜	밝을 강	頁	19	화
	26	堈	언덕 강, 항아리 강	土	11	토
	27	降	내릴 강, 항복할 항	阜,阝(좌)	14	토
	28	岡	산등성이 강, 언덕 강	山	8	토
	29	疆	지경 강, 끝 강	田	19	토
	30	畺	지경 강	田	13	토
	31	壃	지경 강	土	16	토
	32	嫝	편안할 강, 여자 이름 강	女	14	토
	33	踍	세울 강, 세울 항	足	13	토
	34	崗	언덕 강	山	11	토
	35	羌	오랑캐 강, 종족이름 강	羊	8	토
	36	羫	양 갈빗대 강, 양고기 포 공	羊	14	토

한글	번호	한자	뜻 풀 이	부수	획수	자원오행
강	37	強	강할 강, 굳셀 강	弓	12	금
	38	鋼	강철 강	金	16	금
	39	珒	옥 이름 강, 옥 이름 공	玉,王	11	금
	40	鏹	굳셀 강	金	19	금
	41	講	외울 강, 강론할 강, 익힐 강, 얽을 구	言	17	금
	42	鏹	돈 강	金	20	금
	43	矼	징검다리 강, 성실할 공	石	8	금
	44	韁	고삐 강	革	22	금
	45	腔	속 빌 강, 양고기 포 공	肉,月	14	수
	46	江	강 강	水,氵	7	수
	47	鱇	아귀 강	魚	22	수
	48	殭	굳어질 강	歹	17	수
개	1	凱	개선할 개, 즐길 개, 함성 개	几	12	목
	2	芥	겨자 개, 티끌 개, 먼지개, 작은 풀 갈	艸,++	10	목
	3	蓋	덮을 개, 어찌 합	艸,++	16	목
	4	開	열 개, 평평할 견	門	12	목
	5	概	대개 개	木	15	목
	6	箇	낱 개, 個(낱개와 같이 쓰임)	竹	14	목
	7	揩	닦을 개	手,扌	13	목
	8	槩	평미레 개(곡식 담는 기구)	木	15	목
	9	闓	열 개	門	18	목
	10	介	낱 개, 낄 개	人	4	화
	11	愷	편안할 개, 즐거울 개	心,忄	14	화
	12	价	클 개, 착할 개, 값 가	亻	6	화

한글	번호	한자	뜻 풀 이	부수	획수	자원오행
개	13	愾	슬퍼할 개	心, 忄	15	화
	14	個	낱 개	亻	10	화
	15	愾	성낼 개, 한숨 쉴 희, 이를 흘	心, 忄	14	화
	16	皆	다 개, 함께 개	白	9	화
	17	塏	높은 땅 개, 높고 건조할 개	土	13	토
	18	鎧	갑옷 개, 무장할 개	金	18	금
	19	改	고칠 개	攵	7	금
	20	玠	큰 홀 개	玉, 王	9	금
	21	剴	알맞을 개, 낫 개	刂	12	금
	22	匃	빌 개, 빌 갈	勹	5	금
	23	磕	돌 부딪치는 소리 개, 부술 갈	石	15	금
	24	豈	개가 개, 어찌 기	豆	10	수
	25	疥	옴 개, 학질 개, 옴 해	疒	9	수
	26	漑	물 댈 개, 이미 기	水, 氵	15	수
	27	盖	蓋의 속자, 덮을 개, 어찌 합	皿	11	수
객	1	客	손 객	宀	9	목
	2	喀	토할 객	口	12	수
갱	1	粳	메벼 갱, 메벼 경	米	13	목
	2	更	다시 갱, 고칠 경	曰	7	화
	3	羹	국 갱, 땅 이름 랑(낭)	羊	19	토
	4	坑	구덩이 갱, 빠질 갱, 산등성이 강, 구들 항	土	7	토
	5	硎	돌 소리 갱, 돌 소리 경	石	12	금
	6	賡	이을 갱	貝	15	금
	7	鏗	금옥 소리 갱	金	19	금

한글	번호	한자	뜻 풀 이	부수	획수	자원오행
갹	1	醵	추렴할 갹, 추렴할 거	酉	20	금
거	1	居	살 거, 어조사 기	尸	8	목
	2	据	근거 거, 일할 거, 의지할 거	手,扌	12	목
	3	拒	막을 거, 방진 구	手,扌	9	목
	4	擧	들 거, 오를 거	手,扌	18	목
	5	據	근거 거, 의지할 거	手,扌	17	목
	6	祛	떨 거, 쫓을 거, 보낼 거	示,ネ	10	목
	7	秬	검은 기장 거	禾	10	목
	8	筥	둥구미 거, 밥통 려(여)	竹	13	목
	9	籧	대자리 거	竹	23	목
	10	苣	상추 거	艸,++	11	목
	11	莒	감자 거	艸,++	13	목
	12	蕖	연꽃 거	艸,++	18	목
	13	蘧	패랭이꽃 거, 패랭이꽃 구	艸,++	23	목
	14	袪	소매 거, 떠날 거	衣,ネ	11	목
	15	裾	자락 거, 의거할 거	衣,ネ	14	목
	16	炬	횃불 거	火	9	화
	17	倨	거만할 거	亻	10	화
	18	巨	클 거, 어찌 거	工	5	화
	19	車	수레 거, 수레 차	車	7	화
	20	駏	버새 거(수말과 암나귀 사이에 난 튀기)	馬	15	화
	21	昛	밝을 거	日	9	화
	22	遽	급히 거, 급할 거, 두려울 거	辵,辶	20	토
	23	踞	걸어앉을 거, 웅크릴 거	足	15	토

한글	번호	한자	뜻 풀 이	부수	획수	자원오행
거	24	鋸	톱 거	金	16	금
	25	距	클거, 떨어질 거, 상거할 거, 막을 거	足	12	토
	26	鉅	클 거, 강할 거, 어찌 거	金	13	금
	27	渠	클 거, 개천 거	水, 氵	13	수
	28	去	갈 거	厶	5	수
	29	呿	벌릴 거, 음역자 가	口	8	수
	30	腒	날짐승 포 거	肉, 月	14	수
	31	胠	겨드랑이 거	肉, 月	11	수
건	1	楗	문빗장 건, 방죽 건	木	13	목
	2	虔	공경할 건, 정성 건	虍	10	목
	3	建	세울 건, 엎지를 건	廴	9	목
	4	建	세울 건, 엎지를 건, 걸어가는 모양 율	辵, 辶	13	토
	5	巾	수건 건	巾	3	목
	6	搴	빼낼 건	手, 扌	14	목
	7	搇	멜 건	手, 扌	13	목
	8	瞯	눈으로 셀 건	目	14	목
	9	褰	걷어올릴 건	衣	16	목
	10	件	물건 건, 사건, 구별할 건	亻	6	화
	11	愆	허물 건, 과실 건	心	12	화
	12	騫	이지러질 건	馬	20	화
	13	健	굳셀 건, 튼튼할 건	亻	11	화
	14	蹇	절뚝발이 건	足	17	토
	15	蹮	밟을 건	足	16	토
	16	犍	불친소 건(거세를 한 소)	牛	13	토

한글	번호	한자	뜻 풀 이	부수	획수	자원오행
건	17	鍵	열쇠 건, 자물쇠 건	金	17	금
	18	鞬	동개 건	革	18	금
	19	謇	떠듬거릴 건	言	17	금
	20	乾	하늘 건, 마를 건, 마를 간	乙	11	금
	21	漧	하늘 건, 마를 건	水, 氵	16	수
	22	腱	힘줄 건, 힘줄 근	肉, 月	15	수
	23	湕	물 이름 건	水, 氵	13	수
걸	1	乞	빌 걸, 구할 걸, 줄 기	乙	3	목
	2	桀	홰 걸, 뛰어날 걸, 하왕 이름 걸	木	10	목
	3	乬	걸 걸	乙	6	목
	4	榤	홰 걸	木	14	목
	5	傑	뛰어날 걸, 클 걸, 호걸 걸	亻	12	화
	6	杰	傑(뛰어날 걸의 속자)	木	8	화
	7	朅	갈 걸, 헌걸찰 흘	曰	14	화
검	1	檢	검사할 검, 교정할 검	木	17	목
	2	瞼	눈꺼풀 검	目	18	목
	3	撿	검사할 검, 거둘 렴(염)	手, 扌	17	목
	4	芡	가시연 검, 가시연 감	艸, ++	10	목
	5	儉	검소할 검	亻	15	화
	6	劍	칼 검, 찌를 검	刂	15	금
	7	劒	劍과 동자, 칼 검	刂	16	금
	8	鈐	비녀장 검	金	12	금
	9	黔	검을 검, 그을릴 검, 귀신 이름 금	黑	16	수
겁	1	劫	위협할 겁, 빼앗을 겁	力	9	화

한글	번호	한자	뜻 풀 이	부수	획수	자원오행
겁	2	怯	겁낼 겁, 무서월할 겁	心,忄	9	화
	3	迲	자래 겁, 자래 가	辵,辶	14	토
	4	刦	겁탈할 겁	刂	7	금
	5	刧	겁탈할 겁	刀	7	금
게	1	揭	높이 들 게, 걸 게, 질 갈, 세울 걸	手,扌	13	목
	2	憩	쉴 게	心	16	화
	3	偈	쉴 게, 굳셀 걸	亻	11	화
격	1	擊	부딛칠 격, 방해될 격	手,扌	17	목
	2	格	격식 격, 바로잡을 격, 가지 각, 마을락(낙), 별 이름 학	木	10	목
	3	檄	격문 격, 편지 격, 나무 조각으로 된 집 혁	木	17	목
	4	挌	칠 격, 굳을 각, 이끌 학	手,扌	10	목
	5	闃	고요할 격	門	17	목
	6	覡	박수 격, 남자무당 격	見	14	화
	7	鶃	때까치 격, 뱁새 결, 자규 계	鳥	15	화
	8	隔	사이 뜰 격, 막을 격	阜,阝	18	토
	9	鬲	막을 격, 솥 력(역), 잡을 액	鬲	10	토
	10	毃	부딪칠 격, 매어 기를 계	殳	14	금
	11	骼	뼈 격, 뼈 가	骨	16	금
	12	膈	가슴 격	肉,月	16	수
	13	激	과격할 격, 흐를 격	水,氵	17	수
견	1	堅	성씨, 굳을 견	土	11	토
	2	甄	성씨, 질그릇 견, 질그릇장인 진	瓦	14	토
	3	絹	비단 견	糸	13	목

한글	번호	한자	뜻 풀 이	부수	획수	자원오행
견	4	繭	고치 견	糸	21	목
	5	筧	대 홈통 견	竹	13	목
	6	絹	명주 견, 흴 전	糸	17	목
	7	繾	곡진할 견	糸	20	목
	8	羂	올무 견	网,罒	19	목
	9	鵑	두견이 견	鳥	18	화
	10	見	볼 견, 뵈올 현	見	7	화
	11	遣	보낼 견	辵,辶	17	토
	12	犬	개 견	犬	4	토
	13	牽	이끌 견, 끌 견, 당길 견	牛	11	토
	14	狷	성급할 견	犬,犭	11	토
	15	譴	꾸짖을 견	言	21	금
	16	肩	어깨 견, 여위고 약할 흔	肉,月	10	수
	17	畎	밭도랑 견	田	9	수
	18	蠲	밝을 견	虫	23	수
	19	鰹	가물치 견	魚	22	수
결	1	抉	도려낼 결, 폭로할 결	扶	8	목
	2	結	맺을 결, 상투 계	糸	12	목
	3	契	맑을 결	大	9	목
	4	觖	서운해 할 결	角	11	목
	5	闋	문닫을 결	門	17	목
	6	焆	불빛 결	火	11	화
	7	缺	이지러질 결, 머리띠 규	缶	10	토
	8	趹	뛸 결	辵,辶	13	토

한글	번호	한자	뜻 풀 이	부수	획수	자원오행
결	9	訣	이별할 결, 결정할 계	言	11	금
	10	玦	패옥 결	玉,王	9	금
	11	鍥	새길 계, 새길 결	金	17	금
	12	潔	깨끗할 결	水,氵	16	수
	13	決	결단할 결, 빠를 혈	水,氵	8	수
	14	한자없음	潔자와 동자, 깨끗할 결	水,氵	15	수
겸	1	箝	재갈 먹일 겸, 끼울 겸	竹	14	목
	2	槏	창설주 겸-컴퓨터에 없음.	木	14	목
	3	拑	입 다물 겸	手,扌	9	목
	4	縑	합사 비단 겸	糸	16	목
	5	蒹	갈대 겸	艸,++	16	목
	6	慊	찐덥지 않을 겸, 혐의 혐, 만족스러울 협	心,忄	14	화
	7	傔	시중들 겸	亻	12	화
	8	歉	흉년 들 겸	欠	14	화
	9	岭	산이 작고 높을 겸	山	7	토
	10	兼	겸할 겸	八	10	금
	11	鉗	칼 겸, 다물 겸	金	13	금
	12	鎌	낫 겸, 모서리 겸	金	18	금
	13	謙	겸손할 겸, 혐의 혐	言	17	금
	14	嗛	겸손할 겸, 흉년 들 겸, 원한 품을 함, 마음에 맞을 겹	口	13	수
	15	黚	얕은 금향빛 겸, 검누른빛 금	黑	17	수
	16	鼸	두더지 겸	鼠	23	수
경	1	慶	성씨, 경사 경, 발어사 강	心	15	화

한글	번호	한자	뜻 풀 이	부수	획수	자원오행
경	2	景	성씨, 볕 경, 그림자 영	日	12	화
	3	卿	성씨, 벼슬 경	卩	12	목
	4	敬	성씨, 공경 경	攵	13	금
	5	梗	줄기 경, 막힐 경	木	11	목
	6	莖	줄기 경	艸,++	13	목
	7	橄	도지개 경, 등잔대 경	木	17	목
	8	絅	끌어 죌 경	糸	11	목
	9	檠	등잔대 경, 도지개 경	木	17	목
	10	經	지날 경, 글 경, 경서 경	糸	13	목
	11	擎	높이 들 경, 높을 경	手,扌	17	목
	12	扃	문빗장 경, 살필 경	戶	9	목
	13	畊	밭 갈 경	田	9	목
	14	綆	두레박줄 경, 치우칠 병	糸	13	목
	15	褧	홑옷 경	衣	16	목
	16	絅	홑옷 경	糸	17	목
	17	倞	셀 경, 굳셀 경, 다툴 경, 밝을 량(양)	亻	10	화
	18	憬	깨달을 경, 동경할 경	心,忄	16	화
	19	憼	공경할 경, 경계할 경	心	17	화
	20	耿	빛 경	耳	10	화
	21	驚	놀랄 경	馬	23	화
	22	更	고칠 경, 다시 갱	曰	7	화
	23	徑	지름길 경, 길 경	彳	10	화
	24	俓	지름길 경	彳	9	화
	25	儆	경계할 경	彳	15	화

한글	번호	한자	뜻 풀 이	부수	획수	자원오행
경	26	傾	기울 경	亻	13	화
	27	冏	빛날 경	冂	7	화
	28	熲	빛날 경	火	15	화
	29	炯	빛날 경, 빛날 형	火	11	화
	30	囧	빛날 경	冂	7	화
	31	炅	빛날 경, 성씨 계	火	8	화
	32	鶊	꾀꼬리 경	鳥	19	화
	33	輕	가벼울 경	車	14	화
	34	頃	밭 이랑 경, 잠깐 경, 반걸음 규	頁	11	화
	35	頸	목줄기 경	頁	16	화
	36	暻	볕 경, 밝을 경, 환할 경, 그림자 영	日	16	화
	37	曔	밝을 경	日	17	화
	38	熲	밝을 경	火	16	화
	39	憬	근심할 경, 독신자 경	心,忄	13	화
	40	煢	근심할 경	火	12	화
	41	煢	외로울 경	火	13	화
	42	駉	살질 경	馬	15	화
	43	罄	빌 경, 경쇠 경	缶	17	토
	44	坰	들 경, 땅이름 경	土	8	토
	45	冂	멀 경	冂	2	토
	46	亰	서울 경, 클 경	亠	8	토
	47	京	서울 경	亠	9	토
	48	境	지경 경, 장소 경	土	14	토
	49	逕	좁은 길 경	辵,辶	14	토

한글	번호	한자	뜻 풀 이	부수	획수	자원오행
경	50	耕	밭 갈 경	耒	10	토
	51	竟	마침내 경, 다할 경	立	11	금
	52	璥	경옥 경	玉,王	18	금
	53	硬	굳을 경, 가로막을 경	石	12	금
	54	庚	별 경	广	8	금
	55	警	깨우칠 경, 경계할 경	言	20	금
	56	勁	굳셀 경	力	9	금
	57	鏡	거울 경	金	19	금
	58	瓊	구슬 경, 옥 경, 주사위 경	玉,王	20	금
	59	磬	돌 경쇠 경	石	16	금
	60	競	다툴 경	立	20	금
	61	璄	옥빛 경, 옥빛 영	玉,王	17	금
	62	璟	옥빛 경, 옥빛 영	玉,王	17	금
	63	競	다툴 경	立	22	금
	64	謦	기침 경	言	18	금
	65	剄	목 벨 경	刂	9	금
	66	涇	통할 경	水,氵	11	수
	67	鯨	고래 경	魚	19	수
	68	勍	셀 경	力	10	수
	69	痙	경련 경	疒	12	수
	70	脛	정강이 경	肉,月	13	수
	71	哽	목멜 경	口	10	수
	72	巠	물줄기 경	巛	7	수
	73	鯁	생선 뼈 경	魚	18	수

한글	번호	한자	뜻 풀 이	부수	획수	자원오행
경	74	黥	자자할 경	黑	20	수
	75	한자없음	潔 깨끗할 결의 속자	水, 氵		수
	76	한자없음	卿성씨, 벼슬 경과 같은 뜻	卩	12	목
계	1	桂	성씨, 계수나무 계	木	10	목
	2	届	이를 계, 다다를 계	尸	8	목
	3	系	맬 계	糸	7	목
	4	係	맬 계, 걸릴 계, 이을 계	亻	7	목
	5	繼	이을 계	糸	20	목
	6	繫	맬 계	糸	19	목
	7	縘	맬 계	糸	16	목
	8	稽	머무를 계, 쌓을 계, 상고할 계	禾	15	목
	9	契	맺을 계, 애쓸 결, 부족 이름 글, 사람 이름 설	大	9	목
	10	械	형틀 계, 기구 계, 기계 계	木	11	목
	11	桨	창 계	木	12	목
	12	禊	계제사 계 – 푸닥거리할 계	示, 礻	14	목
	13	綮	발 고운 비단 계, 힘줄 경	糸	14	목
	14	罽	물고기 그물 계	网, 罒	18	목
	15	薊	삽주 계, 굳은 가시 개, 풀 이름 결	艸, ++	19	목
	16	鷄	닭 계	鳥	21	화
	17	悸	두근거릴 계	心, 忄	12	화
	18	烓	화덕 계	火	10	화
	19	雞	닭 계	隹	18	화
	20	髻	상투 계, 조왕신 결	髟	16	화
	21	堺	지경 계	土	12	토

한글	번호	한자	뜻 풀 이	부수	획수	자원오행
계	22	界	지경 계, 경계 계	田	9	토
	23	階	섬돌 계	阜,阝	17	토
	24	堦	섬돌 계	土	12	토
	25	磎	谿(막힌 시내)와 동자	石	15	금
	26	戒	경계할 계	戈	7	금
	27	計	셀 계	言	9	금
	28	誡	경계할 계	言	14	금
	29	溪	시내 계	水,氵	14	수
	30	季	계절 계	子	8	수
	31	啓	열 계, 가르칠 계, 인도할 계	口	11	수
	32	癸	북방 계, 열째 천간 계	癶	9	수
	33	谿	막힌시내 계, 다툴 혜	谷	17	수
	34	瘈	미칠 계	广	14	수
고	1	高	성씨, 높을 고	高	10	화
	2	睾	불알 고, 못 고, 넓을 호	目	14	목
	3	枯	마를 고	木	9	목
	4	苽	줄 고, 진 고	艸,艹	11	목
	5	稿	볏짚 고, 원고 고	禾	15	목
	6	苦	쓸 고, 땅 이름 호	艸,艹	11	목
	7	股	넓적다리 고	肉,月	10	목
	8	杲	밝을 고, 높을 고, 밝을 호	木	8	목
	9	拷	칠 고	手,扌	10	목
	10	庫	곳집 고, 성씨 사	广	10	목
	11	袴	바지 고, 사타구니 과	衣,衤	12	목

한글	번호	한자	뜻 풀 이	부수	획수	자원오행
고	12	菰	줄(볏과의 수초) 고, 외로울 고, 피리 고	艸,++	14	목
	13	槁	마를 고, 위로할 호	木	14	목
	14	藁	짚 고, 마를 고	艸,++	20	목
	15	栲	북나무 고	木	10	목
	16	稿	마를 고, 위로할 호	木	14	목
	17	櫜	활집 고	木	19	목
	18	瞽	소경 고	目	18	목
	19	稾	볏짚 고	禾	12	목
	20	箍	테 고	竹	14	목
	21	篙	상앗대 고	竹	16	목
	22	糕	떡 고	米	16	목
	23	罟	그물 고	网,罒	11	목
	24	觚	술잔 고	角	12	목
	25	雇	품 팔 고, 뻐꾸기 호	隹	12	화
	26	顧	돌아볼 고, 관찰할 고	頁	21	화
	27	暠	흴 고, 흴 호	日	14	화
	28	估	값 고	亻	7	화
	29	鵠	작은 비둘기 고	鳥	23	화
	30	鴣	자고 고, 구욕새 구	鳥	16	화
	31	考	생각할 고, 살필 고	老,耂	8	토
	32	攷	생각할 고, 살필 고, 考의 古字	攵	6	금
	33	姑	시어머니 고	女	8	토
	34	羔	새끼양 고	羊	10	토
	35	牯	암소 고	牛	9	토

한글	번호	한자	뜻 풀 이	부수	획수	자원오행
고	36	羖	검은 암양 고	羊	10	토
	37	郜	나라 이름 고, 성씨 곡	邑,阝(우)	14	토
	38	賈	장사 고, 값 가	貝	13	금
	39	敲	두드릴 고, 두드릴 교, 두드릴 학	攴	14	금
	40	古	옛 고	口	9	금
	41	鼓	북 고	鼓	13	금
	42	錮	막을 고, 막을 고	金	16	금
	43	辜	허물 고	辛	12	금
	44	誥	고할 고	言	14	금
	45	故	연고 고, 옛 고	攵	9	금
	46	刳	가를 고	刂	8	금
	47	鹽	염지 고	皿	18	금
	48	詁	주낼 고	言	12	금
	49	酤	계명주 고	酉	12	금
	50	鈷	다리미 고	金	13	금
	51	皋	언덕 고, 못 고, 부를 호	白	10	금
	52	皞	언덕 고, 못 고	白	12	수
	53	皐	언덕 고, 못 고, 물가 고, 늪 고	白	11	수
	54	沽	팔 고, 매매할 고	水,氵	9	수
	55	孤	외로울 고	子	8	수
	56	固	굳을 고	口	8	수
	57	膏	기름 고, 살찔 고	肉,月	14	수
	58	蠱	뱃속벌레 고, 요염할 야	虫	23	수
	59	呱	울 고	口	8	수

한글	번호	한자	뜻 풀 이	부수	획수	자원오행
고	60	痼	고질 고	疒	13	수
	61	告	고할 고, 뵙고 청할 곡, 국문할 국	口	7	수
	62	叩	두드릴 고	口	5	수
	63	尻	꽁무니 고	尸	5	수
	64	凅	얼 고	冫	10	수
	65	翶	날 고	羽	18	수
	66	胯	사타구니 고, 사타구니 과	肉,月	12	수
	67	靠	기댈 고	非	15	수
곡	1	曲	성씨, 굽을 곡, 휘다 곡, 누룩 곡	曰	6	토
	2	穀	곡식 곡, 어린아이 누	禾	15	목
	3	梏	수갑 곡, 쇠고랑 곡, 묶을 곡, 클 각	木	11	목
	4	槲	떡갈나무 곡	木	15	목
	5	縠	주름 비단 곡	糸	16	목
	6	觳	뿔잔 곡	角	17	목
	7	斛	휘 곡, 헤아릴 곡	斗	11	화
	8	鵠	고니 곡, 과녁 곡, 클 호, 학 학	鳥	18	화
	9	轂	바퀴통 곡	車	17	화
	10	哭	울 곡	口	10	수
	11	谷	골 곡, 곡식 곡, 나라 이름 욕, 벼슬 이름 록(녹)	谷	7	수
	12	嚳	고할 곡	口	20	수
곤	1	梱	문지방 곤, 두드릴 곤	木	11	목
	2	閫	문지방 곤	門	15	목
	3	棍	몽둥이 곤, 묶을 혼	木	12	목

한글	번호	한자	뜻 풀 이	부수	획수	자원오행
곤	4	袞	곤룡포 곤	衣	11	목
	5	裒	곤룡포 곤, 袞의 통용어	衣	11	목
	6	捆	두드릴 곤	手,扌	11	목
	7	裍	걷어 올릴 곤	衤	12	목
	8	緄	띠 곤, 종족 이름 혼	糸	14	목
	9	褌	잠방이 곤	衣,衤	15	목
	10	昆	맏 곤, 벌레 곤, 뒤섞일 혼	日	8	화
	11	悃	정성 곤	心,忄	11	화
	12	髡	머리 깎을 곤	髟	13	화
	13	鵾	댓닭 곤	鳥	19	화
	14	鶤	봉황 곤	鳥	20	화
	15	崑	산 이름 곤	山	11	토
	16	崐	산 이름 곤	山	11	토
	17	坤	땅 곤	土	8	토
	18	堃	땅 곤	土	11	토
	19	琨	옥돌 곤	玉,王	13	금
	20	錕	붉은 쇠 곤, 구리 곤	金	16	금
	21	齫	이 솟아날 곤	齒	22	금
	22	滾	흐를 곤, 샘 솟을 곤	水,氵	15	수
	23	困	곤할 곤	口	7	수
	24	鯤	곤이 곤, 물고기 알 곤	魚	19	수
골	1	骨	성씨, 뼈 골	骨	10	목
	2	搰	팔 골	手,扌	14	목
	3	榾	등걸 골	木	14	목

한글	번호	한자	뜻 풀 이	부수	획수	자원오행
골	4	鶻	송골매 골, 나라 이름 흘	鳥	21	화
	5	滑	익살스러울 골, 미끄러울 활	水, 氵	14	수
	6	汨	바질 골, 잠길 골, 골몰할 골, 물 이름 멱	水, 氵	8	수
공	1	孔	성씨, 구멍 공	子	4	수
	2	公	성씨, 공평할 공, 귀 공	八	4	금
	3	貢	성씨, 바칠 공	貝	10	금
	4	功	공로 공, 일 공	力	5	목
	5	拱	당길 공, 고할 공, 팔짱 낄 공, 보옥 공	手, 扌	10	목
	6	控	당길 공, 끌 공, 칠 강	手, 扌	12	목
	7	栱	두공 공	木	10	목
	8	箜	공후 공	竹	14	목
	9	槓	지렛대 공	木	14	목
	10	供	이바지할 공	亻	8	화
	11	恐	두려울 공	心	10	화
	12	工	장인 공	工	3	화
	13	恭	공손할 공	心, 小	10	화
	14	倥	어리석을 공	亻	10	화
	15	龔	공손할 공	龍	22	토
	16	崆	산 이름 공	山	11	토
	17	跫	발자국 소리 공	足	13	토
	18	鞏	굳을 공, 묶을 공	革	15	금
	19	珙	큰 옥 공, 옥 이름 공	玉, 王	11	금
	20	共	한가지 공	八	6	금
	21	攻	칠 공	攵	7	금

한글	번호	한자	뜻 풀 이	부수	획수	자원오행
공	22	贛	줄 공, 강 이름 감, 미련할 장	貝	24	금
	23	釭	살촉 공, 등잔 강	金	11	금
	24	蚣	지네 공	虫	10	수
	25	空	빌 공	穴	8	수
	26	蛩	메뚜기 공	虫	12	수
	27	蛬	귀뚜라미 공	虫	12	수
곳	1	串	땅 이름 곳, 꿸 관, 꿰미 천, 꼬챙이 찬	丨	7	목
과	1	瓜	성씨, 오이 과	瓜	5	목
	2	科	과목 과, 과정 과, 과거 과	禾	9	목
	3	菓	과자 과, 과일 과	艸,++	14	목
	4	寡	적을 과	宀	14	목
	5	果	실과 과, 열매 과, 강신제 관	木	8	목
	6	夸	자랑할 과, 아름다울 후, 노래할 구	大	6	목
	7	撾	칠 과	手,扌	17	목
	8	猓	긴꼬리원숭이 과	犬,犭	12	토
	9	稞	보리 과	禾	13	목
	10	裹	쌀 과	衣	14	목
	11	顆	낟알 과	頁	17	화
	12	侉	자랑할 과	亻	8	화
	13	騍	암말 과	馬	18	화
	14	跨	타 넘을 과, 걸터앉을 고	足	13	토
	15	過	지날 과, 초월할 과, 재앙 화	辵,辶	16	토
	16	堝	도가니 과	土	12	토
	17	踝	복사뼈 과	足	15	토

한글	번호	한자	뜻 풀 이	부수	획수	자원오행
과	18	誇	자랑할 과, 아름다울 후, 노래할 구	言	13	금
	19	鍋	노구솥 과, 남비 과	金	12	금
	20	課	공부할 과, 과정 과, 개금 매길 과	言	15	금
	21	銙	대구 과	金	14	금
	22	戈	창 과, 전쟁 과	戈	4	금
	23	夥	많을 과, 많을 화	夕	14	수
	24	窠	보금자리 과	穴	13	수
	25	蝌	올챙이 과	虫	15	수
곽	1	郭	성씨, 둘레 곽, 외성 곽	邑, 阝	15	토
	2	廓	둘레 곽, 클 확	广	14	목
	3	槨	외관 곽, 덧널 곽, 궤 곽	木	15	목
	4	藿	콩잎 곽, 쥐눈이 콩 곽, 미역 곽, 낙화 깔릴 수	艸, ++	22	목
	5	椁	덧널 곽	木	12	목
	6	鞹	무두질한 가죽 곽	革	20	금
	7	癨	곽란 곽	疒	21	수
	8	霍	빠를 곽, 고을 이름 사	雨	16	수
관	1	冠	성씨, 갓 관	冖	9	수
	2	菅	난초 관, 골풀 관, 등골나무 관	艸, ++	14	목
	3	棺	널 관	木	12	목
	4	寬	너그러울 관	宀	15	목
	5	寛	너그러울 관	宀	14	목
	6	關	관계할 관, 빗장 관, 잠글 관, 당길 완	門	19	목
	7	官	벼슬 관	宀	8	목
	8	管	대롱 관, 주관할 관, 피리 관	竹	14	목

한글	번호	한자	뜻 풀 이	부수	획수	자원오행
관	9	梡	도마 관, 도마 완, 문지를 환	木	11	목
	10	丱	쌍상투 관, 쇳돌 광	ㅣ	5	목
	11	祼	강신제 관(내림굿)	示,礻	13	목
	12	筦	다스릴 관, 피리 관	竹	13	목
	13	綰	얽을 관	糸	14	목
	14	慣	익숙할 관	心,忄	15	화
	15	觀	볼 관	見	25	화
	16	輨	줏대 관, 비녀장 관	車	15	화
	17	爟	봉화 관	火	22	화
	18	雚	황새 관, 박주가리 환	隹	18	화
	19	顴	광대뼈 관, 광대뼈 권	頁	27	화
	20	鸛	황새 관, 구욕새 권	鳥	29	화
	21	舘	집 관, 館의 속자	舌	16	화
	22	館	집 관, 관청 관, 객사 관	食,飠	17	수
	23	罐	두레박 관, 장군 부	缶	24	토
	24	琯	옥피리 관	玉,王	13	금
	25	錧	쟁기 관, 줏대 관, 비녀장 관	金	16	금
	26	串	꿸 관, 익힐 관,. 꿰미 천, 땅 이름 곶, 꼬챙이 찬	ㅣ	7	금
	27	貫	꿰뚫을 관, 적중할 관, 당길 만	貝	11	금
	28	款	항목 관, 정성 관, 사랑 관,	欠	12	금
	29	瓘	옥 이름 관	玉,王	23	금
	30	盥	대야 관, 깨끗할 관	皿	16	금
	31	鑵	두레박 관	金	26	금

한글	번호	한자	뜻 풀 이	부수	획수	자원오행
관	32	髖	허리뼈 관	骨	25	금
	33	灌	물 댈 관	水, 氵	22	수
	34	涫	끓을 관	水, 氵	12	수
	35	窾	빌 관	穴	17	수
괄	1	括	묶을 괄, 단속 할 괄	手, 扌	10	목
	2	栝	노송나무 괄, 땔나무 첨	木	10	목
	3	筈	오늬 괄	竹	12	목
	4	恝	여유 없을 괄, 걱정 없을 괄, 근심 없을 개, 산 이름 계	心	10	화
	5	聒	떠들썩할 괄	耳	12	화
	6	髺	묶을 괄, 비뚤어질 월	髟	16	화
	7	鴰	재두루미 괄	鳥	17	화
	8	佸	이를 괄, 이를 활	亻	8	화
	9	适	빠를 괄, 신속 할 괄, 맞을 적	辵, 辶	13	토
	10	刮	깎을 괄, 갈 괄, 긁을 괄, 모진 바람 괄	刂	8	금
광	1	廣	성씨, 넓을 광	广	15	목
	2	洸	성씨, 성낼 광, 깊을 황	水, 氵	10	수
	3	広	넓을 광, 廣의 통용어	广	5	목
	4	桄	광랑나무 광	木	10	목
	5	筐	광주리 광	竹	12	목
	6	框	문테 광	木	10	목
	7	絖	고운 솜 광	糸	12	목
	8	纊	솜 광	糸	21	목
	9	茪	초결명 광	艸, ++	12	목

한글	번호	한자	뜻 풀 이	부수	획수	자원오행
광	10	曠	빌 광, 밝을 광, 황야 광,	日	19	화
	11	侊	클 광, 성할 광, 성찬 광	亻	8	화
	12	光	빛 광	儿	6	화
	13	炚	빛날 광, 뜨거울 광, 光의 통용어	火	8	화
	14	炛	빛 광, 빛 경, 光의 통용어	火	8	화
	15	恇	겁낼 광	心,忄	10	화
	16	爌	불빛 환할 광, 밝을 황	火	19	화
	17	匡	바를 광, 구제할 광, 앉은뱅이 왕	匚	6	토
	18	壙	들판 광, 뫼 구덩이 광	土	18	토
	19	狂	미칠 광, 개 달릴 곽	犬,犭	7	토
	20	獷	사나울 광	犬,犭	19	토
	21	珖	옥피리 광, 옥 이름 광	玉,王	11	금
	22	鑛	쇳돌 광	金	23	금
	23	礦	쇳돌 광, 유황 황	石	17	금
	24	誆	속일 광	言	13	금
	25	誑	속일 광	言	14	금
	26	胱	오줌통 광, 방광 광	肉,月	12	수
괘	1	卦	점괘 괘, 걸 괘, 매달 괘	卜	8	목
	2	掛	걸 괘, 걸어놓을 괘	手,扌	12	목
	3	罫	줄 괘, 거리낄 해	网,罒	14	목
	4	挂	걸 괘	手,扌	10	목
	5	罣	걸 괘	罒	11	금
	6	詿	그르칠 괘	言	13	금

한글	번호	한자	뜻 풀 이	부수	획수	자원오행
괘	7	咼	입 비뚤어질 괘, 입 비뚤어질 와, 화할 화, 가를 과	口	9	수
괴	1	拐	후릴 괴, 속일 괴, 꾀일 괴	手,扌	9	목
	2	槐	회화나무 괴	木	14	목
	3	蒯	황모 괴	艸,++	16	목
	4	襘	띠매듭 괴	衣,衤	19	목
	5	愧	부끄러울 괴, 탓할 괴	心,忄	14	화
	6	傀	허수아비 괴, 클 괴, 클 회	亻	12	화
	7	魁	으뜸 괴, 우두머리 괴, 괴수 괴	鬼	14	화
	8	乖	어그러질 괴	丿	8	화
	9	怪	괴이할 괴	心,忄	9	화
	10	塊	흙 덩어리 괴	土	13	토
	11	壞	무너질 괴, 앓을 회	土	19	토
	12	媿	부끄러울 괴	女	13	토
	13	瑰	구슬 이름 괴	玉,王	15	금
	14	瓗	구슬 이름 괴	玉,王	17	금
	15	廥	여물광 괴, 여물광 피	广	16	수
괵	1	馘	귀 벨 괵, 뺨 혁	首	17	수
굉	1	宏	클 굉, 광대할 굉	宀	7	목
	2	紘	끈 굉, 밧줄 굉	糸	10	목
	3	觥	뿔잔 굉	角	13	목
	4	閎	마을 문 굉	門	12	목
	5	轟	울릴 굉, 천둥소리 굉	車	21	화
	6	訇	큰소리 굉	言	9	금

한글	번호	한자	뜻 풀 이	부수	획수	자원오행
굉	7	肱	팔뚝 굉	肉,月	10	수
	8	浤	용솟음할 굉	水,氵	11	수
교	1	絞	목맬 교, 초록빛 효	糸	12	목
	2	校	학교 교	木	10	목
	3	蕎	메밀 교	艸,++	18	목
	4	橋	다리 교, 빠를 고	木	16	목
	5	攪	흔들 교, 어지로울 교, 뒤섞일 교	手,扌	24	목
	6	撟	들 교	手,扌	16	목
	7	橰	외나무다리 교, 외나무다리 각	木	14	목
	8	佼	예쁠 교, 좋을 교	亻	8	화
	9	較	견줄 교, 비교할 교, 차이 각	車	13	화
	10	驕	교만할 교, 무례할 교	馬	22	화
	11	憍	교만할 교, 방자할 교	心,忄	16	화
	12	僑	더부살이 교, 높을 교, 무거울 교	亻	14	화
	13	交	사귈 교	亠	6	화
	14	翹	뛰어날 교, 꼬리 교, 들 교	羽	18	화
	15	巧	공교할 교	工	5	화
	16	暞	밝을 교	日	14	화
	17	趫	재빠를 교	走	19	화
	18	蹻	발돋움할 교	足	19	화
	19	晈	달빛 교	日	10	화
	20	嬌	아리따울 교	女	15	토
	21	姣	아리따울 교, 음란할 효	女	9	토
	22	郊	들 교, 성밖 교, 교외 교	邑,阝(우)	13	토

한글	번호	한자	뜻 풀 이	부수	획수	자원오행
교	23	狡	교활할 교, 간교할 교	犬,犭	9	토
	24	嶠	산 쭈뼛할 교, 높을 교, 산길 교	山	15	토
	25	鄗	땅 이름 호	邑,阝(우)	17	토
	26	矯	바로잡을 교	矢	17	금
	27	敎	가르칠 교, 본 받을 교	攵	11	금
	28	教	가르칠 교	攵	11	금
	29	皎	달 밝을 교, 달 빛 교, 햇빛 교	白	11	금
	30	轎	가마 교	車	19	금
	31	磽	메마른 땅 교, 메마른 땅 요	石	17	금
	32	鉸	가위 교	金	14	금
	33	骹	발회목 교, 우는살 효	骨	16	금
	34	齩	깨물 교	齒	21	금
	35	噭	부르짖을 교, 주둥이 파	口	16	수
	36	餃	경단 교	食	15	수
	37	蛟	상어 교, 교룡 교	虫	17	수
	38	鮫	상어 교	魚	17	수
	39	喬	높을 교	口	12	수
	40	膠	아교 교, 굳을 교, 어긋날 호, 어지러운 모양 뇨(요)	肉,月	17	수
	41	嘐	닭 울 교, 큰소리 효	口	14	수
	42	噱	웃는 소리 교, 부르짖을 규	口	14	수
	43	噛	깨물 교	口	18	수
	44	咬	물 교, 새소리 교, 난잡한 소리 요	口	9	수
	45	窖	움 교, 부엌 조	穴	12	수

한글	번호	한자	뜻 풀 이	부수	획수	자원오행
교	46	鵁	해오라기 교	鳥	17	수
구	1	丘	성씨, 언덕 구	一	5	토
	2	邱	성씨, 언덕 구, 땅 이름 구	邑,阝(우)	12	토
	3	具	성씨, 갖출 구	八	8	금
	4	坵	언덕 구	土	8	토
	5	拘	잡을 구, 거리낄 구	手,扌	9	목
	6	柩	널 구, 나무상자 구	木	9	목
	7	匶	널 구	匚	20	토
	8	構	얽을 구, 지을 구, 닥나무 구	木	14	목
	9	絿	급할 구, 어릴 구	糸	13	목
	10	苟	진실로 구, 구차할 구	艸,++	11	목
	11	枸	구기자 구	木	9	목
	12	寇	도적 구, 원수 구	宀	11	목
	13	颶	구풍 구, 맹렬한 폭풍 구	風	17	목
	14	瞿	놀랄 구, 가슴 두근거릴 구, 창 구, 노려볼 구	目	18	목
	15	廐	마구간 구	广	14	목
	16	廏	마구간 구	广	14	목
	17	厹	세모창 구, 발자국 유	厶	4	목
	18	榘	모날 구, 법도 구	木	14	목
	19	矩	모날 구, 법도 구	矢	10	금
	20	窶	가난할 구, 좁은곳 루(누)	宀	16	목
	21	篝	배롱 구	竹	16	목
	22	糗	볶은 쌀 구	米	16	목
	23	蒟	구장 구	艸,++	16	목

한글	번호	한자	뜻 풀 이	부수	획수	자원오행
구	24	裘	갖옷 구 – 털가죽 댄 옷	衣	13	목
	25	韭	부추 구	韭	9	목
	26	扣	두드릴 구, 두드릴 고	手,扌	7	목
	27	捄	담을 구	手,扌	11	목
	28	搆	얽을 구, 이해 못 할 구	手,扌	14	목
	29	摳	출 구	扌	15	목
	30	俱	함께 구, 갖출 구	亻	10	화
	31	灸	뜸 구	火	7	화
	32	駒	망아지 구	馬	15	화
	33	歐	구라파 구, 칠 구	欠	15	화
	34	鳩	비둘기 구, 모을 구	鳥	13	화
	35	鷗	갈매기 구	鳥	22	화
	36	毬	공 구	毛	11	화
	37	球	공 구	玉,王	12	금
	38	驅	몰 구, 달릴 구, 몰아낼 구	馬	21	화
	39	懼	두려워할 구	心,忄	22	화
	40	仇	원수 구	亻	4	화
	41	佝	곱사등이 구, 어리석을 구, 곱사등이 후	亻	7	화
	42	痀	곱사등이 구	疒	10	수
	43	俅	공손할 구	亻	9	화
	44	傴	구부릴 구	亻	13	화
	45	彀	당길 구	弓	13	화
	46	昫	따뜻할 구, 따뜻할 후	日	9	화
	47	覯	만날 구	見	17	화

한글	번호	한자	뜻 풀 이	부수	획수	자원오행
구	48	姤	만날 구	女	9	토
	49	遘	만날 구	辵,辶	17	토
	50	鷇	새의 새끼 구	鳥	21	화
	51	鸜	구관조 구	鳥	29	화
	52	舊	옛 구, 오랠 구	臼	18	토
	53	逑	짝 구, 배우자 구	辵,辶	12	토
	54	狗	개 구, 강아지 구	犬,犭	9	토
	55	垢	때 구, 티끌 구	土	9	토
	56	坸	때 구	土	8	토
	57	舅	시아버지 구, 외삼촌 구	臼	13	토
	58	區	구분할 구, 나눌 구, 지경 구, 숨길 우	匸	11	토
	59	臼	절구질 구	臼	6	토
	60	嶇	험할 구, 괴로워할 구	山	14	토
	61	耇	늙을 구	老,耂	11	토
	62	耈	늙을 구	老,耂	11	토
	63	冓	짤 구	冂	10	토
	64	劬	수고로울 구	力	7	토
	65	媾	화친할 구	女	13	토
	66	嫗	할머니 구	女	14	토
	67	甌	사발 구	瓦	16	토
	68	岣	산꼭대기 구	山	8	토
	69	珣	옥돌 구	玉,王	8	금
	70	玖	옥돌 구, 아홉 구	玉,王	8	금
	71	救	구원할 구	攴	11	금

한글	번호	한자	뜻 풀 이	부수	획수	자원오행
구	72	鉤	갈고리 구, 낫 구	金	13	금
	73	購	살 구, 화해할 구	貝	17	금
	74	勾	사로잡을 구, 글귀 구, 올가미 구, 굽을 구, 글귀 귀	勹	4	금
	75	句	글귀 구, 올가미 구, 글귀 귀	口	5	수
	76	毆	때릴 구, 구타할 구	殳	15	금
	77	衢	네거리 구, 갈 구	行	18	금
	78	銶	끌 구(연장을 뜻함)	金	15	금
	79	戵	창 구	戈	22	금
	80	璆	아름다운 옥 구	玉,王	16	금
	81	詬	꾸짖을 구, 꾸짖을 후	言	13	금
	82	釦	금테 두를 구	金	11	금
	83	鞲	깍지 구	韋	19	금
	84	鬮	제비 구, 제비 규	鬥	26	금
	85	謳	노래 구, 따뜻해질 후	言	18	금
	86	嘔	노래할 구, 게울 구, 기뻐할 후	口	14	수
	87	咎	허물 구, 재앙 구, 큰 북 고	口	8	수
	88	求	구할 구, 청할 구	氺	7	수
	89	久	오랠 구	丿	3	수
	90	軀	몸 구	身	18	수
	91	究	연구할 구, 궁리할 구	穴	7	수
	92	九	아홉 구, 모을 규	乙	9	수
	93	溝	도랑 구	水,氵	14	수
	94	龜	땅 이름 구, 나라이름 구, 거북 귀, 터질 균	龜	16	수

한글	번호	한자	뜻 풀 이	부수	획수	자원오행
구	95	口	입구, 구멍 구	口	3	수
	96	占	소리 높일 구, 세모창 구	口	5	수
	97	屨	신 구	尸	17	수
	98	漚	담글 구, 갈매기 구	水,氵	15	수
	99	疚	고질병 구	疒	8	수
	100	癯	여월 구	疒	23	수
	101	朐	포 구, 멍에 구, 후연 후, 고을 이름	肉,月	9	수
	102	蚯	지렁이 구	虫	11	수
국	1	國	성씨, 나라 국	囗	11	수
	2	鞠	성씨, 공 국, 궁할 국, 국문할 국, 궁궁이 궁	革	17	금
	3	菊	성씨, 국화 국	艸,++	14	목
	4	麴	누룩 국, 누룩 부	麥	19	목
	5	麯	누룩 국, 누룩 곡	麥	17	목
	6	掬	움킬 국	手,扌	12	목
	7	局	판 국	尸	7	목
	8	跼	구부릴 국	足	14	토
	9	鞫	국문할 국, 다할 국	革	18	금
	10	匊	움킬 국	勹	8	금
	11	国	나라 국, 國의 통용어	囗	8	수
	12	한자없음				
군	1	君	성씨, 임금 군	口	7	수
	2	裙	치마 군	衣,衤	13	목
	3	捃	주울 군	手,扌	11	목
	4	桾	고욤나무 군	木	11	목

한글	번호	한자	뜻 풀 이	부수	획수	자원오행
군	5	軍	군사 군	車	9	화
	6	群	무리 군	羊	13	토
	7	郡	고을 군	邑,阝(우)	14	토
	8	鞈	틀 군	皮	14	금
	9	窘	군색할 군, 막힐 군	穴	12	수
굴	1	掘	파낼 굴, 뚫을 궐, 서투를 졸	手,扌	13	목
	2	倔	고집 셀 굴	亻	10	화
	3	崛	우뚝 솟을 굴	山	11	토
	4	屈	굽힐 굴, 다할 굴, 옷 이름 궐	尸	8	토
	5	窟	굴 굴, 움 굴	穴	11	토
	6	堀	굴 굴, 땅굴 팔 굴	土	11	토
	7	詘	굽힐 굴, 내칠 출, 말 더듬을 눌	言	12	금
	8	淈	흐릴 굴	水,氵	12	수
궁	1	弓	성씨, 활 궁	弓	3	화
	2	芎	궁궁이 궁	艸,艹	9	목
	3	宮	집 궁, 담 궁	宀	10	목
	4	躬	몸 궁	身	14	화
	5	躳	몸 궁, 자신 궁	身	10	수
	6	穹	하늘 궁, 막다름 궁	穴	8	수
	7	窮	다할 궁, 궁할 궁	穴	15	수
권	1	權	성씨, 권세 권, 저울 권	木	22	목
	2	捲	거둘 권, 힘슬 권, 말 권	手,扌	12	목
	3	拳	주먹 권	手,扌	10	목
	4	卷	책 권, 접을 권, 접을 권, 말 권, 곤룡포 곤	卩	8	목

한글	번호	한자	뜻 풀 이	부수	획수	자원오행
권	5	眷	돌아볼 권, 그리워할 권	目	11	목
	6	権	권세 권, 權의 통용어	木	15	목
	7	棬	나무 그릇 권	木	12	목
	8	睠	돌볼 권	目	13	목
	9	綣	정다울 권, 다발로 묶을 균	糸	14	목
	10	倦	게으를 권, 피로할 권, 문서 권	亻	10	화
	11	惓	삼갈 권, 싫증날 권	心,忄	12	화
	12	劵	게으를 권, 권할 권	力	10	토
	13	勸	권할 권, 도울 권	力	20	토
	14	券	문서 권	刀	8	토
	15	淃	물 돌아흐를 권	水,氵	12	수
	16	圈	우리 권, 감방 권, 술잔 권	口	11	수
	17	蜷	구부릴 권	虫	14	수
궐	1	闕	대궐 궐	門	18	목
	2	蕨	고사리 궐	艸,++	18	목
	3	獗	사납게 날뛸 궐	犬,犭	15	토
	4	蹶	넘어질 궐 , 일어설 궐, 뛰어 일어날 궤	足	19	토
	5	厥	그 궐, 그것 궐, 다할 궐	厂	12	토
궤	1	櫃	궤 궤, 함 궤, 느티나무 거	木	18	목
	2	机	책상 궤, 나무이름 궤, 틀 기, 모탕 예	木	6	목
	3	撅	옷 걸을 궤, 칠 궐, 걷을 게	手,扌	16	목
	4	樻	나무 이름 궤	木	16	목
	5	簋	제기 이름 궤	竹	17	목
	6	績	수놓을 궤, 토끝 회, 토끝 귀	糸	18	목

한글	번호	한자	뜻 풀 이	부수	획수	자원오행
궤	7	闠	성시 바깥문 궤	門	20	목
	8	傀	괴이할 궤	亻	8	화
	9	憒	심란할 궤	心, 忄	16	화
	10	軌	바퀴 자국 궤, 길 궤, 궤도 궤	車	9	화
	11	麂	큰 노루 궤	鹿	13	토
	12	跪	꿇어앉을 궤	足	13	토
	13	匱	다할 궤, 상자 궤	匚	14	토
	14	詭	속일 궤, 기만할 궤	言	13	금
	15	劂	새김칼 궤, 새김칼 궐	刂	14	금
	16	几	안석 궤, 몇 기, 무릇 범	几	2	수
	17	氿	샘 궤, 물가 구	水, 氵	6	수
	18	餽	보낼 궤	食	19	수
	19	饋	보낼 궤, 먹일 궤, 대접할 궤	食, 飠	21	수
	20	潰	무너질 궤, 성낼 궤, 바다 기운 해	水, 氵	16	수
귀	1	鬼	귀신 귀, 도깨비 귀	鬼	10	화
	2	晷	그림자 귀, 그림자 구	日	12	화
	3	歸	돌아갈 귀, 시집 갈 귀	止	18	토
	4	鎴	가래 귀, 삽 귀, 삽 궤, 줄 의	金	14	금
	5	貴	귀할 귀	貝	12	금
	6	句	글귀 귀, 구절 구, 올가미 구	口	5	수
	7	龜	거북 귀, 나라이름 귀, 땅 이름 구, 터질 균	龜	16	수
규	1	嬀	성씨 규	女	15	토
	2	閨	안방 규, 규수 규, 계집 규	門	14	목
	3	葵	해바라기 규, 아욱 규	艸, ++	15	목

한글	번호	한자	뜻 풀 이	부수	획수	자원오행
규	4	糾	얽힐 규, 끌어 모을 규, 거둘 규, 삿갓 가뜬할 교	糸	8	목
	5	槻	물푸레나무 규	木	15	목
	6	揆	헤아릴 규, 법 규	手,扌	13	목
	7	糺	꼴 규, 거둘 규	糸	7	목
	8	茥	딸기 규	艸,++	12	목
	9	楏	호미 자루 규	木	13	목
	10	樛	휠 규	木	15	목
	11	睽	사팔눈 규, 부릅뜬 모양 계	目	14	목
	12	闚	엿볼 규	門	19	목
	13	煃	불꽃 규	火	13	화
	14	暌	어길 규	日	13	화
	15	頍	머리 들 규	頁	13	화
	16	規	법 규, 모범 규	見	11	화
	17	圭	모서리 규, 서옥 규, 홀 규	土	6	토
	18	邽	고을 이름 규	邑,阝(우)	13	토
	19	逵	길거리 규, 큰 길 규	辵,辶	15	토
	20	赳	용감할 규, 재능 규, 헌걸찰 규	走	9	토
	21	嫢	가는 허리 규, 예쁠 규, 작을 규, 허술치않은 모양 수	女	14	토
	22	奎	별이름 규, 걸을 귀	大	9	토
	23	巋	가파를 규, 험준할 귀	山	21	토
	24	跬	반걸음 규	足	13	토
	25	珪	서옥 규, 홀 규	玉,王	11	금

한글	번호	한자	뜻 풀 이	부수	획수	자원오행
규	26	硅	규소 규, 깨뜨릴 괵	石	11	금
	27	刲	찌를 규	刂	8	금
	28	潙	물이 솟아 흐를 규, 샘날 규	水, 氵	13	수
	29	窺	엿볼 규, 볼 규	穴	16	수
	30	竅	구멍 규, 통할 규	穴	18	수
	31	叫	부르짖을 규	口	15	수
	32	潙	강 이름 규, 물 이름 위	水, 氵	16	수
	33	虬	규룡 규, 규룡 구	虫	8	수
	34	馗	광대뼈 규, 길거리 규, 광대뼈 구, 길거리 구	首	11	수
균	1	筠	대나무 균	竹	13	목
	2	菌	버섯 균, 버섯 훤, 버섯 권	艸, ++	14	목
	3	覠	크게 볼 균	見	14	화
	4	均	고를 균, 운 운, 따를 연	土	7	토
	5	畇	개간할 균, 개간할 윤	田	9	토
	6	麢	노루 균	鹿	18	토
	7	勻	고를 균, 나눌 윤, 운 운	勹	4	금
	8	匀	고를 균, 勻과 통용어	勹	4	금
	9	鈞	고를 균, 서른 근 균, 가락 균	金	12	금
	10	龜	터질 균, 틀 균, 거북 귀, 거북 구	龜	16	수
	11	囷	곳집 균	囗	8	수
귤	1	橘	귤 귤	木	16	목
극	1	克	이길 극, 능할 극	儿	7	목
	2	極	극진할 극, 다할 극	木	13	목
	3	亟	빠를 극, 자주 기	二	9	목

한글	번호	한자	뜻 풀 이	부수	획수	자원 오행
	4	隙	틈 극, 여가 금	阜,阝	18	토
	5	尅	이길 극	寸	10	토
	6	剋	이길 극, 능할 극, 새길 각	刂	9	금
	7	郄	틈 극	邑,阝(우)	13	토
	8	戟	창 극	戈	12	금
	9	棘	가시나무 극	木	12	금
	10	劇	심할 극, 연극 극	刂	15	금
	11	屐	나막신 극	尸	10	수
근	1	斤	성씨, 근 근, 도끼 근	斤	4	금
	2	槿	무궁화 근	木	15	목
	3	芹	미나리 근	艸,++	10	목
	4	筋	힘줄 근, 기운 근	竹	12	목
	5	根	뿌리 근	木	10	목
	6	董	진흙 근, 조금 근, 오랑캐 꽃 근, 오두 근, 제비꽃 근	艸,++	14	목
	7	廑	겨우 근, 노력할 근	广	14	목
	8	觔	힘줄 근	角	9	목
	9	跟	발꿈치 근	足	13	목
	10	懃	은근할 근, 일에 힘쓸 근	心	17	화
	11	僅	겨우 근, 조금 근	亻	13	화
	12	覲	뵐 근, 볼 근	見	18	화
	13	墐	매흙질할 근, 묻을 근	土	14	토
	14	嫤	여자의 자 근, 고울 근, 아름다울 근	女	14	토
	15	近	가까울 근, 닮을 근, 어조사 기	辵,辶	11	토

한글	번호	한자	뜻 풀 이	부수	획수	자원오행
근	16	勤	부지런할 근, 근심할 근	力	13	토
	17	巹	술잔 근	己	9	토
	18	釿	도끼 근, 대패 은	金	12	금
	19	靳	가슴걸이 근	革	13	금
	20	謹	삼갈 근, 엄할 근	言	18	금
	21	瑾	아름다운 옥 근	玉,王	16	금
	22	劤	힘셀 근, 강할 근	力	6	금
	23	漌	맑을 근, 적실 근	水,氵	15	수
	24	饉	주릴 근, 흉년들 근	食,飠	20	수
글	1	契	부족 이름 글, 맺을 계, 애쓸 결, 사람 이름 설	大	9	목
	2	劼	뜻 글	力	6	토
금	1	金	성씨, 쇠 금,	金	8	금
	2	琴	성씨, 거문고 금	玉,王	13	금
	3	芩	풀 이름 금, 수초 이름 음	艸,++	10	목
	4	衾	이불 금	衣	10	목
	5	檎	능금나무 금	木	17	목
	6	禁	금할 금	示,礻	14	목
	7	擒	사로잡을 금, 생포할 금	手,扌	17	목
	8	襟	옷깃 금, 가슴 금	衣,礻	19	목
	9	衿	옷깃 금, 옷고름 금	衣,礻	9	목
	10	筡	첨대 금, 대 이름 잠, 속이 찬 대 함	竹	10	목
	11	昑	밝을 금	日	8	화
	12	禽	새 금, 날 짐승 금	内	13	화

한글	번호	한자	뜻 풀 이	부수	획수	자원오행
금	13	今	이제 금	人	4	화
	14	嶔	높고 험할 금	山	15	토
	15	黅	누른빛 금	黃	16	토
	16	妗	외숙모 금, 방정맞을 금, 웃는 모양 혐	女	7	토
	17	錦	비단 금	金	16	금
	18	唫	입 다물 금, 읊을 음	口	11	수
	19	噤	입 다물 금	口	16	수
급	1	級	등급 급, 순서 급	糸	10	목
	2	給	줄 급, 넉넉할 급, 더할 급	糸	12	목
	3	扱	미칠 급, 이를 급, 거둘 흡, 꽂을 삽	手,扌	8	목
	4	笈	책 상자 급, 길마 겁	竹	10	목
	5	芨	말오줌나무 급	艸,++	10	목
	6	急	급할 급	心	9	화
	7	伋	속일 급, 인명 급, 움직이는 모양 파	亻	6	화
	8	圾	위태할 급	土	7	토
	9	岌	높을 급	山	7	토
	10	皀	고소할 급, 고소할 핍, 고소할 벽, 향기 향, 하인 조	白	7	금
	11	礏	산 우뚝 솟을 급	石	18	금
	12	及	미칠 급, 이름 급	又	4	수
	13	汲	길을 급, 분주할 급	水,氵	8	수
긍	1	亙	뻗칠 긍, 걸칠 긍, 펼 긍, 베풀 선	二	6	화
	2	亘	뻗칠 긍, 亙의 本字, 베풀 선	二	6	화

한글	번호	한자	뜻 풀 이	부수	획수	자원오행
긍	3	矜	자랑할 긍, 가엽게 여길 긍, 창자루 근, 앓을 관	矛	9	금
	4	兢	떨릴 긍, 삼갈 긍, 두려월할 긍	儿	14	수
	5	肯	옳을 긍, 여길 긍	肉,月	10	수
	6	殑	까무러칠 긍	歹	11	수
기	1	奇	성씨, 기특할 기, 의지할 의	大	8	토
	2	機	틀 기	木	16	목
	3	箕	키 기, 쓰레박기 기, 대로 기울 체	竹	14	목
	4	稘	돌 기, 콩줄기 기	禾	13	목
	5	技	재주 기	手,扌	8	목
	6	穖	갈 기	耒	18	목
	7	榿	오리나무 기, 기나무 기	木	14	목
	8	旗	기 기, 표지 기	方	14	목
	9	杞	구기자 기, 버들기, 나무 이름 기, 쟁기 시	木	7	목
	10	綺	비단 기	糸	14	목
	11	棄	버릴 기, 폐할 기	木	12	목
	12	祈	빌 기, 산제사 궤	示, 礻	9	목
	13	棋	바둑 기	木	12	목
	14	庋	시렁 기	广	7	목
	15	弃	버릴 기	廾	7	목
	16	掎	끌 기	手,扌	12	목
	17	棊	바둑 기	木	12	목
	18	禨	조짐 기 – 상서 기	示,礻	17	목
	19	綦	연둣빛 비단 기	糸	14	목

한글	번호	한자	뜻 풀 이	부수	획수	자원오행
기	20	綼	연둣빛 기	糸	14	목
	21	羈	굴레 기, 나그네 기	网,罒	23	목
	22	芰	마름 기	艸,++	10	목
	23	芪	단너삼 기	艸,++	10	목
	24	蘄	풀 이름 기, 재갈 기, 당귀 근	艸,++	22	목
	25	虁	조심할 기	艸,++	26	목
	26	豈	어찌 기	豆	10	목
	27	寄	부칠 기, 위탁할 기	宀	11	목
	28	紀	벼리 기	糸	9	목
	29	祺	길할 기, 복 기, 즐거움 기	示,礻	13	목
	30	覬	바랄 기	見	17	화
	31	忌	꺼릴 기	心	7	화
	32	羈	굴레 기, 재갈 기, 나그네 기	网,罒	25	화
	33	伎	재간 기, 재주 기, 기술 기	亻	6	화
	34	幾	몇 기, 기미 기, 조짐 기	幺	12	화
	35	起	일어날 기, 시작할 기	走	10	화
	36	朞	돌 기, 1주년	肉,月	12	화
	37	驥	천리마 기	馬	27	화
	38	曦	날씨 기, 볕 기운 기	日	14	화
	39	騎	말 탈 기, 기병 기	馬	18	화
	40	旣	이미 기, 처음부터 기, 쌀 희	无	12	화
	41	騏	준마 기, 천리마 기	馬	18	화
	42	企	꾀할 기	人	6	화
	43	恑	사랑할 기	心,忄	8	화

한글	번호	한자	뜻 풀 이	부수	획수	자원오행
기	44	僛	취하여 춤추는 모양 기	亻	14	화
	45	愭	공손할 기	心, 忄	14	화
	46	曁	및 기, 성씨 글	日	16	화
	47	烾	기운 기, 보낼 희	灬	8	화
	48	頎	헌걸찰 기, 작을 간	頁	13	화
	49	鬐	갈기 기, 미칠 자	髟	20	화
	50	忮	해칠 기	心, 忄	8	화
	51	嶜	높을 기	山	15	토
	52	墍	맥질할 기	土	14	토
	53	屺	민둥산 기	山	6	토
	54	攲	기울 기	支	12	토
	55	旗	기 기	方	10	토
	56	歧	갈림길 기	止	8	토
	57	猉	강아지 기, 기린 기	犬, 犭	12	토
	58	跂	육발이 기, 발돋움할 기, 힘쓸 지	足	11	토
	59	隑	사다리 기, 길 해, 기댈 개	阜, 阝(좌)	18	토
	60	岐	갈림길 기	山	7	토
	61	畸	떼기밭 기, 불구 기	田	13	토
	62	妓	기생 기	女	7	토
	63	夔	조심할 기, 두려울 기	夊	19	토
	64	耆	늙을 기, 어른 기, 이룰 지	老	10	토
	65	基	터 기	土	11	토
	66	己	몸 기, 자기 기	己	3	토
	67	麒	기린 기	鹿	19	토

한글	번호	한자	뜻 풀 이	부수	획수	자원오행
기	68	畿	경기 기, 지경 기	田	15	토
	69	圻	경기 기, 지경 은	土	7	토
	70	埼	갑 기	土	11	토
	71	崎	험할 기	山	11	토
	72	冀	바랄 기, 원할 기	八	16	금
	73	祇	땅귀신 기, 다만 지, 마침 기	示	9	금
	74	祁	성할 기, 클 기	示	8	금
	75	璂	피변 꾸미개 기	玉,王	15	금
	76	璣	구슬 기, 거울 기, 별 이름 기	玉,王	17	금
	77	璣	모난 구슬 기	玉,王	20	금
	78	譏	비웃을 기, 나무랄 기, 원망할 기	言	19	금
	79	其	그 기	八	8	금
	80	記	기록할 기	言	10	금
	81	欺	속일 기, 업신여길 기,	欠	12	금
	82	玘	패옥 기	玉,王	8	금
	83	錡	가마솥 기, 쇠뇌 틀 의	金	16	금
	84	琪	아름다운 옥 기, 옥이름 기	玉,王	13	금
	85	錤	호미 기	金	16	금
	86	碁	바둑 기	石	13	금
	87	琦	옥 이름 기	玉,王	13	금
	88	磯	물가 기	石	17	금
	89	剞	새김칼 기	刂	10	금
	90	肵	도마 기, 공경할 근	肉,月	10	수
	91	蜝	방게 기	虫	14	수

한글	번호	한자	뜻 풀 이	부수	획수	자원오행
기	92	蟣	서캐 기	虫	18	수
	93	鰭	지느러미 기	魚	21	수
	94	飢	주릴 기, 기아 기	食, 飠	11	수
	95	器	그릇 기, 쓰일 기	口	16	수
	96	期	기약할 기, 정할 기	肉, 月	12	수
	97	肌	살가죽 기, 근육 기, 신체 기	肉, 月	8	수
	98	汽	물 끓는 김 기, 증기 기, 거의 흘, 소금 못 헐	水, 氵	8	수
	99	氣	기운 기, 보낼 희	气	10	수
	100	饑	굶주릴 기, 흉년 기	食, 飠	21	수
	101	嗜	즐길 기, 좋아할 기	口	13	수
	102	沂	물 이름 기, 지경 은	水, 氵	8	수
	103	淇	물 이름 기, 강 이름 기	水, 氵	12	수
긴	1	緊	긴할 긴	糸	14	목
길	1	吉	성씨, 길할 길	口	6	수
	2	姞	성씨, 삼갈 길	女	9	토
	3	拮	일할 길, 겨룰 길, 죄어칠 갈	手, 扌	10	목
	4	桔	도라지 길	木	10	목
	5	佶	건장할 길, 바를 길, 헌걸찰 길	亻	8	화
	6	蛣	장구벌레 길	虫	12	수
김	1	金	성씨, 쇠, 금, 돈	金	8	금
끽	1	喫	먹을 끽	口	12	수
나(라)	1	羅	성씨, 벌일 라(나), 그물 라(나)	网, 罒	20	목
	2	那	성씨, 어찌 나, 어조사 내	邑, 阝	11	토
	3	挐	잡을 나, 비빌 나, 끌 녀(여), 노 뇨(요)	手, 扌	9	목

한글	번호	한자	뜻 풀 이	부수	획수	자원오행
나(라)	4	挪	옮길 나, 잡아 휠 나	手,扌	11	목
	5	拿	붙잡을 나, 사로잡을 나	手,扌	10	목
	6	挐	붙잡을 나(라)	手,扌	9	목
	7	誽	붙잡을 나	言	13	금
	8	㮈	나무 이름 나	木	11	목
	9	糯	찰벼 나, 찰벼 난	米	20	목
	10	柰	어찌 나, 능금나무 내	木	9	목
	11	㫫	깃발 바람에 날릴 나	方	12	목
	12	奈	어찌 나, 나락 나, 어찌 내	大	8	화
	13	儺	공손한 모양 나, 푸닥거리 나	亻	21	화
	14	懦	나약할 나, 부드러울 나, 겁쟁이 유	心,忄	18	화
	15	娜	아름다울 나	女	10	토
	16	胗	성길 나, 살찔 치	肉,月	12	수
	17	喇	나팔 나(라), 말할 나	口	12	수
낙(락)	1	絡	이을 락(낙), 묶을 락, 그물락, 얽을 락(낙)	糸	12	목
	2	落	떨어질 락(낙)	艸,++	15	목
	3	樂	즐길 락(낙), 노래 악, 좋아할 요	木	15	목
	4	駱	낙타 락(낙)	馬	16	화
	5	烙	지질 락(낙)	火	10	화
	6	諾	허락할 낙(락)	言	16	금
	7	珞	구슬 목걸이 락(낙), 조약돌 력(역)	玉,王	11	금
	8	酪	쇠젖 락(낙), 유즙 락, 식초 락	酉	13	금
	9	洛	물 이름 락(낙), 낙수 락, 강이름 락	水,氵	10	수
난(란)	1	丹	정성스러울 란(난), 붉을 단	丶	4	목

한글	번호	한자	뜻 풀 이	부수	획수	자원오행
난(란)	2	欒	둥글 란(난), 나무이름 란, 모감주나무 란(난)	木	23	목
	3	蘭	목련 꽃 란, 난초 란(난)	艸,++	23	목
	4	亂	어지러울 란(난)	乙	13	목
	5	欄	난간 란(난), 목란 란, 나무 이름 련(연)	木	21	목
	6	難	어려울 난, 근심 난, 우거질 나	隹	19	화
	7	煖	더울 난, 따뜻할 훤	火	13	화
	8	暖	따뜻할 난, 부드러울 훤	日	13	화
	9	爛	빛날 란(난), 익을 란, 문드러질 란(난)	火	21	화
	10	鸞	난새 란(난), 방울 란	鳥	30	화
	11	偄	연약할 난, 연약할 나, 연약할 연	亻	11	화
	12	愞	여릴 연, 나약할 나	心,忄	13	화
	13	赧	얼굴 붉힐 난	赤	12	화
	14	瓓	옥 광채 란(난), 옥무늬 란	玉,王	22	금
	15	卵	알 란(난)	卩	7	수
	16	瀾	뜨물 란, 큰 물결 란(난)	水,氵	21	수
	17	餪	풀보기 잔치 난	食	18	수
날	1	捏	꾸밀 날, 이길 날, 반죽할 날	手,扌	12	목
	2	捺	누를 날, 찍을 날	手,扌	12	목
남	1	南	성씨, 남녘 남, 나무 나	十	9	화
	2	甶	성씨, 사람 이름 감, 덮을 엄	廾	9	목
	3	楠	녹나무 이름 남	木	13	목
	4	枏	녹나무 남, 매화나무 염	木	8	목
	5	男	사내 남	田	7	화
	6	湳	물 이름 남, 강 이름 남	水,氵	13	수

한글	번호	한자	뜻 풀 이	부수	획수	자원오행
남	7	喃	재잘거릴 남	口	12	수
남궁	1	南宮	성씨.	十,宀	19	화
납	1	納	들일 납, 바칠 납, 수확할 납	糸	10	목
	2	衲	기울 납, 옷 수선할 납	衣,衤	10	목
낭(랑)	1	浪	성씨 랑(낭)	水,氵	11	수
	2	曩	접때 낭	日	21	화
	3	娘	여자 낭(랑), 어머니 낭, 아가씨 낭	女	10	토
	4	囊	주머니 낭	口	22	수
내	1	乃	성씨, 곧 내, 이에 내, 노 젓는 소리 애	丿	2	금
	2	奈	성씨, 어찌 내, 어지할 내, 어찌 나	大	8	화
	3	佴	성씨 내, 버금 이	亻	8	화
	4	內	안 내, 들일 납	入	4	목
	5	柰	능금나무 내, 어찌 나	木	9	목
	6	鼐	가마솥 내	鼎	15	화
	7	奶	젖 내	女	5	토
	8	嬭	젖 내	女	17	토
	9	迺	이에 내, 옮길 천	辵,辶	13	토
	10	耐	견딜 내, 능할 능	而	9	수
녀(여)	1	女	여자 녀(여)	女	3	토
녁(역)	1	惄	허출할 녁(역)	心	12	화
년(연)	1	撚	비틀 년(연)	手,扌	16	목
	2	年	해 년(연), 아첨할 녕(영)	干	6	목
	3	秊	해 년(연), 年의 통용어, 아첨할 녕(영)	禾	8	목
	4	碾	맷돌 년(연)	石	15	금

한글	번호	한자	뜻 풀 이	부수	획수	자원오행
념(염)	1	捻	비틀 념(염), 비꼴 념, 누를 녑(엽)	手,扌	12	목
	2	拈	집을 념(염), 집어들 념,	手,扌	9	목
	3	念	생각 념(염), 욀 염	心	8	화
	4	恬	편안할 념(염), 조용할 념	心,忄	10	화
녑(엽)	1	惗	사랑할 녑(엽)	心,忄	12	화
녕(영)	1	寧	편안할 녕(영), 편안할 령(영)	宀	14	목
	2	寗	차라리 녕(영)	宀	13	목
	3	佞	아첨할 녕(영)	亻	7	화
	4	儜	괴로워할 녕(영)	亻	16	화
	5	獰	모질 영(녕)	犬,犭	18	토
	6	嚀	간곡할 녕(영)	口	17	수
	7	濘	진창 녕(영)	水,氵	18	수
노(로)	1	盧	성씨 로(노), 목로 로(노)	皿	16	수
	2	路	성씨 로(노), 길 로(노)	足	13	토
	3	魯	성씨 로(노), 노나라 로(노), 노둔할 로(노)	魚	15	수
	4	笯	새장 노, 새장 나	竹	11	목
	5	弩	쇠뇌 노	弓	8	화
	6	駑	둔한 말 노, 미련할 노	馬	15	화
	7	怒	성낼 노(로)	心	9	화
	8	努	힘쓸 노	力	7	토
	9	奴	종 노, 포로 노	女	5	토
	10	老	늙을 로(노)	老	6	토
	11	峱	산 이름 노	山	10	토
	12	猱	원숭이 노	犬,犭	13	토

한글	번호	한자	뜻 풀 이	부수	획수	자원오행
노(로)	13	詷	기뻐할 노	言	14	금
	14	譺	기뻐할 노	言	14	금
	15	瑙	마노(석영의 일종) 노	玉,王	14	금
	16	呶	지껄일 노	口	8	수
	17	孥	자식 노	子	8	수
	18	臑	팔꿈치 노, 삶을 이, 팔뼈 유	肉,月	20	수
녹(록)	1	菉	조개풀 록(녹)	艸,++	14	목
	2	綠	푸를 록(녹), 초록 빛 록	糸	14	목
	3	祿	녹 록(녹), 녹봉 록, 행복 록	示	13	목
	4	彔	새길 록(녹), 근본 록, 나무깎을 록	크	8	화
	5	鹿	사슴 록(녹), 곳집 록	鹿	11	토
	6	麓	산기슭 록(녹), 사슴 록	鹿	19	토
	7	碌	푸른 돌 록(녹), 돌 모양 록, 자갈땅 락(낙)	石	13	금
	8	錄	기록할 록(녹), 사실할 려(여)	金	16	금
논(록)	1	論	논할 론(논), 조리 륜(윤)	言	15	금
농(롱)	1	籠	대바구니 롱(농)	竹	22	목
	2	穠	꽃나무 무성할 농	禾	18	목
	3	聾	귀먹을 롱(농)	耳	22	화
	4	儂	나 농	亻	15	화
	5	農	농사 농	辰	13	토
	6	壟	밭두둑 롱(농), 언덕 롱, 무덤 롱	土	19	토
	7	弄	희롱할 롱(농)	廾	7	금
	8	瓏	옥 소리 롱(농), 바람소리 롱	玉,王	21	금
	9	醲	진한 술 농	酉	20	금

한글	번호	한자	뜻 풀 이	부수	획수	자원오행
농(롱)	10	膿	고름 농, 짓무를 농	肉,月	19	수
	11	濃	짙을 농, 무성할 농	水,氵	17	수
	12	朧	흐릿할 롱(농)	肉,月	20	수
	13	瀧	비 올 롱(농), 여울 랑(낭), 물 이름 상	水,氵	20	수
	14	噥	소곤거릴 농	口	16	수
뇌(뢰)	1	雷	성씨 뢰(뇌), 우레 뢰(뇌)	雨	13	수
	2	惱	번뇌할 뇌, 괴로워할 뇌	心	13	화
	3	腦	골 뇌, 뇌수 뇌	肉,月	15	수
	4	餒	주릴 뇌	食	16	수
뇨(요)	1	撓	어지러울 요(뇨), 휠 뇨, 돌 효, 부드럽게 할 호	手,扌	16	목
	2	嫋	예쁠 뇨(요)	女	13	토
	3	嬲	희롱할 뇨(요)	女	17	토
	4	鐃	징 뇨(요)	金	20	금
	5	鬧	시끄러울 뇨(요), 시끄러울 료(요)	門	14	목
	6	尿	오줌 뇨(요)	尸	7	수
	7	淖	진흙 뇨(요), 얌전할 작	水,氵	12	수
누	1	耨	김맬 누	耒	16	목
	2	呢	젖 먹을 누	口	11	수
눈	1	嫩	어릴 눈, 예쁠 눈	女	14	토
눌	1	訥	말 더듬거릴 눌	言	11	금
	2	吶	말 더듬을 눌, 떠들 납	口	7	수
	3	肭	살찔 눌	肉,月	10	수
뉴(유)	1	杻	감탕나무 뉴(유), 수갑 추	木	8	목
	2	忸	익을 뉴(유), 부끄러워할 뉵(육)	心,忄	8	화

한글	번호	한자	뜻 풀 이	부수	획수	자원오행
뉴(유)	3	鈕	성씨 뉴, 단추 뉴, 인꼭지 뉴(유), 형구 추	金	12	금
	4	紐	끈 뉴, 맬 뉴, 맺을 뉴(유)	糸	10	수
	5	한자없음	옷 부드러울 뉴.	衤	10	목
뉵(육)	1	衄	코피 뉵(육)	血	10	수
늠(름)	1	廩	곳집 름(늠), 넘칠 람(남)	广	16	목
	2	凜	찰 름(늠)	冫	15	수
	3	凛	찰 름(늠)	冫	15	수
능(릉)	1	綾	비단 릉(능)	糸	14	목
	2	稜	모서리릉, 모 날 릉(능)	禾	13	목
	3	菱	모날 릉, 마름 릉(능)	艸,++	14	목
	4	楞	네모질 릉(능)	木	13	목
	5	陵	언덕 릉(능)	阜,阝	16	토
	6	能	능할 능, 재주 능, 견딜 내	肉,月	12	수
	7	凌	업신여길 릉(능), 얼음 릉(능)	冫	10	수
니(이)	1	柅	무성할 니(이)	木	9	목
	2	馜	진한 향기 니(이)	香	14	목
	3	愵	마음 좋을 니	心,忄	16	화
	4	怩	부끄러워할 니(이), 부끄러워할 닐(일)	心,忄	9	화
	5	祢	아비 사당 니(이), 아비 사당 녜(예)	示,礻	10	금
	6	禰	아버지 사당 니(이), 아비 사당 니(이), 아버지 사당 녜(예), 아비 사당 녜(예)	示,礻	19	금
	7	呢	소곤거릴 니(이)	口	8	수
	8	泥	진흙 니(이), 흐릴 니, 물들일 녈(열)	水,氵	9	수
	9	尼	여승 니(이), 말릴 닐(일)	尸	5	수

한글	번호	한자	뜻 풀 이	부수	획수	자원오행
니(이)	10	膩	기름질 니(이), 살찔 이	肉,月	18	수
	11	瀰	많을 니(이), 물 가득할 미,	水,氵	18	수
닉(익)	1	溺	빠질 닉(익), 잠길 닉, 오줌 뇨(요), 약할 약	水,氵	14	수
	2	匿	숨길 닉(익), 사악할 특	匚	11	수
닐(일)	1	昵	친할 닐(일), 아버지 사당 녜(예), 아교 직	日	9	화
	2	暱	친할 닐(일)	日	15	화
다	1	茶	차 다, 차 차	艸,++	12	목
	2	爹	아버지 다, 아비 다	父	10	목
	3	荼	마름(한해살이 수초) 다	艸,++	12	목
	4	觰	뿔 밑동 다	角	16	목
	5	夛	많을 다, 多의 통용어	夕	6	수
	6	多	많을 다	夕	6	수
	7	한자없음				
	8	한자없음				
단	1	段	성씨, 구분 단, 조각 단, 층계 단	殳	9	금
	2	單	성씨, 홑 단, 오직 단, 오랑캐 이름 선	口	12	수
	3	端	성씨, 끝 단, 바를 단, 곧을 단, 헐떡일 천, 홀 전	立	14	금
	4	簞	소쿠리 단, 대광주리 단	竹	18	목
	5	袒	웃통 벗을 단, 터질 탄	衣,衤	11	목
	6	檀	박달나무 단	木	17	목
	7	担	떨칠 단, 올릴 걸, 멜 담	手,扌	9	목
	8	椴	자작나무 단	木	13	목
	9	緞	비단 단	糸	15	목

한글	번호	한자	뜻 풀 이	부수	획수	자원오행
단	10	慱	근심할 단, 넓을 박	心, 忄	15	화
	11	旦	아침 단	日	5	화
	12	丹	붉을 단, 정성스러울 란(난)	丶	4	화
	13	彖	판단할 단, 돝 시	彐	9	화
	14	但	다만 단, 무릇 단, 거짓 탄	亻	7	화
	15	煓	불꽃 성할 단, 빛날 단	火	13	화
	16	晅	밝을 단	日	9	화
	17	亶	믿음 단, 머뭇거릴 전, 산 이름 선	亠	13	토
	18	鄲	조나라 서울 단, 나라이름 단	邑, 阝	19	토
	19	壇	제단 단, 뜰 단, 평탄할 탄, 소제할 선	土	16	토
	20	鍛	쇠불릴 단, 숫돌 단	金	17	금
	21	斷	끊을 단	斤	18	금
	22	短	짧을 단	矢	12	금
	23	團	둥글 단, 모일 단, 경단 단	口	14	수
	24	湍	여울 단, 급류 단	水, 氵	13	수
	25	蛋	새알 단	虫	11	수
	26	癉	앓을 단, 고달플 다	疒	17	수
	27	耑	끝 단, 오로지 전	而	9	수
	28	胆	어깨 벗을 단, 쓸개 담, 살찔 달	肉, 月	11	수
	29	腶	약포 단	肉, 月	15	수
	30	蜑	오랑캐 이름 단, 구불구불할 연	虫	13	수
	31	漙	이슬 많을 단	水, 氵	15	수
달	1	撻	때릴 달, 매질할 달	手, 扌	17	목
	2	闥	문 달, 문빗장 건	門	21	목

한글	번호	한자	뜻 풀 이	부수	획수	자원오행
달	3	怛	슬플 달, 방자할 단	心, 忄	9	화
	4	妲	여자의 자 달, 허황할 탄	女	8	토
	5	獺	수달 달, 수달 랄(날)	犬, 犭	19	토
	6	達	통달할 달	辵,辶	16	토
	7	靼	다룸가죽 달, 다룸가죽 단	革	14	금
	8	韃	종족 이름 달	革	22	금
	9	澾	미끄러울 달	水, 氵	17	수
	10	疸	황달 달	疒	10	수
담	1	蕁	지모(여러해살이 풀) 담, 지모 심	艸,++	18	목
	2	擔	멜 담, 책임질 담	手, 扌	17	목
	3	薝	치자나무 담	艸,++	19	목
	4	憺	참담할 담, 편안할 담	心, 忄	17	화
	5	曇	흐릴 담	日	15	화
	6	倓	고요할 담	亻	10	화
	7	聃	귓바퀴 없을 담, 주나라 이름 담	耳	11	화
	8	炎	아름다울 담, 불꽃 염	火	8	화
	9	儋	멜 담	亻	15	화
	10	毯	담요 담	毛	12	화
	11	坍	무너질 담, 무너질 단	土	7	토
	12	埮	평평한 땅 담	土	11	토
	13	墰	술 단지 담	土	15	토
	14	壜	항아리 담	土	19	토
	15	罎	항아리 담	缶	22	토
	16	郯	나라 이름 담	邑, 阝(우)	15	토

한글	번호	한자	뜻 풀 이	부수	획수	자원오행
담	17	禫	담제 담	示,礻	17	금
	18	覃	깊을 담, 미칠 담, 날이 설 염	襾	12	금
	19	錟	창 담, 찌를 담, 날카로울 섬, 서슬 염	金	16	금
	20	譚	클 담, 이야기 담, 말씀 담, 완만할 담	言	19	금
	21	談	말씀 담	言	15	금
	22	膽	쓸개 담	肉,月	19	수
	23	潭	못 담, 깊을 담, 물가 심	水,氵	16	수
	24	淡	맑을 담, 묽을 담, 싱거울 담, 질펀히 흐를 염	淡	12	수
	25	啖	씹을 담, 먹을 담, 십을 담	口	11	수
	26	湛	즐길 담, 탐닉할 담, 괼 담, 잠길 침, 맑을 잠, 담글 점, 장마 음	水,氵	13	수
	27	痰	가래 담, 천식 담	疒	13	수
	28	澹	맑을 담, 담박할 담, 조용할 담, 넉넉할 섬	水,氵	17	수
	29	噡	넉넉할 담	口	12	수
	30	啗	먹일 담	口	11	수
	31	噉	먹을 담, 소리칠 함	口	15	수
	32	黮	검을 담, 오디 심, 어두울 탐	黑	21	수
	33	黵	문신할 담	黑	25	수
답	1	答	대답 답	竹	12	목
	2	遝	뒤섞일 답	辵,辶	17	토
	3	畓	논 답	田	9	토
	4	踏	밟을 답, 디딜 답	足	15	토
	5	沓	겹칠 답, 거듭 답	水	8	수
당	1	唐	성씨 당, 당나라 당, 허풍 당	口	12	수

한글	번호	한자	뜻 풀 이	부수	획수	자원오행
당	2	糖	엿 당, 엿 탕	米	16	목
	3	棠	아가위 당, 팥배나무 당, 해당화 당	木	12	목
	4	幢	기 당, 드리워진 모양 동	巾	15	목
	5	撞	칠 당, 두드릴 당	手,扌	16	목
	6	搪	뻗을 당	手,扌	14	목
	7	檔	의자 당	木	17	목
	8	瞠	볼 당	目	16	목
	9	襠	잠방이 당	衣,衤	19	목
	10	倘	빼어날 당, 배회할 상	亻	10	화
	11	儻	빼어날 당	亻	22	화
	12	戇	어리석을 당	心	28	화
	13	塘	못 당, 방죽 당	土	13	토
	14	當	마땅 당, 적합할 당	田	13	토
	15	堂	집 당	土	11	토
	16	鐺	쇠사슬 당, 솥 쟁	金	21	금
	17	瑭	옥 이름 당	玉,王	15	금
	18	璫	귀고리 옥 당	玉,王	18	금
	19	磄	밑바닥 당	石	18	금
	20	讜	곧은 말 당	言	27	금
	21	鏜	종고 소리 당	金	19	금
	22	溏	진창 당	水,氵	14	수
	23	螳	사마귀 당	虫	19	수
	24	餳	엿 당	食	18	수
	25	餹	엿 당	食	19	수

한글	번호	한자	뜻 풀 이	부수	획수	자원오행
당	26	螳	버마재비 당, 사마귀 당	虫	17	수
	27	黨	무리 당	黑	20	수
대	1	大	성씨 대, 클 대, 큰 대, 클 태, 클 다	大	3	목
	2	帶	띠 대, 찰 대, 장식 대	巾	11	목
	3	對	대할 대	寸	14	목
	4	袋	자루 대	衣	11	목
	5	擡	들어올릴 대, 들 대	手,扌	18	목
	6	抬	들 대, 매질할 태, 擡의 통용어	手,扌	9	목
	7	代	대신할 대	亻	5	화
	8	昗	햇빛 대, 클 영	日	7	화
	9	待	기다릴 대	彳	9	화
	10	曃	해가 돋을 대	日	13	화
	11	儓	하인 대	亻	16	화
	12	懟	원망할 대	心	18	화
	13	曫	무성할 대	日	18	화
	14	臺	돈대 대, 관청 대	至	14	토
	15	坮	대 대	土	8	토
	16	垈	집터 대, 밭 대	土	8	토
	17	隊	무리 대, 떨어질 추, 길 수	阜,阝(좌)	17	토
	18	岱	대산 대, 클 대	山	8	토
	19	碓	방아 대	石	13	금
	20	鐓	창고달 대, 창고달 돈	金	20	금
	21	戴	일 대, 느낄 대, 생각할 대	戈	17	금
	22	玳	대모 대	玉,王	10	금

한글	번호	한자	뜻 풀 이	부수	획수	자원오행
대	23	貸	빌릴 대, 꿀 대, 틀릴 특	貝	12	금
	24	黛	눈썹먹 대, 여자의 눈썹 대	黑	17	수
	25	汏	일 대	水, 氵	7	수
댁	1	宅	댁 댁, 집 택, 터질 탁	宀	6	목
덕	1	德	큰 덕, 덕 덕, 선행 덕	彳	15	화
	2	徳	큰 덕, 덕 덕, 德의 통용어	彳	14	화
	3	悳	큰 덕, 덕 덕, 德의 통용어	心	12	화
도	1	道	성씨, 길 도	辵, 辶	16	토
	2	都	성씨, 도읍 도, 못 지	邑, 阝(우)	16	토
	3	陶	성씨, 질그릇 도, 사람 이름 요	阜, 阝(좌)	16	토
	4	櫂	노 도, 상앗대 도	木	18	목
	5	萄	포도 도	艸, ++	14	목
	6	桃	복숭아 도	木	10	목
	7	馟	향기로울 도	香	16	목
	8	掉	흔들 도, 흔들릴 도, 바로잡을 도	手, 扌	12	목
	9	導	인도할 도, 이끌 도	寸	16	목
	10	棹	노 도, 키 도, 책상 탁	木	12	목
	11	稻	벼 도	禾	15	목
	12	搗	찧을 도, 찍을 도, 두드릴 도	手, 扌	14	목
	13	挑	돋울 도, 휠 도, 굽을 도	手, 扌	10	목
	14	睹	볼 도, 분별할 도	目	14	목
	15	稌	찰벼 도	禾	12	목
	16	掏	가릴 도	手, 扌	12	목
	17	捇	꺼낼 도	手, 扌	14	목

한글	번호	한자	뜻 풀 이	부수	획수	자원오행
도	18	擣	찧을 도, 밸 주	手,扌	18	목
	19	檮	등걸 도	木	18	목
	20	菟	호랑이 도, 새삼 토	艸,++	14	목
	21	闍	망루 도, 사리 사	門	17	목
	22	夲	나아갈 도, 근본 본	大	5	목
	23	度	법도 도, 헤아릴 탁, 살 택	广	9	목
	24	覩	볼 도	見	16	화
	25	倒	넘어질 도	亻	10	화
	26	悼	슬퍼할 도, 떨 도	心,忄	12	화
	27	徒	무리 도, 동아리 도	彳	10	화
	28	燾	비칠 도, 비출 도, 덮을 도	灬	18	화
	29	弢	활집 도	弓	8	화
	30	忉	근심할 도	心,忄	6	화
	31	慆	기뻐할 도	心,忄	14	화
	32	壔	성채 도	土	17	토
	33	途	길 도	辵,辶	14	토
	34	蹈	밟을 도, 슬퍼할 신	足	13	토
	35	堵	담장 도, 주거 도, 강 이름 자	土	12	토
	36	塗	칠할 도, 길 도, 진흙 도, 바를 도,	土	13	토
	37	島	섬 도	山	10	토
	38	嶋	섬 도	山	14	토
	39	逃	도망할 도, 숨을 도	辵,辶	13	토
	40	跳	뛸 도, 뛸 조	足	13	토
	41	禱	빌 도	示,礻	19	금

한글	번호	한자	뜻 풀 이	부수	획수	자원오행
도	42	韜	감출도, 활집도, 갈무리할 도	韋	19	금
	43	到	이를 도	刂	8	금
	44	盜	도둑 도, 훔칠 도	皿	12	금
	45	刀	칼 도	刀	2	금
	46	裪	복 도	示,礻	13	금
	47	鋾	쇳덩이 도	金	16	금
	48	鼕	땡땡이 도	鼓	19	금
	49	醻	술밑 도	酉	14	금
	50	鞀	노도 도	革	14	금
	51	鞱	감출 도, 활집 도	革	19	금
	52	賭	내기 도, 걸 도, 노름 도	貝	16	금
	53	鍍	도금할 도	金	17	금
	54	圖	그림 도	囗	14	수
	55	屠	죽일 도, 잡을 도, 무찌를 도, 흉노 왕의 칭호 저	尸	12	수
	56	滔	물 넘칠 도	水,氵	14	수
	57	淘	쌀 일 도, 씻을 도	水,氵	12	수
	58	濤	물결 도, 조수 주	水,氵	18	수
	59	渡	건널 도	水,氵	13	수
	60	叨	탐낼 도	口	5	수
	61	洮	씻을 도, 씻을 조	水,氵	10	수
	62	涂	칠할 도, 길 도	水,氵	11	수
	63	饕	탐할 도	食	22	수
독	1	纛	기 독, 기 도	糸	25	목

한글	번호	한자	뜻 풀 이	부수	획수	자원오행
독	2	牘	서찰 독, 편지 독, 나뭇조각 독	片	19	목
	3	篤	도타울 독	竹	16	목
	4	禿	대머리 독, 벗어질 독	禾	7	목
	5	督	감독할 독, 살펴 볼 독, 거느릴 독	目	13	목
	6	櫝	함 독	木	19	목
	7	毒	독 독, 해칠 독, 거북 대	毋	8	토
	8	獨	홀로 독, 외로울 독	犬, 犭	17	토
	9	犢	송아지 독	牛	19	토
	10	讀	읽을 독, 풍류 독, 구절 두	言	22	금
	11	瀆	도랑 독, 더럽힐 독, 하수도 독, 구멍 두	水, 氵	19	수
	12	黷	더럽힐 독	黑	27	수
독고	1	獨孤	성씨	犭, 子	토	25
돈	1	敦	성씨, 도타울 돈, 인정 많을 돈	攵	12	금
	2	頓	성씨, 조아릴 돈, 깨질 돈	頁	13	화
	3	惇	도타울 돈	心, 忄	12	화
	4	暾	아침 해 돋을 돈	日	16	화
	5	燉	불빛 돈, 이글거릴 돈	火	16	화
	6	焞	어스레할 돈, 성할 돈, 귀갑 지지는 불 돈	火	12	화
	7	旽	밝을 돈, 친밀할 돈	日	8	화
	8	弴	활 돈	弓	11	화
	9	躉	거룻배 돈	足	20	토
	10	墩	돈대 돈, 흙더미 돈	土	15	토
	11	沌	엉길 돈, 어두울 돈, 내 이름 전	水, 氵	8	수
	12	豚	돼지 돈, 복어 돈	豕	11	수

한글	번호	한자	뜻 풀 이	부수	획수	자원오행
돈	13	潡	큰 물 돈	水, 氵	16	수
돌	1	堗	굴뚝 돌	土	12	토
	2	乭	사람 이름 돌, 돌 돌	乙	6	금
	3	突	갑자기 돌	穴	9	수
	4	咄	꾸짖을 돌	口	8	수
동	1	董	성씨, 감독할 동, 바를 동, 짧을 종, 바로잡을 독	艸, ++	15	목
	2	東	성씨, 동녘 동	木	8	목
	3	棟	마룻대 동	木	12	목
	4	橦	나무 이름 동, 병거 충, 장대 장	木	16	목
	5	瞳	눈동자 동	目	17	목
	6	桐	오동나무 동	木	10	목
	7	艟	배 동, 싸움배 충, 짧은 배 당	舟	18	목
	8	茎	겨우살이	艸, ++	11	목
	9	茼	쑥갓 동	艸, ++	12	목
	10	董	동독할 동	艸, ++	18	목
	11	曈	먼동틀 동	日	16	화
	12	烔	뜨거운 모양 동, 더운기운 동	火	10	화
	13	彤	붉을 동, 붉은 칠할 동	彡	7	화
	14	仝	한 가지 동	人	5	화
	15	同	한가지 동	口	6	수
	16	侗	정성 동, 클 통	亻	8	화
	17	僮	아이 동	亻	14	화
	18	憧	동경할 동, 그리워할 동, 어리석을 동	心, 忄	16	화

한글	번호	한자	뜻 풀 이	부수	획수	자원오행
동	19	垌	항아리 동	土	9	토
	20	勭	자랄 동	力	14	토
	21	峒	산 이름 동	山	9	토
	22	銅	구리 동	金	14	금
	23	童	아이 동, 어리석을 동	立	12	금
	24	胴	큰 창자 동, 몸통 동	肉,月	10	수
	25	蝀	무지개 동	虫	14	수
	26	朣	달 뜰 동	肉,月	16	수
	27	冬	겨울 동, 북소리 동	冫	5	수
	28	凍	얼 동	冫	10	수
	29	疼	아플 동, 아플 등	疒	10	수
	30	洞	골 동, 골짜기 동, 동굴 동, 밝을 통	水,氵	10	수
	31	動	움직일 동	力	11	수
	32	潼	물 이름 동, 강 이름 동, 끈적끈적할 종	水,氵	16	수
	33	涷	소나기 동	水,氵	12	수
	34	哃	큰말할 동	口	9	수
동방	1	東方	성씨	木,方	12	목
두	1	杜	성씨, 막을 두, 아가위 두	木	7	목
	2	豆	콩 두	豆	7	목
	3	荳	콩 두	艸,++	13	목
	4	枓	두공 두, 기둥머리 두	木	8	목
	5	兜	투구 두	儿	11	목
	6	抖	떨 두	手,扌	8	목
	7	頭	머리 두	頁	16	화

한글	번호	한자	뜻 풀 이	부수	획수	자원오행
두	8	斗	말 두, 싸울 두	斗	4	화
	9	陡	험할 두	阜,阝(좌)	15	토
	10	逗	머무를 두, 무덤 두	辵,辶	14	토
	11	阧	치솟을 두	阜,阝(좌)	12	토
	12	斁	섞을 두, 칠할 도, 싫어할 역	攴	17	금
	13	讀	구절 두	言	22	금
	14	竇	구멍 두, 개천 독	穴	20	수
	15	痘	역질 두, 천연두 두	疒	12	수
	16	肚	배 두	肉,月	9	수
	17	脰	목 두	肉,月	13	수
	18	蚪	올챙이 두, 규룡 규	虫	10	수
	19	蠹	좀 두	虫	24	수
둔	1	芚	싹 나올 둔, 채소이름 둔	艸,++	10	목
	2	屯	진칠 둔	屮	4	목
	3	遯	달아날 둔, 피할 둔	辵,辶	18	토
	4	遁	숨을 둔, 달아날 둔, 끊을 둔	辵,辶	16	토
	5	迍	머뭇거릴 둔	辵,辶	11	토
	6	鈍	둔할 둔	金	12	금
	7	臀	볼기 둔	肉,月	19	수
	8	窀	광중 둔	穴	9	수
둘	1	乧	음역자(音譯字) 둘	乙	5	목
득	1	得	얻을 득	彳	11	화
등	1	鄧	성씨, 나라 이름 등	邑,阝	19	토
	2	橙	귤 등, 걸상 등, 등자나무 등	木	16	목

한글	번호	한자	뜻 풀 이	부수	획수	자원오행
등	3	藤	등나무 등	艸,++	21	목
	4	等	무리 등, 가지런할 등, 등급 등	竹	12	목
	5	籐	등나무 등	竹	21	목
	6	縢	봉할 등	糸	16	목
	7	騰	오를 등, 값 오를 등	馬	20	화
	8	登	오를 등	癶	12	화
	9	燈	등불 등, 등잔 등	火	16	화
	10	嶝	고개 등, 비탈길 등	山	15	토
	11	墱	자드락길 등	土	15	토
	12	謄	베낄 등	言	17	금
	13	磴	돌 비탈길 등	石	17	금
	14	鐙	등잔 등	金	20	금
	15	凳	걸상 등	几	14	수
	16	滕	물 솟을 등	水,氵	15	수
	17	螣	등사 등, 풀무치 특	虫	16	수
라(나)	1	羅	성씨, 벌일 라(나), 그물 라(나)	网,罒	20	목
	2	摞	정돈할 라(나)	手,扌	15	목
	3	裸	벗을 라(나)	衣,衤	14	목
	4	蘿	쑥 라(나), 무 라, 미나리 라	艸,++	25	목
	5	蓏	열매 라(나), 풀열매 라	艸,++	16	목
	6	儸	간능 있을 라(나)	亻	21	화
	7	倮	벗을 라(나), 좁을 과	亻	10	화
	8	曪	햇빛 없을 라(나)	日	23	화
	9	騾	노새 라(나)	馬	21	화

한글	번호	한자	뜻 풀 이	부수	획수	자원오행
라(나)	10	懶	게으를 라(나), 혐오할 뢰(뇌)	心,忄	20	화
	11	覼	자세할 라(나), 좋게 볼 라	見	21	화
	12	邏	순라 라(나), 순행할 라	辵,辶	26	토
	13	剆	가지 칠 라(나)	刂,刀	9	금
	14	砢	돌 쌓일 라(나)	石	10	금
	15	鑼	징 라(나)	金	27	금
	16	螺	소라 라(나)	虫	17	수
	17	喇	나팔 라(나)	口	12	수
	18	癩	문둥이 라(나)	疒	21	수
	19	囉	소리 얽힐 라(나)	口	22	수
	20	臝	벌거벗을 라(나)	肉,月	24	수
	21	瘰	연주창 라(나)	疒	16	수
	22	蠃	나나니벌 라(나), 소라 라(나)	虫	19	수
락(낙)	1	絡	이을 락(낙), 묶을 락, 그물 락, 얽을 락(낙)	糸	12	목
	2	落	떨어질 락(낙)	艸,++	15	목
	3	樂	즐길 락(낙), 노래 악	木	15	목
	4	駱	낙타 락(낙)	馬	16	화
	5	烙	지질 락(낙)	火	10	화
	6	犖	얼룩소 락(낙)	牛	14	토
	7	珞	구슬 목걸이 락(낙)	玉,王	11	금
	8	酪	쇠젖 락(낙), 유즙 락, 식초 락	酉	13	금
	9	洛	물 이름 락(낙), 낙수 락, 강 이름 락	水,氵	10	수
	10	咯	진한 유즙 락(낙)	口	13	수
란(난)	1	丹	정성스러울 란(난)	丶	4	목

한글	번호	한자	뜻 풀 이	부수	획수	자원오행
란(난)	2	欒	둥글 란(난), 나무이름 란, 모감주나무 란(난)	木	23	목
	3	蘭	목련꽃 란, 난초 란(난)	艸,++	23	목
	4	亂	어지러울 란(난)	乙	13	목
	5	欄	난간 란(난), 목란 란, 나무 이름 련(연)	木	21	목
	6	幱	내리닫이 란(난)	巾	20	목
	7	攔	막을 란(난)	手,扌	21	목
	8	襴	내리닫이 란(난)	衣,衤	23	목
	9	闌	가로막을 란(난), 난간 란(난)	門	17	목
	10	爛	빛날 란(난), 익을 란, 문드러질 란(난)	火	21	화
	11	鸞	난새 란(난), 방울 란	鳥	30	화
	12	嬾	게으를 란(난)	女	19	토
	13	瓓	옥 광채 란(난), 옥 무늬 란	玉,王	22	금
	14	鑾	방울 란(난), 보습 거	金	27	금
	15	灤	새어 흐를 란(난)	水	23	수
	16	卵	알 란(난)	卩	7	수
	17	瀾	뜨물 란, 큰 물결 란(난)	水,氵	21	수
랄(날)	1	埒	담 랄(날), 담 렬(열)	土	10	토
	2	辢	매울 랄(날)	辛	14	금
	3	剌	발랄할 랄(날), 어그러질 랄(날), 수라 라(나)	刂	9	금
	4	辣	매울 랄(날)	辛	14	금
람(남)	1	纜	닻줄 람(남)	糸	27	목
	2	欖	감람나무 람(남)	木	25	목
	3	襤	헌 누더기 람(남)	衣,衤	21	목
	4	藍	쪽 람(남), 볼 감	艸,++	20	목

한글	번호	한자	뜻 풀 이	부수	획수	자원오행
람(남)	5	攬	가질 람(남), 잡을 람, 딸 람	手,扌	25	목
	6	擥	가질 람(남), 잡을 람, 딸 람	手,扌	19	목
	7	한자없음	가질 람	手,扌	20	목
	8	籃	대바구니 람(남)	竹	20	목
	9	覽	볼 람(남), 보살필 람, 두루 볼 람,	見	21	화
	10	爁	불 번질 람(남)	火	18	화
	11	懢	탐할 람(남), 떨릴 림(임)	心,忄	12	화
	12	嵐	산 이름 람, 사나람 람, 남기 람(남)	山	12	토
	13	婪	예쁠 람(남), 고울 람	女	11	토
	14	惏	탐할 람(남)	女	11	토
	15	瓓	옥 이름 람(남)	玉,王	19	금
	16	漤	과실 짱아찌 람(남)	水,氵	15	수
	17	濫	넘칠 람(남), 동이 함	水,氵	18	수
	18	蘫	오이김치 람(남), 맑을 람	艸,艹	22	수
랍(납)	1	拉	끌 랍(납), 꺾을 랍, 데려갈 랍	手,扌	9	목
	2	鑞	땜납 랍(납)	金	23	금
	3	臘	섣달 랍(납), 납향 랍(납)	肉,月	21	수
	4	蠟	밀 랍(납), 밀초 랍	虫	21	수
랑(낭)	1	浪	성씨, 파도 랑, 물결 랑(낭)	水,氵	11	수
	2	廊	사랑채 랑(낭), 행랑 랑(낭)	广	13	목
	3	廒	높을 랑(낭)	广	10	목
	4	榔	나무 이름 랑(낭)	木	14	목
	5	閬	솟을대문 랑(낭)	門	15	목
	6	稂	강아지풀 랑(낭)	禾	12	목

한글	번호	한자	뜻 풀 이	부수	획수	자원오행
랑(낭)	7	莨	수크령 랑(낭)	艸,++	13	목
	8	騏	꼬리 흰 말 랑(낭)	馬	17	화
	9	烺	빛 밝을 랑(낭)	火	11	화
	10	狼	이리 랑(낭)	犬,犭	10	토
	11	郞	사내 랑(낭)	邑,阝(우)	14	토
	12	郎	사내 랑(낭), 郞과 통용어	邑,阝(우)	9	토
	13	硠	돌 부딪는 소리 랑(낭)	石	12	금
	14	瑯	옥돌 랑(낭), 옥이름 랑, 고을이름 랑	玉,王	15	금
	15	琅	푸른 산호 랑, 옥이름 랑, 옥돌 랑(낭)	玉,王	12	금
	16	蜋	사마귀 랑(낭)	虫	13	수
	17	螂	사마귀 랑(낭), 蜋의 통용어	虫	16	수
	18	朗	밝을 랑(낭), 맑을 랑	肉,月	11	수
래(내)	1	萊	명아주 래(내), 묵정밭 래	艸,++	14	목
	2	来	올 래(내), 來자의 통용어	木	7	목
	3	騋	큰 말 래(내)	馬	18	화
	4	徠	올 래(내), 위로할 래, 위로할 래(내)	彳	11	화
	5	來	올 래(내)	人	8	화
	6	崍	산 이름 래(내)	山	11	토
	7	淶	강 이름 래(내)	水,氵	12	수
	8	한자없음				
랭(냉)	1	冷	찰 랭(냉)	冫	7	수
략(약)	1	掠	노략질할 략(약)	手,扌	12	목
	2	喿	다스릴 략(약)	木	11	목
	3	略	간략할 략(약), 다스릴 략(약)	田	11	토

한글	번호	한자	뜻 풀 이	부수	획수	자원오행
량(양)	1	梁	성씨, 들보 량(양)	木	11	목
	2	凉	성씨, 서늘할 량(양)	冫	10	수
	3	粱	성씨, 기장 량(양)	米	13	목
	4	樑	대들보 량(양), 굳셀 량	木	15	목
	5	粮	양식 량(양), 먹이 량	米	13	목
	6	糧	양식 량(양)	米	13	목
	7	倆	재주 량(양), 둘 량(양)	亻	10	화
	8	量	헤아릴 량(양), 좋을 량	里	12	화
	9	輛	수레 량(양)	車	15	화
	10	亮	밝을 량(양), 도울 량	亠	9	화
	11	駺	꼬리 흰 말 랑(낭)	馬	17	화
	12	俍	어질 량(양)	亻	9	화
	13	悢	슬퍼할 량(양), 뜻을 얻지 못할 랑(낭)	心, 忄	11	화
	14	魎	도깨비 량(양)	鬼	18	화
	15	踉	높이 뛸 량(양), 급히 갈 랑(낭)	足	14	토
	16	兩	두 량(양), 둘 량, 짝 량, 냥 냥(양)	入	8	토
	17	良	어질 량(양), 착할 량	艮	7	토
	18	諒	살펴 알 량(양), 어질 량, 믿을 량(양)	言	15	금
	19	涼	서늘할 량(양)	水, 氵	12	수
	20	喨	소리 맑을 량(양)	口	12	수
려(여)	1	呂	성씨 려(여), 땅 이름 려, 법칙 려(여)	口	7	수
	2	黎	검을 려(여), 무리 려	黍	15	목
	3	櫚	종려나무 려(여), 권할 려	木	19	목

한글	번호	한자	뜻 풀 이	부수	획수	자원오행
려(여)	4	廬	농막집 려(여), 오두막집 려, 주막 려, 창 자루 로(노)	广	19	목
	5	閭	마을 문 려(여)	門	15	목
	6	藜	명아주 려(여), 나라이름 려	艸,++	21	목
	7	梠	평고대 려(여)	木	11	목
	8	糲	현미 려(여)	米	21	목
	9	驪	검은 말 려(여), 검을 려, 나라이름 려, 검은 말 리(이)	馬	29	화
	10	儷	짝 려(여), 부부 려	亻	21	화
	11	侶	짝 려(여), 벗할 려, 동행할 려	亻	9	화
	12	慮	생각할 려(여), 의심할 려, 사실할 록(녹)	心	15	화
	13	驢	당나귀 려(여)	馬	26	화
	14	曞	퍼질 려(여)	日	19	화
	15	儢	힘쓰지 아니할 려(여)	亻	17	화
	16	麗	고울 려(여), 우아할 려, 짝려	鹿	19	토
	17	旅	나그네 려(여), 함께 려	方	10	토
	18	勵	힘쓸 려(여)	力	17	토
	19	邌	천천히 갈 려(여), 더딜 지/늦을 지	辶	22	토
	20	礪	숫돌 려(여), 거친숫돌 려	石	20	금
	21	戾	어그러질 려(여), 벗어날 려, 돌릴 렬(열), 어그러질 태	戶	8	금
	22	鑢	줄 려(여)	金	23	금
	23	唳	울 려(여)	口	11	수
	24	癘	창병 려(여), 문둥병 라(나)	疒	18	수
	25	膂	등골뼈 려(여)	肉,月	16	수

한글	번호	한자	뜻 풀 이	부수	획수	자원오행
려(여)	26	臚	살갗 려(여)	肉,月	22	수
	27	蠡	좀 먹을 려(여), 옴 라(나), 표주박 리(이)	虫	21	수
	28	蠣	굴조개 려(여)	虫	21	수
	29	濾	거를 려(여), 씻을 려	水,氵	19	수
	30	厲	갈 려(여), 문둥병 라(나)	厂	15	수
력(역)	1	攊	칠 력(역), 칠 략(약), 굳은 모양 락(악)	手,扌	20	목
	2	櫟	상수리나무 력(역), 문지를 (노), 고을이름 약, 가마구울 조	木	19	목
	3	櫪	말구유 력(역)	木	20	목
	4	轣	갈 력(역)	車	23	화
	5	曆	책력 력(역)	日	16	화
	6	轢	칠 력(역), 삐걱거릴 력, 칠 력	車	22	화
	7	力	힘 력(역)	力	2	토
	8	歷	지날 력(역), 책력 력(역)	止	16	토
	9	酈	땅 이름 력(역), 땅 이름 려(여), 땅 이름 리(이)	邑,阝(우)	26	토
	10	礫	조약돌 력(역), 뛰어날 락(낙)	石	20	금
	11	靂	벼락 력(역), 천둥 력	雨	24	수
	12	瀝	스밀 력(역), 거를 력, 받칠 력	水,氵	20	수
	13	癧	연주창 력(역)	疒	21	수
련(연)	1	連	성씨 련(연), 잇닿을 련(연), 맺을 련	辵,辶	14	토
	2	蓮	연꽃 련(연)	艸,++	17	목
	3	練	익힐 련(연), 단련할 련	糸	15	목
	4	攣	걸릴 련(연), 이어질 련, 경련할 련(연)	手,扌	23	목

한글	번호	한자	뜻 풀 이	부수	획수	자원오행
련(연)	5	棟	멀구슬나무 련(연)	木	13	목
	6	戀	그리워할 련(연), 사모할 련, 그릴 련(연)	心	23	화
	7	煉	달굴 련(연), 불릴 련, 구울 련	火	13	화
	8	憐	불쌍히 여길 련(연), 이웃 린(인)	心,忄	16	화
	9	輦	가마 련(연), 손수레 련, 나를 련	車	15	화
	10	聯	연이을 련(연), 연결할 련	耳	17	화
	11	孌	아름다울 련(연), 예쁠 련	女	22	토
	12	鍊	불릴 련(연), 단련할 련(연)	金	17	금
	13	璉	호련 련(연), 이을 련	玉,王	16	금
	14	鏈	쇠사슬 련(연)	金	19	금
	15	漣	잔물결 련(연), 물놀이 련	水,氵	15	수
	16	湅	익힐 련(연)	水,氵	13	수
	17	臠	저민 고기 련(연)	肉	25	수
	18	鰊	청어 련(연)	魚	20	수
	19	鰱	연어 련(연)	魚	22	수
	20	한자없음				
렬(열)	1	裂	찢을 렬(열)	衣	12	목
	2	挒	비틀 렬(열), 술대 려(여)	手,扌	12	목
	3	颲	사나운 바람 렬(열)	風	15	목
	4	捩	비틀 렬(열)	手,扌	10	목
	5	烈	매울 렬(열), 세찰 렬(열), 빛날 렬, 매울 렬	灬	10	화
	6	劣	못할 렬(열), 적을 렬	力	6	토
	7	列	벌일 렬(열), 줄 렬, 항렬 렬	刂	6	금
	8	洌	맑을 렬(열), 거셀 례(예)	水,氵	10	수

한글	번호	한자	뜻 풀 이	부수	획수	자원오행
렬(열)	9	冽	맑을 렬(열), 거셀 레(예)	冫	8	수
렴(염)	1	濂	성씨, 물 이름 렴(염), 싱거울 렬, 경박할 섬	水, 氵	17	수
	2	廉	성씨, 청렴할 렴(염), 살필 렴(염)	广	13	목
	3	簾	발 렴(염)	竹	19	목
	4	斂	거둘 렴(염), 저장할 렬	攵	17	금
	5	磏	거친 숫돌 렴(염)	石	15	금
	6	瀲	넘칠 렴(염)	水, 氵	21	수
	7	殮	염할 렴(염), 빈소할 렴	歹	17	수
렵(엽)	1	鬣	갈기 렵(엽)	髟	25	화
	2	躐	밟을 렵(엽)	足	22	토
	3	獵	사냥 렵(엽)	犬, 犭	19	토
령(영)	1	靈	성씨, 신령 령(영)	雨	24	수
	2	䔖	도꼬마리(풀 이름) 령(영), 원추리 령	竹	11	목
	3	苓	도꼬마리 령(영), 연 련(연)	艸, ++	11	목
	4	秢	벼 처음 익을 령(영)	禾	10	목
	5	櫺	격자창 령(영)	木	28	목
	6	伶	영리할 령(영)	亻	7	화
	7	翎	깃 령(영)	羽	11	화
	8	昤	햇빛 령(영)	日	9	화
	9	領	거느릴 령(영)	頁	14	화
	10	聆	들을 령(영), 좇을 령	耳	11	화
	11	令	하여금 령(영)	人	5	화
	12	怜	영리할 령(영), 지혜로울 령, 불쌍히 여길 련(연)	心, 忄	9	화

한글	번호	한자	뜻 풀 이	부수	획수	자원오행
령(영)	13	輪	사냥 수레 령(영)	車	12	화
	14	鴒	할미새 령(영)	鳥	16	화
	15	岭	고개 령(영), 산 깊을 령	山	8	토
	16	嶺	고개 령(영)	山	17	토
	17	岺	고개 령(영), 재 령	山	8	토
	18	逞	쾌할 령(영), 굳셀 령, 사람 이름 영	辵,辶	12	토
	19	姈	슬기로울 령(영), 계집 슬기로울 령	女	8	토
	20	羚	영양(포유동물) 령(영)	羊	11	토
	21	鈴	방울 령(영)	金	13	금
	22	玲	옥 소리 령(영)	玉,王	10	금
	23	齡	나이 령(영)	齒	20	금
	24	齢	나이 령(영)	齒	20	금
	25	吟	속삭일 령(영)	口	8	수
	26	另	헤어질 령(영)	口	5	수
	27	蛉	잠자리 령(영)	虫	11	수
	28	囹	옥 령(영) 감옥 령	囗	8	수
	29	零	떨어질 령(영), 영 령(영), 종족 이름 련(연)	雨	13	수
	30	澪	깨우칠 령(영), 강 이름 령(영)	水,氵	17	수
	31	泠	깨우칠 령(영), 물 이름 령(영)	水,氵	9	수
	32	鹷	소금 령	鹵	16	수
례(예)	1	禮	예도 례(예)	示,礻	18	목
	2	礼	예도 례(예), 禮의 통용어	示,礻	6	목
	3	隷	종 례(예), 붙을 례, 좇을 례, 미칠 이, 미칠 대	隶	11	화
	4	例	법식 례(예)	亻	8	화

한글	번호	한자	뜻 풀 이	부수	획수	자원오행
례(예)	5	醴	단술 례(예)	酉	20	금
	6	澧	강 이름 례(예), 강 이름 풍	水, 氵	17	수
	7	隷	종 례(예), 미칠 이, 미칠 대	隶	17	수
	8	鱧	가물치 례(예)	魚	24	수
로(노)	1	盧	성씨 로(노), 목로 로(노)	皿	16	수
	2	魯	성씨, 노나라 로(노), 노둔할 로(노)	魚	15	수
	3	撈	건질 로(노), 잡을 로	手, 扌	16	목
	4	蘆	갈대 로(노)	艸, ++	22	목
	5	虜	사로잡을 로(노), 포로 로, 종 로	虍	12	목
	6	櫓	방패 로(노)	木	19	목
	7	擄	노략질할 로(노)	手, 扌	17	목
	8	虜	사로잡을 로(노)	虍	13	목
	9	蕗	감초 로(노)	艸, ++	19	목
	10	艣	노 로(노)	舟	21	목
	11	艫	뱃머리 로(노)	舟	22	목
	12	櫨	두공 로(노)	木	20	목
	13	鷺	해오라기 로(노), 백로 로(노)	鳥	23	화
	14	輅	수레 로(노), 작은수레 락(낙), 맞이할 아, 수레 앞 가로나무 핵	車	13	화
	15	爐	화로 로(노)	火	20	화
	16	勞	일할 로(노)	力	12	화
	17	玈	검을 로(노)	玄	11	화
	18	鸕	가마우지 로(노)	鳥	27	화
	19	轤	도르래 로(노)	車	23	화

한글	번호	한자	뜻 풀 이	부수	획수	자원오행
로(노)	20	顱	머리뼈 로(노)	頁	25	화
	21	髗	머리뼈 로(노)	骨	10	금
	22	路	길 로(노), 울짱 락(낙)	足	13	토
	23	壚	흑토 로(노)	土	19	토
	24	老	늙을 로(노)	老	6	토
	25	璐	아름다운 옥 로(노)	玉,王	17	금
	26	瓐	비취옥 로(노)	玉,王	21	금
	27	鑪	아교 그릇 로(노)	金	21	금
	28	鑪	화로 로(노)	金	24	금
	29	潞	강 이름 로(노)	水,氵	16	수
	30	瀘	물 이름 로(노), 강이름 로	水,氵	20	수
	31	露	이슬 로(노)	雨	20	수
	32	鹵	소금 로(노)	鹵	11	수
	33	嚧	웃을 로(노)	口	19	수
	34	潦	큰비 로(노), 큰비 료(요), 초라할 료(요)	水,氵	16	수
	35	澇	큰 물결 로(노)	水,氵	16	수
	36	滷	소금밭 로(노)	水,氵	15	수
	37	癆	중독 로(노)	疒	17	수
	38	窂	우리 로(노)	穴	9	수
	39	鱸	농어 로(노)	魚	27	수
록(녹)	1	菉	조개풀 록(녹)	艸,++	14	목
	2	綠	푸를 록(녹), 초록빛 록	糸	14	목
	3	簏	대 상자 록(녹)	竹	17	목
	4	祿	녹 록(녹), 녹봉 록, 행복 록	示, 礻	13	목

한글	번호	한자	뜻 풀 이	부수	획수	자원오행
록(녹)	5	彔	새길 록(녹), 근본 록, 나무깎을 록	彐	8	화
	6	轆	도르래 록(녹)	車	18	화
	7	鵦	새 이름 록(녹)	鳥	19	화
	8	鹿	사슴 록(녹), 곳집 록	鹿	11	토
	9	麓	산기슭 록(녹), 사슴 록	鹿	19	토
	10	麗	산기슭 록(녹), 사슴 록	鹿	19	토
	11	碌	푸른 돌 록(녹), 돌 모양 록, 자갈땅 락(낙)	石	13	금
	12	淥	밭을 록(녹)	水, 氵	12	수
	13	漉	거를 록(녹)	水, 氵	15	수
론(논)	1	論	논할 론(논), 조리 륜(윤)	言	15	금
롱(농)	1	籠	대바구니 롱(농)	竹	22	목
	2	攏	누를 롱(농)	手, 扌	20	목
	3	蘢	개여뀌 롱(농)	艸, ++	22	목
	4	聾	귀먹을 롱(농)	耳	22	화
	5	儱	미숙한 모양 롱(농), 걷지 못할 롱(용)	亻	18	화
	6	曨	어스레할 롱(농)	日	20	화
	7	壟	밭두둑 롱(농), 언덕 롱, 무덤 롱	土	19	토
	8	隴	고개 이름 롱(농)	阜, 阝(좌)	24	토
	9	弄	희롱할 롱(농)	廾	7	금
	10	瓏	옥 소리 롱(농), 바람소리 롱	玉, 王	21	금
	11	礱	갈 롱(농)	石	21	금
	12	朧	흐릿할 롱(농)	肉, 月	20	수
	13	瀧	비 올 롱(농), 여울 랑(낭), 물 이름 상	水, 氵	20	수
뢰(뇌)	1	雷	성씨, 우레 뢰(뇌)	雨	13	수

한글	번호	한자	뜻 풀 이	부수	획수	자원오행
뢰(뇌)	2	耒	가래 뢰(뇌)	耒	6	목
	3	攂	갈 뢰(뇌)	手,扌	19	목
	4	籟	세 구멍 퉁소 뢰(뇌)	竹	22	목
	5	纇	실 마디 뢰(뇌)	糸	21	목
	6	蕾	꽃봉오리 뢰(뇌)	艸,++	19	목
	7	儡	꼭두각시 뢰(뇌)	亻	17	화
	8	牢	우리 뢰(뇌), 둘러쌀 뢰	牛	7	토
	9	罍	술독 뢰(뇌), 술그릇 루(누)	缶	21	토
	10	賚	줄 뢰(뇌), 하사품 뢰, 줄 래(내)	貝	15	금
	11	賂	뇌물 뢰(뇌)	貝	13	금
	12	賴	의뢰할 뢰(뇌), 힘 입을 뢰	貝	16	금
	13	頼	의뢰할 뢰(뇌), 賴의 통용어	頁	16	금
	14	磊	돌무더기 뢰(뇌)	石	15	금
	15	礌	바위 뢰(뇌)	石	18	금
	16	礧	바위 뢰(뇌)	石	20	금
	17	誄	애도할 뢰(뇌)	言	13	금
	18	酹	부을 뢰(뇌)	酉	14	금
	19	瀨	여울 뢰(뇌)	水,氵	20	수
료(요)	1	蓼	여뀌(풀이름) 료(요), 나라이름 료, 클 륙(육), 찾을 로(노), 끌어당길 류(유)	艸,++	17	목
	2	寮	동관 료(요), 동료 로	宀	15	목
	3	廖	텅 빌 료(요), 공허할 료, 나라 이름 류(유)	广	14	목
	4	撩	다스릴 료(요)	手,扌	16	목
	5	繚	감길 료(요)	糸	18	목

한글	번호	한자	뜻 풀 이	부수	획수	자원오행
료(요)	6	飂	바람 소리 료(요), 높이 부는 바람 류(유)	風	20	목
	7	飉	바람 료(요)	風	21	목
	8	燎	횃불 료(요), 비출 료	火	16	화
	9	瞭	밝을 료(요), 멀 료	目	17	화
	10	料	헤아릴 료(요), 될 료	斗	10	화
	11	聊	애오라지 료(요), 귀울 료, 의지할 료	耳	11	화
	12	僚	동료 료(요), 벗 료, 예쁠 료(요)	亻	14	화
	13	暸	밝을 료(요)	日	16	화
	14	嫽	예쁠 료(요)	女	15	토
	15	遼	멀 료(요), 늦출 료	辵,辶	19	토
	16	獠	밤 사냥 료(요), 오랑캐 이름 로(노)	犬,犭	16	토
	17	了	마칠 료(요), 밝을 료(요)	亅	2	금
	18	醪	막걸리 료(요)	酉	18	금
	19	鐐	은 료(요)	金	20	금
	20	嘹	울 료(요)	口	15	수
	21	潦	큰비 료(요), 초라할 료(요), 큰비 로(노)	水,氵	16	수
	22	膋	발기름 료(요)	肉,月	16	수
	23	療	병 고칠 료(요), 병 삭	广	17	수
룡(용)	1	龍	성씨, 용 룡(용), 언덕 롱(농), 얼룩 망, 은총 총	龍	16	토
	2	龒	용 룡(용), 언덕 롱(농), 얼룩 망, 은총 총	龍	21	토
	3	竜	용 룡(용), 龍의 고자, 언덕 롱(농), 얼룩 망, 은총 총	立	10	금
루(누)	1	蔞	산쑥 루(누), 풀자란 모양 루	艸,++	17	목

한글	번호	한자	뜻 풀 이	부수	획수	자원오행
루(누)	2	褸	헌 누더기 루(누), 남루할 루	衣, 衤	17	목
	3	樓	다락 루(누)	木	15	목
	4	累	여러 루(누), 묶을 루, 누 끼칠 루, 자주 루(누), 벌거벗을 라(나), 땅 이름 렵(엽)	糸	11	목
	5	縷	실 루(누)	糸	17	목
	6	耬	씨 뿌리는 기구 루(누)	耒	17	목
	7	慺	정성스러울 루(누), 굽으릴 루	心, 忄	13	화
	8	熡	불꽃 루(누)	火	15	화
	9	僂	구부릴 루(누)	亻	13	화
	10	嶁	봉우리 루(누), 산이름 루	山	13	토
	11	陋	더러울 루(누), 장소 좁을 루	阜, 阝(좌)	13	토
	12	婁	끌 루(누), 거둘 루, 별 이름 루(누)	女	11	토
	13	壘	보루 루(누), 쌓을 루, 끌밋할 뢰(뇌), 귀신 이름 률(율)	土	18	토
	14	髏	해골 루(누)	骨	21	금
	15	鏤	새길 루(누)	金	19	금
	16	漏	샐 루(누)	水, 氵	15	수
	17	淚	눈물 루(누), 물이 빠르게 흐르는 모양 려(여)	水, 氵	12	수
	18	瘻	부스럼 루(누)	广	16	수
	19	屢	여러 루(누), 번거로울 루	尸	14	수
	20	嘍	시끄러울 루(누)	口	14	수
	21	蝼	땅강아지 루(누)	虫	15	수
류(유)	1	柳	성씨, 버들 류(유)	木	9	목
	2	劉	성씨 류(유), 이길 류, 칼 류, 죽일 류(유)	刂	15	금

한글	번호	한자	뜻 풀 이	부수	획수	자원오행
류(유)	3	榴	석류나무 류(유)	木	14	목
	4	橊	석류나무 류(유)	木	16	목
	5	纍	포승 류(유), 포승 루(누), 밧줄 라(나)	糸	17	목
	6	纍	맬 류(유), 여러 루(누), 자주 루(누)	糸	21	목
	7	類	무리 류(유), 착할 류, 나눌 류, 치우칠 뢰(뇌)	頁	19	화
	8	鷚	올빼미 류(유), 송골매 골, 메추라기 순	鳥	21	화
	9	遛	머무를 류(유)	辵,辶	17	토
	10	旒	깃발 류(유)	方	13	토
	11	留	머무를 류(유), 雷의 속자	田	10	토
	12	琉	유리 류(유), 나리이름 류	手,扌	15	금
	13	瑠	맑은 유리 류(유)	玉,王	15	금
	14	硫	유황 류(유)	石	12	금
	15	謬	그르칠 류(유), 어긋날 류	言	18	금
	16	流	흐를 류(유)	水,氵	11	수
	17	溜	처마물 류(유), 방울져 떨어질 류, 여울 류	水,氵	14	수
	18	瀏	맑을 류(유)	水,氵	19	수
	19	瘤	혹 류(유)	广	15	수
륙(육)	1	陸	성씨, 뭍 륙(육), 육지 륙	阜,阝(좌)	16	토
	2	六	여섯 륙(육)	八	6	토
	3	勠	합할 륙(육)	力	13	토
	4	戮	죽일 륙(육)	戈	15	금
륜(윤)	1	綸	벼리 륜(윤), 낚싯줄 윤, 실 윤, 허리끈 관	糸	14	목
	2	掄	가릴 륜(윤), 가릴 론(논)	手,扌	12	목
	3	侖	생각할 륜(윤), 둥글 륜(윤)	人	8	화

한글	번호	한자	뜻 풀 이	부수	획수	자원오행
륜(윤)	4	輪	바퀴 륜(윤)	車	15	화
	5	倫	인륜 륜(윤)	亻	10	화
	6	崙	산 이름 륜(윤)	山	11	토
	7	崘	산 이름 륜(윤)	山	11	토
	8	錀	금 륜(윤)	金	16	금
	9	淪	빠질 륜(윤), 물 돌아 흐를 론(논)	水, 氵	12	수
	10	圇	완전할 륜(윤)	口	11	수
률(율)	1	律	성씨, 법칙 률(율)	彳	9	화
	2	栗	밤 률(율),두려워할 률(율), 찢을 렬(열)	木	10	목
	3	慄	떨릴 률(율), 두려워할 율	心, 忄	14	화
	4	率	비율 률(율), 거느릴 솔, 우두머리 수	玄	11	화
	5	嵂	가파를 률(율),산높고험할 률	山	12	토
	6	瑮	옥 무늬 률(율)	玉,王	15	금
	7	溧	강 이름 률(율)	水, 氵	14	수
	8	한자없음	볏가리 률			
륭(융)	1	隆	높을 륭(융)	阜,阝(좌)	17	토
	2	癃	느른할 륭(융)	疒	17	수
	3	窿	활꼴 륭(융)	穴	17	수
륵(늑)	1	勒	굴레 륵(늑)	力	11	금
	2	肋	갈빗대 륵(늑), 힘줄 근	肉,月	8	수
	3	泐	돌 갈라질 륵(늑)	水, 氵	9	수
름(늠)	1	廩	곳집 름(늠), 넘칠 람(남)	广	16	목
	2	菻	쑥 름(늠), 쑥 림(임)	艸,++	14	목
	3	凜	찰 름(늠)	水, 冫	17	수

한글	번호	한자	뜻 풀 이	부수	획수	자원오행
름(늠)	4	凜	서늘할 름(늠)	水, 氵	17	수
릉(능)	1	綾	비단 릉(능)	糸	14	목
	2	稜	모 날 릉(능), 모서리릉	禾	13	목
	3	菱	마름 릉(능)	艸,++	14	목
	4	蔆	마름 릉(능)	艸,++	17	목
	5	楞	네모질 릉(능)	木	13	목
	6	倰	속일 릉(능)	亻	10	화
	7	陵	언덕 릉(능)	阜,阝(좌)	16	토
	8	凌	업신여길 릉(능), 얼음 릉(능)	冫	10	수
리(이)	1	李	성씨 리(이), 오얏 리(이)	木	7	목
	2	裏	속 리(이), 내부 리	衣	13	목
	3	裡	속 리(이), 裏의 통용어	衣,衤	13	목
	4	履	밟을 리(이), 밝을 리, 신 리(이)	尸	15	목
	5	籬	울타리 리(이)	竹	25	목
	6	罹	걸릴 리(이), 근심 리	网,罒	16	목
	7	摛	퍼질 리(이)	手,扌	15	목
	8	莉	말리나무 리(이)	艸,++	13	목
	9	梨	배나무 리(이)	木	11	목
	10	莅	다다를 리(이)	艸,++	13	목
	11	黐	끈끈이 리(이)	黍	23	목
	12	裡	속 리(이)	衣,衤	13	목
	13	離	떠날 리(이), 붙을 려(여), 교룡 치, 베풀 리, 걸릴 리	隹	19	화
	14	俚	속될 리(이)	亻	9	화

한글	번호	한자	뜻 풀 이	부수	획수	자원오행
리(이)	15	俐	똑똑할 리(이)	亻	9	화
	16	离	떠날 리(이), 산신 리(이), 도깨비 치, 산신 리	内	11	화
	17	悧	영리할 리(이)	心, 忄	11	화
	18	魖	도깨비 리(이), 도깨비 치	鬼	21	화
	19	釐	다스릴 리(이), 복 희, 보리 래(내), 땅 이름 태, 줄 뢰(뇌)	里	17	토
	20	厘	다스릴 리(이), 가게 전, 釐의 통용어	厂	9	토
	21	狸	삵(살쾡이) 리(이), 묻을 매	犬, 犭	11	토
	22	羸	파리할 리(이), 여윌 리, 약할 리	羊	19	토
	23	犁	밭 갈 리(이), 밭 갈 려(여), 떨 류(유)	牛	12	토
	24	里	마을 리(이), 속 리(이)	里	7	토
	25	犂	밭 갈 리(이), 얼룩소 리, 밭 갈 려(여), 떨 류(유)	牛	12	토
	26	嫠	과부 리(이)	女	14	토
	27	邐	이어질 리(이)	辵, 辶	26	토
	28	璃	유리 리(이)	玉, 王	16	금
	29	理	다스릴 리(이), 성품 리	玉, 王	12	금
	30	利	이로울 리(이)	刂	7	금
	31	剺	벗길 리(이)	刀	13	금
	32	哩	어조사 리(이)	口	10	수
	33	蜊	참조개 리(이)	虫	13	수
	34	螭	교룡 리(이)	虫	17	수
	35	貍	삵 리(이), 묻을 매	豸	14	수
	36	漓	스며들 리(이)	水, 氵	15	수

한글	번호	한자	뜻 풀 이	부수	획수	자원오행
리(이)	37	浬	해리 리(이)	水, 氵	12	수
	38	痢	설사 리(이)	疒	12	수
	39	涖	다다를 리(이), 물소리 리	水, 氵	11	수
	40	吏	벼슬아치 리(이), 관리 리(이)	口	6	수
	41	鯉	잉어 리(이)	魚	18	수
	42	唎	가는 소리 리(이)	口	10	수
	43	한자없음				
린(인)	1	藺	골풀 린(인)	艸, ++	22	목
	2	撛	붙들 린(인)	手, 扌	16	목
	3	橉	나무 이름 린(인)	木	16	목
	4	粦	도깨비불 린(인)	米	12	목
	5	潾	물 맑을 린(인)	米	14	목
	6	繗	이을 린(인)	糸	18	목
	7	燐	도깨비불 린(인)	火	16	화
	8	悋	아낄 린(인)	心, 忄	11	화
	9	吝	아낄 린(인)	口	7	수
	10	驎	얼룩말 린(인)	馬	22	화
	11	轔	수레 소리 린(인)	車	19	화
	12	躪	짓밟을 린(인)	足	27	토
	13	獜	튼튼할 린(인), 강건할 린, 기린 린(인)	犬, 犭	16	토
	14	鄰	이웃 린(인)	邑, 阝(우)	19	토
	15	隣	이웃 린(인)	阜, 阝(좌)	20	토
	16	麟	기린 린(인)	鹿	23	토
	17	嶙	가파를 린(인)	山	15	토

한글	번호	한자	뜻 풀 이	부수	획수	자원오행
린(인)	18	鱗	굳셀 린(인)	金	20	금
	19	璘	옥빛 린(인)	手,扌	17	금
	20	磷	물 흐르는 모양 린(인)	石	17	금
	21	潾	맑을 린(인)	水,氵	16	수
	22	鱗	비늘 린(인)	魚	23	수
	23	螼	반딧불 린(인)	虫	18	수
	24	躪	짓밟을 린(인)	足	23	수
	25	한자없음	기린 린			
림(임)	1	林	성씨, 수풀 림(임)	木	8	목
	2	琳	무성할 림(임), 우거질 침	木	12	목
	3	晽	알고자 할 림(임)	日	12	화
	4	臨	임할 림(임)	臣	17	화
	5	琳	옥 림(임), 아름다운 옥 림	琳	13	금
	6	碄	깊을 림(임)	石	13	금
	7	玲	이름 감, 옥 림(임)	玉,王	9	금
	8	痳	임질 림(임)	疒	13	수
	9	淋	임질 림(임), 장마 림(임)	水,氵	12	수
	10	霖	장마 림(임)	雨	16	수
립(입)	1	粒	낟알 립(입)	米	11	목
	2	笠	삿갓 립(입)	竹	11	목
	3	岦	산 우뚝할 립(입)	山	8	토
	4	砬	돌 소리 립(입)	石	10	금
	5	立	설 립(입), 자리 위	立	5	금
마	1	馬	성씨, 말 마	馬	10	화

한글	번호	한자	뜻 풀 이	부수	획수	자원오행
마	2	麻	성씨, 삼 마	麻	11	목
	3	摩	문지를 마	手,扌	15	목
	4	麼	작을 마, 작을 요	麻	14	목
	5	魔	마귀 마	鬼	21	화
	6	媽	어머니 마, 어머니 모	女	13	토
	7	磨	갈 마, 문지를 마	石	16	금
	8	瑪	차돌 마	玉,王	15	금
	9	碼	마노 마, 저울 추 마	石	15	금
	10	劘	깎을 마, 나눌 미	刂	21	금
	11	螞	말거머리 마	虫	16	수
	12	蟇	두꺼비 마	虫	17	수
	13	痲	저릴 마, 홍역 마,	疒	13	수
막	1	寞	고요할 막, 쓸쓸할 막	宀	14	목
	2	幕	장막 막, 화폐의 뒷면 만	巾	14	목
	3	莫	없을 막, 저물 모, 덮을 멱	艸,++	13	목
	4	瞙	흐릴 막	目	16	목
	5	邈	멀 막	辵,辶	21	토
	6	鏌	칼 이름 막	金	19	금
	7	膜	꺼풀 막, 막 막, 어루만질 막, 오랑캐 절 모	肉,月	17	수
	8	漠	넓을 막, 사막 막	水,氵	15	수
만	1	萬	성씨, 일만 만	艸,++	15	목
	2	挽	당길 만	手,扌	11	목
	3	蔓	덩굴 만	艸,++	17	목
	4	瞞	속일 만, 부끄러워할 문	目	16	목

한글	번호	한자	뜻 풀 이	부수	획수	자원오행
만	5	万	일만 만	一	3	목
	6	幔	막 만	巾	14	목
	7	縵	무늬 없는 비단 만	糸	17	목
	8	彎	굽을 만	弓	22	화
	9	慢	거만할 만, 게으를 만	心, 忄	15	화
	10	晩	늦을 만, 저물 만	日	11	화
	11	卍	만자 만	十	6	화
	12	輓	수레끌 만, 애도할 만	車	14	화
	13	鬘	머리 장식 만	髟	21	화
	14	墁	흙손 만	土	14	토
	15	嫚	업신여길 만, 아름다울 원	女	14	토
	16	巒	뫼 만, 뫼 란(난)	山	22	토
	17	娩	낳을 만, 번식할 반	女	10	토
	18	曼	길게 끌 만	曰	11	토
	19	鏋	금 만, 금정기 만	金	19	금
	20	謾	속일 만, 속일 면	言	18	금
	21	鏝	흙손 만	金	19	금
	22	蹣	넘을 만, 비틀거릴 반	足	18	수
	23	漫	흩어질 만, 넘칠 만	水, 氵	15	수
	24	蠻	오랑캐 만	虫	25	수
	25	滿	찰 만	水, 氵	15	수
	26	饅	만두 만	食, 飠	20	수
	27	鰻	뱀장어 만	魚	22	수
	28	灣	물굽이 만, 물에 적셨다 말릴 탄	水, 氵	26	수

한글	번호	한자	뜻 풀 이	부수	획수	자원오행
말	1	襪	버선 말	衣, ネ	21	목
	2	末	끝 말, 다할 말	木	5	목
	3	茉	말리나무 말	艸, ++	11	목
	4	抹	지울 말, 바를 말, 칠할 말	手, 扌	9	목
	5	帕	머리띠 말, 머리띠 파, 휘장 첩	巾	8	목
	6	秣	꼴 말	禾	10	목
	7	韈	말갈 말, 버선 말	革	14	금
	8	沫	물거품 말	水, 氵	9	수
	9	唜	끝 말, 끝 끗	口	10	수
망	1	罔	그물 망, 없을 망	网, 罒	9	목
	2	網	그물 망	糸	14	목
	3	芒	까끄라기 망, 황홀할 황	艸, ++	9	목
	4	莽	우거질 망, 우거질 무	艸, ++	12	목
	5	茫	아득할 망, 황홀할 황	艸, ++	12	목
	6	忘	잊을 망	心	7	화
	7	忙	바쁠 망	心, 忄	7	화
	8	輞	바퀴 테 망	車	15	화
	9	惘	멍할 망	心, 忄	12	화
	10	魍	도깨비 망	鬼	18	화
	11	妄	망령될 망, 허망할 망	女	6	토
	12	邙	북망산 망	邑, 阝	10	토
	13	亡	망할 망, 없을 무	亠	3	수
	14	望	바랄 망, 보름 망	肉, 月	11	수
	15	朢	바랄 망, 보름 망	肉, 月	14	수

한글	번호	한자	뜻 풀 이	부수	획수	자원오행
망	16	汒	황급할 망	水, 氵	7	수
	17	漭	넓을 망	水, 氵	15	수
매	1	買	성씨, 살 매	貝	12	금
	2	梅	성씨, 매화 매	木	11	목
	3	枚	낱 매, 줄기 매, 채찍 매	木	8	목
	4	寐	잠잘 매	宀	12	목
	5	苺	딸기 매	艸, ++	9	목
	6	楳	매화나무 매	木	13	목
	7	眛	어두울 매	目	10	목
	8	莓	나무딸기 매	艸, ++	13	목
	9	昧	어두울 매	日	9	화
	10	煤	그을음 매	火	13	화
	11	魅	매혹할 매, 도깨비 매, 도깨비 미	鬼	15	화
	12	罵	꾸짖을 매	网, 罒	16	화
	13	每	매양 매, 각각 매	毋	7	토
	14	埋	묻을 매	土	10	토
	15	妹	누이 매	女	8	토
	16	邁	갈 매	辵, 辶	19	토
	17	媒	중매 매	女	12	토
	18	賣	팔 매	貝	15	금
	19	玫	매괴 매	玉, 王	9	금
	20	酶	술밑 매	酉	14	금
	21	呆	어리석을 매, 어리석을 태, 지킬 보	口	7	수
	22	沬	지명 매, 씻을 회	水, 氵	9	수

한글	번호	한자	뜻 풀 이	부수	획수	자원오행
매	23	霉	매우 매, 곰팡이 매, 곰팡이 미	雨	15	수
	1	麥	보리 맥	麥	11	목
	2	驀	말 탈 맥	馬	21	화
	3	陌	길 맥, 두렁 맥, 경계 맥	阜,阝	13	토
맥	4	脈	줄기 맥	肉,月	12	수
	5	貊	맥국 맥, 북방종족 이름 맥	豸	13	수
	6	貉	맥국 맥	豸	12	수
	7	獏	짐승 이름 맥	豸	18	수
	1	孟	성씨, 맏 맹, 맏이 맹, 힘슬 맹	子	8	수
	2	萌	움 맹, 씩 맹, 활량나물 명, 있을 몽	艸,⁺⁺	14	목
	3	盲	소경 맹, 눈 멀 맹, 바라볼 망	目	8	목
	4	甿	백성 맹	田	8	목
맹	5	氓	백성 맹	氏	8	화
	6	盟	맹세 맹	皿	13	토
	7	猛	사나울 맹	犬,犭	12	토
	8	甍	용마루 맹	瓦	16	토
	9	虻	등에 맹	虫	9	수
	1	幎	덮을 멱	巾	13	목
멱	2	覓	찾을 멱	見	11	화
	3	冪	덮을 멱	冖	16	수
	1	麪	밀가루 면	麥	15	목
면	2	麵	밀가루 면, 麪자의 통용어	麥	20	목
	3	緬	멀 면, 가는 실 면	糸	15	목
	4	冕	면류관 면	冂	11	목

한글	번호	한자	뜻 풀 이	부수	획수	자원오행
면	5	棉	목화나무 면	木	12	목
	6	眠	잘 면, 볼 민	目	10	목
	7	綿	솜 면, 이어질 면	糸	14	목
	8	眄	곁눈질할 면, 애꾸눈 면, 곁눈질할 묜	目	9	목
	9	免	면할 면, 해산할 문	儿	7	목
	10	緜	햇솜 면, 깃 술 묘	糸	15	목
	11	面	낯 면, 얼굴 면, 밀가루 면	面	9	화
	12	俛	힘쓸 면, 숙일 부	亻	9	화
	13	勉	힘쓸 면	力	9	금
	14	沔	물 이름 면, 빠질 면	水, 氵	8	수
	15	湎	빠질 면	水, 氵	13	수
멸	1	蔑	업신여길 멸	艸, ++	17	목
	2	衊	업신여길 멸	血	21	수
	3	篾	대껍질 멸	竹	17	목
	4	滅	꺼질 멸, 멸할 멸	水, 氵	14	수
명	1	明	성씨, 밝을 명	日	8	화
	2	眀	밝을 명	目	9	목
	3	榠	홈통 명	木	12	목
	4	茗	차 싹 명	艸, ++	12	목
	5	瞑	눈 감을 명, 잘 면	目	15	목
	6	蓂	명협 명(약초의 이름)	艸, ++	16	목
	7	鳴	울 명	鳥	14	화
	8	鷆	초명새 명	鳥	19	화
	9	愩	너그러울 명	心, 忄	15	화

한글	번호	한자	뜻 풀 이	부수	획수	자원오행
명	10	暝	저물 명, 어두울 명	日	14	화
	11	皿	그릇 명	皿	5	토
	12	銘	새길 명	金	14	금
	13	酩	술 취할 명	酉	13	금
	14	溟	바다 명, 어두울 명, 가랑비 오는 모양 명	水, 氵	14	수
	15	冥	어두울 명, 어두울 면	冖	10	수
	16	螟	멸구 명, 해충 명	虫	16	수
	17	名	이름 명	口	6	수
	18	命	목숨 명	口	8	수
	19	洺	강 이름 명, 바다 명	水, 氵	14	수
메	1	袂	소매 메	衣, 衤	10	목
모	1	毛	성씨, 터럭 모	毛	4	화
	2	牟	성씨, 소 우는 소리 모, 보리 모, 어두울 무	牛	6	토
	3	芼	우거질 모	艸, ++	10	목
	4	眸	눈동자 모	目	11	목
	5	某	아무 모, 매화 매	木	9	목
	6	橅	법 모, 법 무	木	16	목
	7	摹	베낄 모	手, 扌	15	목
	8	帽	모자 모	巾	12	목
	9	模	본뜰 모, 본보기 모, 모호할 모	木	15	목
	10	耗	소모할 모, 소식 모	耒	10	목
	11	茅	띠 모	艸, ++	11	목
	12	摸	본뜰 모, 찾을 모, 더듬을 막	手, 扌	15	목
	13	眊	흐릴 모	目	9	목

한글	번호	한자	뜻 풀 이	부수	획수	자원오행
모	14	軞	병거 모	車	11	화
	15	慔	힘쓸 모	心,忄	15	화
	16	侮	업신여길 모	亻	9	화
	17	暮	저물 모	日	15	화
	18	慕	그릴 모, 사모할 모, 생각할 모	心,小	15	화
	19	侔	가지런할 모	亻	8	화
	20	怐	탐할 모, 탐할 무	心,忄	10	화
	21	髦	다팔머리 모, 오랑캐 무	髟	14	화
	22	募	모을 모, 뽑을 모	力	13	토
	23	母	어머니 모, 유모 모	毋	5	토
	24	牡	수컷 모, 왼쪽 모	牛	7	토
	25	姆	유모 모, 유모 무	女	8	토
	26	姥	할머니 모, 외조모 로(노)	女	9	토
	27	媢	강샘할 모	女	12	토
	28	嫫	추녀 모	女	14	토
	29	旄	깃대 장식 모	方	10	토
	30	耄	늙은이 모	老,耂	10	토
	31	矛	창 모	矛	5	금
	32	謨	꾀 모, 논할 모	言	18	금
	33	謀	꾀 모	言	16	금
	34	瑁	옥홀 모, 대모 매	玉,王	14	금
	35	皃	모양 모, 모사할 막	白	7	금
	36	貌	모양 모, 모사할 막	豸	14	수
	37	蟊	해충 모, 집게벌레 무	虫	15	수

<table>
<tr><th>한글</th><th>번호</th><th>한자</th><th>뜻 풀 이</th><th>부수</th><th>획수</th><th>자원
오행</th></tr>
<tr><td rowspan="2">모</td><td>38</td><td>蟊</td><td>해충 모, 집게벌레 무</td><td>虫</td><td>17</td><td>수</td></tr>
<tr><td>39</td><td>冒</td><td>무릅쓸 모, 선우 이름 묵</td><td>冂</td><td>9</td><td>수</td></tr>
<tr><td rowspan="8">목</td><td>1</td><td>睦</td><td>성씨, 화목할 목</td><td>目</td><td>13</td><td>목</td></tr>
<tr><td>2</td><td>目</td><td>눈 목</td><td>目</td><td>5</td><td>목</td></tr>
<tr><td>3</td><td>穆</td><td>화목할 목, 공경할 목</td><td>禾</td><td>16</td><td>목</td></tr>
<tr><td>4</td><td>木</td><td>나무 목</td><td>木</td><td>4</td><td>목</td></tr>
<tr><td>5</td><td>苜</td><td>거여목 목</td><td>艸,++</td><td>11</td><td>목</td></tr>
<tr><td>6</td><td>鶩</td><td>집오리 목</td><td>鳥</td><td>20</td><td>화</td></tr>
<tr><td>7</td><td>牧</td><td>칠 목</td><td>牛</td><td>8</td><td>토</td></tr>
<tr><td>8</td><td>沐</td><td>머리 감을 목</td><td>水,氵</td><td>8</td><td>수</td></tr>
<tr><td rowspan="2">몰</td><td>1</td><td>沒</td><td>빠질 몰</td><td>水,氵</td><td>8</td><td>수</td></tr>
<tr><td>2</td><td>歿</td><td>죽을 몰, 자를 문</td><td>歹</td><td>8</td><td>수</td></tr>
<tr><td rowspan="12">몽</td><td>1</td><td>夢</td><td>꿈 몽</td><td>夕</td><td>14</td><td>목</td></tr>
<tr><td>2</td><td>蒙</td><td>어두울 몽, 어릴 몽, 기운 몽</td><td>艸,++</td><td>16</td><td>목</td></tr>
<tr><td>3</td><td>幪</td><td>덮을 몽</td><td>巾</td><td>17</td><td>목</td></tr>
<tr><td>4</td><td>瞢</td><td>어두울 몽, 먼눈 맹</td><td>目</td><td>16</td><td>목</td></tr>
<tr><td>5</td><td>懜</td><td>어두울 몽</td><td>心,忄</td><td>18</td><td>화</td></tr>
<tr><td>6</td><td>曚</td><td>어두울 몽</td><td>日</td><td>18</td><td>화</td></tr>
<tr><td>7</td><td>艨</td><td>싸움배 몽</td><td>舟</td><td>20</td><td>목</td></tr>
<tr><td>8</td><td>矇</td><td>청맹과니 몽, 어두울 몽</td><td>目</td><td>19</td><td>목</td></tr>
<tr><td>9</td><td>鸏</td><td>물새 새끼 몽</td><td>鳥</td><td>25</td><td>화</td></tr>
<tr><td>10</td><td>朦</td><td>흐릴 몽, 풍부할 몽, 큰 모양 몽</td><td>肉,月</td><td>18</td><td>수</td></tr>
<tr><td>11</td><td>濛</td><td>이슬비 몽</td><td>水,氵</td><td>14</td><td>수</td></tr>
<tr><td>12</td><td>濠</td><td>가랑비 올 몽</td><td>水,氵</td><td>18</td><td>수</td></tr>
</table>

한글	번호	한자	뜻 풀 이	부수	획수	자원오행
몽	13	霥	안개 몽	雨	13	수
묘	1	錨	성씨, 닻 묘	金	17	금
	2	杳	아득할 묘, 어두울 묘, 아득할 요	木	8	목
	3	苗	모 묘, 싹 묘	艸,++	11	목
	4	卯	토끼 묘, 무성할 묘, 넷째 지지 묘	卩	5	목
	5	廟	사당 묘	广	15	목
	6	描	그릴 묘	手,扌	13	목
	7	眇	애꾸눈 묘	目	9	목
	8	藐	멀 묘, 아득할 막, 지치 모	艸,++	20	목
	9	昴	별자리 이름 묘	日	9	화
	10	墓	무덤 묘	土	14	토
	11	妙	묘할 묘, 예쁠 모	女	7	토
	12	畞	이랑 묘, 이랑 무	田	10	토
	13	猫	고양이 묘	犬,犭	12	토
	14	貓	고양이 묘	豸	16	수
	15	竗	묘할 묘, 땅 이름 묘	立	9	금
	16	渺	아득할 묘	水,氵	13	수
	17	淼	물 아득할 묘	水	12	수
무	1	茂	무성할 무	艸,++	11	목
	2	繆	얽을 무, 묶을 무, 사당치레 목, 틀릴 류(유), 목맬 규, 꿈틀거릴 료(요)	糸	17	목
	3	拇	엄지손가락 무	手,扌	9	목
	4	蕪	거칠 무	艸,++	18	목
	5	舞	춤 출 무	舛	14	목

한글	번호	한자	뜻 풀 이	부수	획수	자원오행
무	6	儛	춤 출 무	亻	16	화
	7	橆	법 무, 법 모	木	16	목
	8	撫	어루만질 무	手,扌	16	목
	9	楙	무성할 무	木	13	목
	10	廡	집 무, 무성할 무	广	15	목
	11	騖	달릴 무	馬	19	화
	12	憮	어루만질 무, 아리따울 후, 클 호	心,忄	16	화
	13	巫	무당 무, 의사 무	工	7	화
	14	懋	무성할 무	心	17	화
	15	無	없을 무	灬	12	화
	16	鵡	앵무새 무	鳥	19	화
	17	武	호반 무, 건장할 무, 굳셀 무	止	8	토
	18	畝	이랑 무, 이랑 묘	田	10	토
	19	毋	말 무, 관직 이름 모, 없음 무, 아니 무	毋	4	토
	20	戊	천간 무, 창 모	戈	5	토
	21	務	힘쓸 무, 업신여길 모	力	11	토
	22	貿	무역할 무	貝	12	금
	23	珷	옥돌 무	玉,王	12	금
	24	誣	속일 무, 무고할 무, 깔볼 무	言	14	금
	25	霧	안개 무	雨	19	수
	26	无	없을 무, 無의 古字	无	4	수
	27	嘸	분명하지 않을 무	口	15	수
	28	膴	포 무	肉,月	18	수
묵	1	墨	성씨, 먹 묵, 교활할 미	土	15	토

한글	번호	한자	뜻 풀 이	부수	획수	자원오행
묵	2	默	잠잠할 묵	黑	16	수
	3	嘿	고요할 묵	口	15	수
문	1	文	성씨, 글월 문	文	4	목
	2	聞	성씨, 들을 문	耳	14	화
	3	門	성씨, 문 문	門	8	목
	4	紋	무늬 문	糸	10	목
	5	抆	닦을 문, 어루만질 민	手,扌	8	목
	6	紊	어지러울 문, 문란할 문	糸	10	목
	7	悗	잊을 문, 의혹할 만	心,忄	11	목
	8	捫	어루만질 문	手,扌	12	목
	9	懣	번민할 문, 번민할 만	心	18	화
	10	炆	따뜻할 문	火	8	화
	11	們	들 문	亻	10	화
	12	刎	목 벨 문, 끊을 문, 자를 문	刂	6	금
	13	璊	붉은 옥 문	玉,王	16	금
	14	吻	입술 문	口	7	수
	15	蚊	모기 문	虫	10	수
	16	問	물을 문	口	11	수
	17	汶	물 이름 문, 더럽힐 문, 산 이름 민	水,氵	8	수
	18	雯	구름 무늬 문	雨	12	수
물	1	物	물건 물	牛	8	토
	2	勿	말 물, 털 몰	勹	4	금
	3	沕	아득할 물, 아득할 매, 잠길 밀	水,氵	8	수
미	1	米	성씨, 쌀 미	米	6	목

한글	번호	한자	뜻 풀 이	부수	획수	자원오행
미	2	尾	꼬리 미	尸	7	목
	3	楣	문미 미, 처마 미	木	13	목
	4	梶	나무 끝 미	木	11	목
	5	眉	눈썹 미	目	9	목
	6	未	아닐 미	木	5	목
	7	薇	장미 미, 고비 미	艸,++	19	목
	8	蘪	천궁 미	艸,++	23	목
	9	糜	죽 미, 문드러질 미	米	17	목
	10	縻	고삐 미	糸	17	목
	11	茉	맛 미	艸,++	11	목
	12	蘼	장미 미	艸,++	25	목
	13	亹	힘쓸 미, 골어귀 문	亠	22	화
	14	弭	활고자 미, 그칠 미	弓	9	화
	15	煝	빛날 미	火	13	화
	16	侎	어루만질 미	亻	8	화
	17	微	작을 미	彳	13	화
	18	媚	아첨할 미, 예쁠 미, 사랑할 미, 순종할 미	女	12	토
	19	娓	장황할 미, 아름다울 미	娓	10	토
	20	美	아름다울 미	羊	9	토
	21	媄	아름다울 미, 빛고을 미	女	12	토
	22	嫩	착하고 아름다울 미	女	13	토
	23	躾	가르칠 미	身	16	토
	24	嵄	산 미, 산 이름 미	山	12	토
	25	迷	미혹할 미	辵,辶	13	토

한글	번호	한자	뜻 풀 이	부수	획수	자원오행
미	26	嵋	산 이름 미	山	12	토
	27	麋	큰 사슴 미	鹿	17	토
	28	獼	원숭이 미	犬, 犭	21	토
	29	彌	미륵 미, 두루 미, 널리 미	弓	17	금
	30	弥	미륵 미, 두루 미, 彌자와 同字	弓	8	금
	31	謎	수수께끼 미	言	17	금
	32	瑂	옥돌 미	玉, 王	14	금
	33	敉	어루만질 미	攵	10	금
	34	瀰	물 가득할 미, 많을 니(이), 물 이름 려(여)	水, 氵	18	수
	35	味	맛 미, 광택 매	口	8	수
	36	洣	강 이름 미, 물 이름 미	水, 氵	6	수
	37	黴	곰팡이 미, 매우 매, 곰팡이 매	黑	23	수
	38	靡	쓰러질 미, 갈 마	非	19	수
	39	湄	물가 미, 더운물 난	水, 氵	13	수
	40	渼	물놀이 미, 물결 미	水, 氵	13	수
	41	宷	점점 미	宀	8	수
	42	瀰	물 넓을 미	水, 氵	21	수
	43	溦	이슬비 미, 물가 미	水, 氵		수
	44	한자없음	잠 깊이 들 미			
민	1	閔	성씨, 위문할 민	門	12	목
	2	緡	낚싯줄 민, 새 우는 소리 면	糸	15	목
	3	罠	낚싯줄 민	网, 罒	10	목
	4	緍	낚싯줄 민, 연이을 면	糸	14	목
	5	閩	종족 이름 민, 땅 이름 민	門	14	목

한글	번호	한자	뜻 풀 이	부수	획수	자원오행
민	6	眠	볼 민	目	9	목
	7	莀	속대 민	艸,++	11	목
	8	旼	화할 민, 하늘 민	日	8	화
	9	昬	하늘 민	日	8	화
	10	民	백성 민	氏	5	화
	11	悶	답답할 민, 번민할 민	心	12	화
	12	慜	총명할 민, 근심할 민	心	15	화
	13	憫	민망할 민	心,忄	16	화
	14	忞	힘쓸 민, 어지러울 문	心	8	화
	15	忟	힘쓸 민, 어지러울 문, 忞자와 통용어	心,忄	8	화
	16	黽	힘쓸 민, 맹꽁이 맹, 고을 이름 면	黽	13	토
	17	頣	강할 민	頁	14	화
	18	暋	굳셀 민	日	13	화
	19	愍	근심할 민	心	13	화
	20	岷	산 이름 민, 봉우리 민	山	8	토
	21	瑉	옥돌 민	玉,王	13	금
	22	瑨	옥돌 민	玉,王	14	금
	23	珉	옥돌 민	玉,王	10	금
	24	磻	옥돌 민, 珉자와 통용어	石	14	금
	25	砇	옥돌 민, 珉자와 통용어	石	9	금
	26	瑶	옥돌 민	玉,王	13	금
	27	玟	아름다운 돌 민	玉,王	9	금
	28	敃	강인할 민, 어지러울 분	攴	9	금
	29	鈱	돈꿰미 민, 철판 민	金	13	금

한글	번호	한자	뜻 풀 이	부수	획수	자원오행
민	30	敏	민첩할 민	攵	11	금
	31	脗	물결 가없는 모양 민, 꼭 맞을 문, 입술 문	肉,月	13	수
	32	潣	물 흘러 내릴 민	水,氵	16	수
	33	泯	망할 민, 물 맑을 민, 뒤섞일 면	水,氵	9	수
	34	鰵	다금바리 민	魚	22	수
	35	한자없음	강할 민			
밀	1	密	빽빽할 밀, 비밀 밀	宀	11	목
	2	樒	침향 밀	木	15	목
	3	謐	고요할 밀, 상세할 밀	言	17	금
	4	蜜	꿀 밀	虫	14	수
	5	滵	빨리 흐르는 모양 밀	水,氵	15	수
박	1	朴	성씨, 칠 복, 성씨 부	木	6	목
	2	拍	손벽칠 박, 어깨 박, 두드릴 박	手,扌	9	목
	3	撲	두드릴 박, 칠 박, 두드릴 복	手,扌	16	목
	4	粕	지게미 박	米	11	목
	5	薄	엷을 박, 동자기둥 벽, 풀 이름 보	艸,艹	19	목
	6	樸	순박할 박, 통나무 박, 나무 빽빽할 복	木	16	목
	7	箔	발 박, 금속조각 발	竹	14	목
	8	舶	배 박	舟	11	목
	9	縛	얽을 박, 동여멜 박	糸	16	목
	10	欂	두공 박, 두공 벽	木	21	목
	11	牔	박공 박	片	14	목
	12	駁	논박할 박, 얼룩말 박	馬	14	화
	13	駮	논박할 박, 얼룩말 박	馬	16	화

한글	번호	한자	뜻 풀 이	부수	획수	자원오행
박	14	亳	땅 이름 박	亠	10	화
	15	迫	핍박할 박, 궁할 박	辵,辶	12	토
	16	鉑	금박 박	金	13	금
	17	珀	호박 박, 호박 백	玉,王	10	금
	18	剝	벗길 박, 괴롭힐 박	刂	10	금
	19	璞	옥돌 박, 본바탕 박	玉,王	17	금
	20	鎛	종 박	金	18	금
	21	髆	어깻죽지뼈 박	骨	20	금
	22	泊	머무를 박, 배 댈 박, 쉴 박, 잔 물결 백	水,氵	9	수
	23	博	넓을 박	十	12	수
	24	雹	우박 박	雨	13	수
	25	膊	팔뚝 박, 포 박, 들추어낼 박	肉,月	15	수
반	1	潘	성씨, 뜨물 반, 넘칠 번	水,氵	16	수
	2	班	성씨, 나눌 반	玉,王	11	금
	3	般	가지 반, 돌릴 반, 즐길 반, 일반 반	舟	10	목
	4	槃	쟁반 반	木	14	목
	5	盼	눈 예쁠 반, 날 새려 할 분	目	9	목
	6	絆	얽어맬 반, 줄 반	糸	11	목
	7	斑	아롱질 반, 얼룩 반	文	12	목
	8	拌	버릴 반, 쪼갤 반	手,扌	9	목
	9	攀	더위잡을 반	手,扌	19	목
	10	搬	옮길 반	手,扌	14	목
	11	攽	나눌 반	攴	8	목
	12	扳	끌어당길 반	手,扌	8	목

한글	번호	한자	뜻 풀 이	부수	획수	자원오행
반	13	攀	덜 반, 터 닦을 파	手,扌	14	목
	14	頒	나눌 반, 반포할 반, 구분할 반, 머리 클 분	頁	13	화
	15	伴	짝 반, 동반자 반	亻	7	화
	16	頖	학교 이름 반	頁	14	화
	17	媻	비틀거릴 반	女	13	토
	18	畔	밭두둑 반, 배반할 반	田	10	토
	19	返	돌이킬 반, 돌아올 반, 바꿀 반	辵,辶	11	토
	20	半	반 반	十	5	토
	21	礬	명반 반, 명반 번	石	20	금
	22	磻	강 이름 반, 강 이름 번, 돌살촉 파	石	17	금
	23	磐	너럭바위 반	石	15	금
	24	盤	소반 반	皿	15	금
	25	飯	밥 반	食	13	수
	26	泮	물가 반, 녹을 반, 학교 반	水,氵	9	수
	27	叛	배반할 반	又	9	수
	28	斒	얼룩 반, 나라 이름 빈	豸	17	수
	29	瘢	흉터 반, 험질 반	疒	15	수
	30	蟠	서릴 반	虫	18	수
	31	反	돌이킬 반, 돌아올 반, 어려울 번, 삼갈 판	又	4	수
	32	朌	나눌 반, 머리 클 분	肉,月	10	수
	33	胖	클 반, 희생 반쪽 판	肉,月	11	수
	34	蝂	가뢰 반	虫	16	수
발	1	撥	다스릴 발	手,扌	16	목
	2	拔	뽑을 발, 무성할 패	手,扌	9	목

한글	번호	한자	뜻 풀 이	부수	획수	자원오행
발	3	魃	가뭄 발, 가물귀신 발	鬼	15	화
	4	髮	터럭 발	髟	15	화
	5	發	필 발	癶	12	화
	6	炦	불기운 발	火	9	화
	7	鵓	집비둘기 발	鳥	18	화
	8	跋	밟을 발, 넘을 발	足	12	토
	9	勃	노할 발, 갑자기 발, 성할 발	力	9	토
	10	鉢	바리때(승려의 밥 그릇) 발	金	13	금
	11	醱	술이 괼 발	酉	19	금
	12	鈸	방울 발	金	13	금
	13	哱	어지러울 발	口	10	수
	14	淬	일어날 발	水, 氵	11	수
	15	脖	배꼽 발	肉, 月	13	수
	16	潑	물 뿌릴 발	水, 氵	16	수
	17	渤	물 솟아 오르는 모양 발, 바다이름 발, 물 솟아 오르는 모양 볼	水, 氵	13	수
방	1	方	성씨, 모 방, 본뜰 방, 방위 반, 괴물 망	方	4	토
	2	房	성씨, 방 방	戶	8	목
	3	旁	성씨, 곁 방, 두루 방, 널리 방, 달릴 팽	方	10	토
	4	邦	성씨, 나라 방, 봉할 방	邑, 阝(우)	11	토
	5	傍	성씨, 곁 방, 의지할 방	亻	12	화
	6	龐	성씨, 어지러울 방, 클 방, 충실할 롱(농)	龍	19	토
	7	蒡	우엉 방, 인동덩쿨 반	艸, ++	16	목
	8	枋	다목 방, 자루 병	木	8	목

한글	번호	한자	뜻 풀 이	부수	획수	자원오행
방	9	紡	길쌈 방, 실 방, 지을 방	糸	10	목
	10	幫	도울 방, 곁들 방	巾	17	목
	11	幇	도울 방	巾	12	목
	12	舫	방주 방	舟	10	목
	13	榜	방 붙일 방, 방목 방, 도지개 병	木	14	목
	14	搒	배 저을 방, 매질할 방	手,扌	14	목
	15	梆	목어 방	木	11	목
	16	牓	패 방	片	14	목
	17	舽	배 방	舟	12	목
	18	仿	본뜰 방, 헤맬 방	亻	6	화
	19	徬	헤맬 방, 시중들 방	彳	13	화
	20	髣	비슷할 방	髟	14	화
	21	昉	밝을 방, 찾을 방	日	8	화
	22	倣	본뜰 방, 의지할 방	亻	10	화
	23	彷	헤맬 방, 비슷할 방	彳	7	화
	24	坊	동네 방, 막을 방	土	7	토
	25	防	막을 방, 둑 방	阜,阝(좌)	12	토
	26	妨	방해할 방	女	7	토
	27	尨	삽살개 방, 어지러울 봉	尢	7	토
	28	旊	옹기장 방	方	11	토
	29	鎊	깎을 방	金	18	금
	30	謗	헐뜯을 방	言	17	금
	31	放	놓을 방	攵	8	금
	32	磅	돌 떨어지는 소리 방	石	15	금

한글	번호	한자	뜻 풀 이	부수	획수	자원오행
방	33	訪	찾을 방	言	11	금
	34	芳	꽃다울 방, 향기 방	艸,++	10	수
	35	滂	비 퍼부을 방	水,氵	14	수
	36	蚌	방합 방, 펄조개 방	虫	10	수
	37	膀	오줌통 방	肉,月	16	수
	38	肪	살찔 방, 기름 방, 비게 방	肉,月	10	수
	39	厖	두터울 방	厂	9	수
	40	螃	방게 방	虫	16	수
	41	魴	방어 방	魚	15	수
배	1	裴	성씨, 옷 치렁치렁할 배, 고을 이름 비	衣	14	목
	2	裵	성씨, 옷 치렁치렁할 배	衣	14	목
	3	杯	잔 배	木	8	목
	4	拜	절 배, 뺄 배	手,扌	9	목
	5	排	밀칠 배, 풀무 배	手,扌	12	목
	6	褙	속적삼 배	衣,衤	6	목
	7	盃	잔 배	皿	9	목
	8	蓓	꽃봉오리 배	艸,++	16	목
	9	蕳	꽃봉오리 배	艸,++	17	목
	10	扒	뺄 배, 깨뜨릴 파, 분별할 별	手,扌	6	목
	11	倍	곱 배, 갑절 배, 등질 패	亻	10	화
	12	焙	불에 쬘 배	火	12	화
	13	輩	무리 배	車	15	화
	14	徘	노닐 배, 어정거릴 배	彳	10	화
	15	俳	배우 배	亻	10	화

한글	번호	한자	뜻 풀 이	부수	획수	자원오행
배	16	培	북을 돋울 배, 언덕 부, 탈 배	土	11	토
	17	陪	모실 배, 도울 배	阜,阝(좌)	16	토
	18	坏	언덕 배, 무너질 괴	土	7	토
	19	琲	구슬꿰미 배	玉,王	13	금
	20	賠	물어줄 배	貝	15	금
	21	配	나눌 배, 짝 배	酉	10	금
	22	胚	아기 밸 배, 어릴 배	肉,月	11	수
	23	背	등 배, 배반할 배	肉,月	11	수
	24	北	달아날 배, 북녘 북	匕	5	수
	25	湃	물결칠 배	水,氵	13	수
백	1	白	성씨 백, 흰 백	白	5	금
	2	苩	성씨 백	艸,++	11	목
	3	帛	비단 백	巾	8	목
	4	柏	측백 백, 잣나무 백	木	9	목
	5	栢	측백 백, 잣나무 백	木	10	목
	6	魄	넋 백, 꽃 파	鬼	15	화
	7	伯	맏 백	亻	7	화
	8	佰	일백 백	亻	8	화
	9	趙	넘칠 백	走	12	화
	10	珀	호박 박, 호박 백	玉,王	10	금
	11	百	일백 백	白	6	수
번	1	幡	깃발 번	巾	15	목
	2	樊	울타리 번	木	15	목
	3	蕃	우거질 번	艸,++	18	목

한글	번호	한자	뜻 풀 이	부수	획수	자원오행
번	4	繁	번성할 번, 뱃대끈 반, 흴 파, 날렵할 민	糸	17	목
	5	藩	울타리 번, 덮을 번, 지킬 번	艸,++	21	목
	6	繙	되풀이할 번	糸	18	목
	7	蘩	산흰쑥 번	艸,++	23	목
	8	袢	속옷 번, 차려입을 반	衤	11	수
	9	煩	번거로울 번	火	13	화
	10	燔	불사를 번	火	16	화
	11	飜	번역할 번, 날 번, 뒤칠 번, 날 번	飛	21	화
	12	翻	날 번, 飜과 통용어	羽	18	화
	13	番	차례 번, 날랠 파, 땅 이름 반	田	12	토
	14	磻	강 이름 번, 강 이름 반, 돌살촉 파	石	17	금
	15	膰	제사 고기 번, 큰 배 반	肉;月	18	수
벌	1	罰	벌할 벌	网,罒	15	목
	2	閥	문벌 벌, 가문 벌	門	14	목
	3	筏	뗏목 벌	竹	12	목
	4	橃	뗏목 벌, 뗏목 발	木	16	목
	5	罸	죄 벌	网,罒	16	목
	6	伐	칠 벌	亻	6	화
범	1	凡	성씨, 무릇 범	几	3	수
	2	范	성씨, 법 범	艸,++	11	목
	3	帆	돛 범	巾	6	목
	4	梵	불경 범, 범어(인도 고대어) 범	木	11	목
	5	範	법 범, 본보기 범	竹	15	목
	6	笵	법 범	竹	11	목

한글	번호	한자	뜻 풀 이	부수	획수	자원오행
범	7	枛	뗏목 범 나무이름 범	木	7	목
	8	颿	달릴 범	風	19	목
	9	犯	범할 범	犬,犭	6	토
	10	釩	떨칠 범	金	11	금
	11	訊	말 많을 범	言	10	금
	12	氾	넘칠 범, 땅 이름 범	水,氵	6	수
	13	濫	뜰 범	水,氵	15	수
	14	泛	뜰 범, 물소리 핍, 엎을 봉	水,氵	9	수
	15	汎	넓을 범, 띠울 범, 뜰 범, 소리 가늘 핍, 물소리 풍	水,氵	7	수
	16	渢	풍류 소리 범, 물소리 풍	水,氵	13	수
법	1	琺	법랑 법	玉,王	13	금
	2	法	법 법	水,氵	9	수
벽	1	闢	열 벽	門	21	목
	2	檗	황벽나무 벽, 당귀 벽, 황벽나무 백	木	17	목
	3	擘	엄지손가락 벽	手,扌	17	목
	4	蘗	황경나무 벽, 괴로울 벽, 쓸 벽, 그루터기 얼, 승검초 폐	艸,++	23	목
	5	襞	주름 벽	衣	19	목
	6	擗	가슴 칠 벽	手,扌	17	목
	7	僻	궁벽할 벽, 피할 피	亻	15	화
	8	鷿	논병아리 벽	鳥	24	화
	9	壁	벽 벽, 울타리 벽	土	16	토
	10	甓	벽돌 벽	瓦	18	토

한글	번호	한자	뜻 풀 이	부수	획수	자원오행
벽	11	䪳	가를 벽 – 깰 벽	田	20	토
	12	鼊	거북 벽	黽	26	토
	13	辟	피할 피, 임금 벽, 비유할 비, 그칠 미	辛	13	금
	14	璧	구슬 벽, 아름다울 벽	玉,王	18	금
	15	碧	푸를 벽, 푸른 옥 벽	石	14	금
	16	劈	쪼갤 벽	刀	15	금
	17	霹	벼락 벽	雨	21	수
	18	癖	버릇 벽	疒	18	수
변	1	卞	성씨, 법 변	卜	4	토
	2	邊	성씨, 가장자리 변, 국경 변	辵,辶	22	토
	3	弁	고깔 변, 말씀 변, 즐거워할 반, 갖출 판	廾	5	목
	4	抃	손뼉 칠 변	手,扌	8	목
	5	籩	제기 이름 변	竹	25	목
	6	便	똥오줌 변, 편할 편	亻	9	화
	7	釆	분별할 변, 갖출 판, 두루 편, 깎아내릴 폄, 辯의 본글자	釆	7	화
	8	忭	기뻐할 변	心,忄	8	화
	9	駢	나란히 할 변, 나란히 할 병	馬	16	화
	10	鴘	매 변	鳥	16	화
	11	辨	분별할 변, 판단할 변, 갖출 판, 두루 편, 깎아내릴 폄	辛	16	금
	12	變	변할 변	言	23	금
	13	辯	말씀 변, 두루 미칠 편	辛	21	금
	14	賆	더할 변, 더할 병	貝	15	금

한글	번호	한자	뜻 풀 이	부수	획수	자원오행
변	15	緶	땋을 변	糸	20	금
	16	骿	통갈비 변	骨	16	금
	17	腁	살갗 틀 변	肉,月	14	수
별	1	瞥	깜짝할 별, 잠깐 볼 별, 침침할 폐	目	17	목
	2	襒	털 별, 떨칠 별	衣,衤	18	목
	3	莂	모종 낼 별	艸,++	7	목
	4	馩	짙지 않은 향기 별	香	17	목
	5	炦	불기운 발	火	9	화
	6	彆	활 뒤틀릴 별	弓	15	화
	7	鷩	금계 별	鳥	23	화
	8	鱉	자라 별	黽	25	토
	9	勭	클 별	力	12	토
	10	別	나눌 별, 다를 별	刂	7	금
	11	鱉	자라 별	魚	23	수
	12	한자없음	향기로울 향	香	13	목
병	1	秉	잡을 병	禾	8	목
	2	抦	잡을 병, 秉과 같은 글자	手,扌	9	목
	3	棅	자루 병, 柄과 같은 글자	木	12	목
	4	柄	자루 병, 권세 병	木	9	목
	5	絣	이을 병, 명주 붕	糸	14	목
	6	倂	아우를 병	亻	10	화
	7	幷	아우를 병, 并과 통용어	干	6	화
	8	幷	아우를 병	干	8	화
	9	丙	남녁 병, 셋째 천간 병	一	5	화

한글	번호	한자	뜻 풀 이	부수	획수	자원오행
병	10	昞	불꽃 병, 밝을 병, 빛날 병	日	9	화
	11	炳	불꽃 병, 밝을 병	火	9	화
	12	昺	불꽃 병, 밝을 병, 柄과 같은 글자	日	9	화
	13	輧	수레 병, 수레 변	車	15	화
	14	駢	나란히 할 병, 나란히 할 변	馬	18	화
	15	瓶	병 병	瓦	11	토
	16	缾	두레박 병	缶	14	토
	17	迸	흩어져 달아날 병	辵,辶	13	토
	18	鈵	굳을 병	金	13	금
	19	鉼	판금 병	金	16	금
	20	한자없음	판금 병	金	16	금
	21	兵	병사 병	八	7	금
	22	竝	나란히 병, 결 방, 짝할 반	立	10	금
	23	並	나란히 병, 竝과 통용어	一	10	금
	24	屛	병풍 병	尸	11	수
	25	病	병 병	广	10	수
	26	餠	떡 병	食,飠	17	수
보	1	菩	보살 보, 향초 이름 배	艸,++	14	목
	2	補	기울 보, 도울 보	衣,衤	13	목
	3	褓	포대기 보	衣,衤	15	목
	4	寶	보배 보	宀	20	목
	5	宝	보배 보, 寶의 통용어	宀	8	목
	6	珤	보배 보, 寶의 통용어	玉,王	11	금
	7	琛	보배 보, 寶의 통용어	玉,王	11	금

한글	번호	한자	뜻 풀 이	부수	획수	자원오행
보	8	靌	보배 보	雨	27	수
	9	簠	제기 이름 보	竹	18	목
	10	葆	더부룩할 보	艸,++	15	목
	11	黼	수 보	黹	19	목
	12	睭	볼 보	目	12	목
	13	鴇	능에 보	鳥	15	화
	14	輔	도울 보	車	14	화
	15	俌	도울 보	亻	9	화
	16	保	지킬 보, 보전할 보	亻	9	화
	17	普	넓을 보, 클 보	日	12	화
	18	報	갚을 보, 알릴 보	土	12	토
	19	步	걸음 보	止	7	토
	20	步	걸음 보	止	7	토
	21	堡	작은 성 보	土	12	토
	22	譜	족보 보	言	20	금
	23	盙	제기 이름 보	皿	12	금
	24	玨	옥 그릇 보	玉,王	8	금
	25	洑	보 보, 스며흐를 복	水,氵	10	수
	26	湺	보 보, 물 이름 보,	水,氵	12	수
	27	甫	클 보, 채마밭 포	用	7	수
	28	潽	물 이름 보	水,氵	16	수
복	1	卜	성씨, 점 복, 무 복, 짐바리 짐	卜	2	화
	2	宓	성씨, 잠잠할 밀	宀	8	목
	3	蔔	무 복	艸,++	17	목

한글	번호	한자	뜻 풀 이	부수	획수	자원오행
복	4	福	복 복, 간직할 부	示, ネ	14	목
	5	馥	향기 복, 화살 꽂히는 소리 벽	香	18	목
	6	複	겹칠 복, 겹옷 복, 겹칠 부	衣, ネ	15	목
	7	茯	복령 복	艸, ++	12	목
	8	幞	보자기 복	巾	15	목
	9	扑	칠 복, 칠 박	手, 扌	6	목
	10	箙	전동 복	竹	14	목
	11	菔	무 복	艸, ++	14	목
	12	鵩	수리부엉이 복	鳥	19	화
	13	輻	바퀴살 복, 바퀴살 폭, 몰려들 부	車	16	화
	14	伏	엎드릴 복, 안을 부	亻	6	화
	15	輹	복토 복	車	16	화
	16	復	회복할 복, 다시 부	彳	12	화
	17	僕	종 복	亻	14	화
	18	墣	흙덩이 복, 흙덩이 박	土	15	토
	19	鍑	가마솥 복	金	17	금
	20	覆	다시 복, 뒤집힐 복, 덮을 부	襾	18	금
	21	匐	길 복, 엎드릴 복	勹	11	금
	22	腹	배 복	肉, 月	15	수
	23	服	옷 복	肉, 月	8	수
	24	鰒	전복 복	魚	20	수
	25	濮	강 이름 복	水, 氵	18	수
	26	蝠	박쥐 복	虫	15	수
	27	蝮	살무사 복	虫	15	수

한글	번호	한자	뜻 풀 이	부수	획수	자원오행
본	1	本	근본 본	木	5	목
볼	1	乶	음역자 볼, 땅 이름 폴	乙	8	목
봉	1	奉	성씨, 받들 봉	大	8	목
	2	鳳	성씨, 봉황새 봉	鳥	14	화
	3	縫	꿰맬 봉	糸	17	목
	4	蓬	쑥 봉	艸,++	17	목
	5	棒	막대 봉, 몸둥이 봉, 칠 봉	木	12	목
	6	捧	받들 봉	手,扌	12	목
	7	芃	무성할 봉	艸,++	9	목
	8	丰	예쁠 봉, 풍채 풍	丨	4	목
	9	篷	뜸 봉	竹	17	목
	10	絳	꿰맬 봉	糸	13	목
	11	菶	풀 무성할 봉	艸,++	14	목
	12	熢	봉화 봉, 연기자욱할 봉	火	15	화
	13	烽	봉화 봉	火	11	화
	14	俸	녹 봉	亻	10	화
	15	鵬	봉새 봉, 꿩 격	鳥	15	화
	16	峯	봉우리 봉	山	10	토
	17	逢	만날 봉	辵,辶	14	토
	18	封	봉할 봉	寸	9	토
	19	峰	봉우리 봉, 峯자와 동자	山	10	토
	20	鋒	칼날 봉	金	15	금
	21	琫	칼집 장식 봉	玉,王	13	금
	22	夆	끌 봉	夊	7	수

한글	번호	한자	뜻 풀 이	부수	획수	자원오행
봉	23	漨	내 이름 봉, 물 이름 봉	水, 氵	15	수
	24	蜂	벌 봉	虫	12	수
	25	渒	물 이름 봉	水, 氵	11	수
부	1	父	성씨, 아버지 부, 아비 부, 자 보	父	4	목
	2	夫	성씨, 지아비 부	大	4	목
	3	掊	그러모을 부, 성씨 배	手, 扌	12	목
	4	艀	작은 배 부	舟	13	목
	5	莩	갈대청 부, 풀이름 부, 굶어죽을 표	艸, ++	13	목
	6	芙	연꽃 부	艸, ++	10	목
	7	符	부호 부, 부적 부	竹	11	목
	8	簿	문서 부, 장부 부, 회계 부, 잠박 박, 얇을 박	竹	19	목
	9	扶	도울 부, 기어갈 포	手, 扌	8	목
	10	富	부유할 부, 풍성할 부	宀	12	목
	11	拊	어루만질 부	手, 扌	9	목
	12	抔	움킬 부	手, 扌	8	목
	13	桴	마룻대 부	木	11	목
	14	榑	부상 부	木	14	목
	15	祔	합사할 부 – 부제사 부	示, 礻	10	목
	16	筟	대청 부	竹	13	목
	17	罘	그물 부	网, 罒	10	목
	18	罦	그물 부	网, 罒	13	목
	19	芣	질경이 부	艸, ++	10	목
	20	苻	귀목풀 부, 연못 이름 포	艸, ++	11	목
	21	蔀	빈지문 부	艸, ++	17	목

한글	번호	한자	뜻 풀 이	부수	획수	자원오행
부	22	裒	모을 부, 자락 큰 옷 보	衣, 衤	12	목
	23	麩	밀기울 부	麥	15	목
	24	袝	나들이옷 부	衣, 衤	11	목
	25	俘	사로잡을 부	亻	9	화
	26	頫	구부릴 부, 뵐 조	頁	15	화
	27	傅	스승 부	亻	12	화
	28	復	다시 부, 회복할 복	彳	12	화
	29	付	줄 부	亻	5	화
	30	赴	다다를 부, 갈 부, 나아갈 부	走	9	화
	31	俯	구부릴 부	亻	10	화
	32	駙	곁마 부, 가까울 부	馬	15	화
	33	鳧	오리 부	鳥	13	화
	34	埠	부두 부, 선창 부	土	11	토
	35	缶	장군 부, 두레박 관	缶	6	토
	36	部	떼 부, 거느릴 부	邑, 阝(우)	15	토
	37	府	마을 부, 곳집 부, 관청 부	广	8	토
	38	附	붙을 부, 의지할 부	阜, 阝(좌)	13	토
	39	婦	며느리 부	女	11	토
	40	阜	언덕 부	阜	8	토
	41	趺	책상다리 할 부	足	11	토
	42	媍	며느리 부	女	12	토
	43	跗	발등 부	足	12	토
	44	賻	부의 부	貝	17	금
	45	負	질 부, 빚질 부	貝	9	금

한글	번호	한자	뜻 풀 이	부수	획수	자원오행
부	46	敷	펼 부	攵	15	금
	47	訃	부고 부	言	9	금
	48	釜	가마(솥을 의미) 부	金	10	금
	49	賦	부세 부, 구실 부, 조세 부	貝	15	금
	50	副	버금 부, 쪼갤 복, 쪼갤 픽	刂	11	금
	51	剖	쪼갤 부	刂	10	금
	52	斧	도끼 부	斤	8	금
	53	玞	옥돌 부	玉,王	9	금
	54	鈇	도끼 부	金	12	금
	55	涪	물거품 부	水,氵	12	수
	56	腑	장부 부	肉,月	11	수
	57	蚨	파랑강충이 부	虫	10	수
	58	蜉	하루살이 부	虫	13	수
	59	鮒	붕어 부	魚	16	수
	60	浮	뜰 부	水,氵	11	수
	61	腐	썩을 부	肉,月	14	수
	62	腑	오장육부 부	肉,月	14	수
	63	否	아닐 부, 비웃을 부, 막힐 비	口	7	수
	64	孵	알 깔 부, 기를 부	子	14	수
	65	溥	펼 부, 넓을 보, 물 모양 박	水,氵	14	수
	66	膚	살갖 부	肉,月	17	수
	67	孚	미쁠(믿음성이 있다)부, 기를 부	子	7	수
	68	咐	분부할 부, 불 부	口	8	수
	69	不	아닐 부, 아닐 불	一	4	수

한글	번호	한자	뜻 풀 이	부수	획수	자원오행
북	1	北	북녘 북, 달아날 배	匕	5	수
분	1	奔	달릴 분, 달아날 분	大	8	목
	2	扮	꾸밀 분	手,扌	8	목
	3	粉	가루 분	米	10	목
	4	糞	똥 분	米	17	목
	5	奮	떨칠 분	大	16	목
	6	芬	향기 분	艸,++	10	목
	7	紛	어지러울 분	糸	10	목
	8	帉	걸레 분	巾	7	목
	9	枌	흰 느릅나무 분	木	8	목
	10	棻	마룻대 분	木	12	목
	11	棻	향내나는 나무 분	木	12	목
	12	笨	거칠 분	竹	11	목
	13	蕡	들깨 분	艸,++	18	목
	14	黺	수놓을 분	黹	16	목
	15	憤	분할 분, 성낼 분, 번민할 분	心,忄	16	화
	16	焚	불사를 분, 탈 분	火	12	화
	17	昐	햇빛 분	日	8	화
	18	忿	성낼 분	心	8	화
	19	体	용렬할 분, 몸 체	亻	7	화
	20	轒	병거 분	車	19	화
	21	坌	먼지 분	土	7	토
	22	犇	달릴 분	牛	12	토
	23	墳	무덤 분, 봉분, 클 분	土	15	토

한글	번호	한자	뜻 풀 이	부수	획수	자원오행
분	24	盆	동이(질그릇의 하나) 분	皿	9	금
	25	分	나눌 분, 푼 푼	刀	4	금
	26	賁	클 분, 꾸밀 비, 땅 이름 륙(육)	貝	12	금
	27	畚	삼태기 분 – 삼태분	田	10	금
	28	砏	큰소리 분	石	9	금
	29	氛	기운 분	气	8	수
	30	湓	용솟음할 분	水, 氵	13	수
	31	濆	뿜을 분	水, 氵	16	수
	32	肦	나눌 반, 머리 클 분	肉, 月	10	수
	33	膹	고깃국 분, 고깃국 비	肉, 月	18	수
	34	鼢	두더지 분	鼠	17	수
	35	汾	클 분, 흐를 분	水, 氵	8	수
	36	吩	분부할 분, 뿜을 분	口	7	수
	37	噴	뿜을 분	口	15	수
	38	雰	눈 날릴 분, 안개 분, 어지러울 분	雨	12	수
불	1	拂	떨칠 불, 도울 필	手, 扌	9	목
	2	弗	아닐 불, 말 불	弓	5	목
	3	祓	푸닥거리할 불, 나라 이름 폐	示, 礻	10	목
	4	紱	인끈 불	糸	11	목
	5	茀	우거질 불, 숨찬 모양 발, 혜성 패	艸, ++	11	목
	6	黻	수 불	黹	17	목
	7	佛	부처 불, 일어날 발, 도울 필	亻	7	화
	8	彿	비슷할 불	彳	8	화
	9	髴	비슷할 불, 비비 비	髟	15	화

한글	번호	한자	뜻 풀 이	부수	획수	자원 오행
불	10	嵂	산길 불	山	8	토
	11	艴	발끈할 불, 발끈할 발	色	11	토
	12	韍	폐슬 불	韋	14	금
	13	不	아닐 불, 아닐 부	一	4	수
붕	1	繃	묶을 붕	糸	17	목
	2	棚	사다리 붕	木	12	목
	3	鵬	붕새 붕, 봉새 봉	鳥	19	화
	4	髼	머리 흐트러질 붕, 머리 흐트러질 봉	髟	18	화
	5	堋	묻을 붕	土	11	토
	6	崩	무너질 붕	山	11	토
	7	硼	붕사 붕, 붕산 분, 돌 소리 평	石	13	금
	8	朋	벗 붕	肉,月	8	수
	9	漰	물결치는 소리 붕	水,氵	15	수
비	1	丕	성씨 비, 클 비, 으뜸 비	一	5	수
	2	非	아닐 비, 비방할 비	非	8	목
	3	菲	엷을 비	艸,++	14	목
	4	斐	문채 날 비, 오락가락 할 비	文	12	목
	5	枇	비파나무 비	木	8	목
	6	庇	덮을 비, 의탁할 비, 허물 자	广	7	목
	7	秘	숨길 비, 심오할 필	禾	10	목
	8	粃	쭉정이 비, 더럽힐 비, 秘자와 통용어	米	10	목
	9	祕	숨길 비, 심오할 필	示,礻	10	목
	10	匪	비적(떼지어 다니는 도둑)비, 나눌 분	匚	10	목
	11	扉	사립문 비	戶	12	목

한글	번호	한자	뜻 풀 이	부수	획수	자원오행
비	12	奜	클 비	大	11	목
	13	批	비평할 비, 칠 비, 때릴 비, 거스를 별	手,扌	8	목
	14	秕	쭉정이 비, 더럽힐 비	禾	9	목
	15	棐	도지개(트집난 활을 바로잡는 틀) 비, 도울 비	木	12	목
	16	榧	비자나무 비	木	14	목
	17	緋	비단 비, 붉은 빛 비	糸	14	목
	18	馡	향기로울 비	香	17	목
	19	庳	집 낮을 비	广	11	목
	20	椑	술통 비, 널 벽	木	12	목
	21	睥	흘겨볼 비	目	13	목
	22	篦	빗치개 비	竹	16	목
	23	紕	가선 비, 잘못할 비	糸	10	목
	24	羆	큰곰 비	网,罒	19	목
	25	芘	당아욱 비	艸,++	10	목
	26	茀	작은 모양 비, 우거질 불, 슬갑 필, 나무 더부룩할 패	艸,++	10	목
	27	蔽	비해 비, 가릴 폐	艸,++	14	목
	28	蓖	아주까리 비	艸,++	16	목
	29	閟	문 닫을 비	門	13	목
	30	飛	날 비, 오를 비	飛	9	화
	31	翡	물총새 비	羽	14	화
	32	悲	슬플 비	心	12	화
	33	備	갖출 비	亻	12	화
	34	比	견줄 비	比	4	화

한글	번호	한자	뜻 풀 이	부수	획수	자원오행
비	35	朼	삼갈 비, 근신할 비	比	9	화
	36	玭	도울 비	比	9	화
	37	憊	고단할 비	心	16	화
	38	毘	도울 비, 毗자와 통용어	比	9	화
	39	俾	더할 비	亻	10	화
	40	伾	힘셀 비	亻	7	화
	41	仳	떠날 비, 추할 비	亻	6	화
	42	悱	표현 못할 비	心,忄	12	화
	43	轡	고삐 비	車	22	화
	44	騑	곁마 비	馬	18	화
	45	騛	빠른 말 비	馬	19	화
	46	圮	무너질 비	土	6	토
	47	埤	더할 비	土	11	토
	48	妣	죽은 어머니 비	女	7	토
	49	狒	비비 비	犬,犭	9	토
	50	狉	삵의 새끼 비	犬,犭	9	토
	51	邳	클 비	邑,阝(우)	12	토
	52	郫	고을 이름 비	邑,阝(우)	15	토
	53	陴	성가퀴 비	阜,阝(좌)	16	토
	54	婢	여자 종 비, 첩 비	女	11	토
	55	卑	낮을 비	十	8	토
	56	鄙	더러울 비, 마을 비, 인색할 비	邑,阝(우)	18	토
	57	妃	왕비 비, 짝지을 배	女	6	토
	58	裨	도울 비, 보좌할 비	衣,衤	12	금

한글	번호	한자	뜻 풀 이	부수	획수	자원오행
비	59	鼻	코 비	鼻	14	금
	60	費	쓸 비, 허비할 비	貝	12	금
	61	碑	비석 비	石	13	금
	62	譬	비유할 비, 깨우칠 비	言	20	금
	63	庀	다스릴 비, 갖출 비	广	5	금
	64	琵	비파 비	玉,王	13	금
	65	匕	비수 비	匕	2	금
	66	誹	헐뜯을 비, 비방할 비	言	15	금
	67	砒	비상 비, 비소 비	石	9	금
	68	剕	발 벨 비	刂	10	금
	69	鞴	말 채비할 비, 앞턱 가로 나무 싸개 복, 풀무 배, 전동 보	革	19	금
	70	髀	넓적다리 비, 넓적다리 폐	骨	18	금
	71	鼙	마상고 비	鼓	21	금
	72	贔	힘쓸 비	貝	21	금
	73	霏	눈 펄펄 내릴 비	雨	16	수
	74	屁	방귀 비	尸	7	수
	75	沘	강 이름 비	水,氵	8	수
	76	淝	강 이름 비	水,氵	12	수
	77	渒	강 이름 비	水,氵	12	수
	78	濞	물소리 비	水,氵	18	수
	79	痞	결릴 비	疒	12	수
	80	痹	저릴 비	疒	13	수
	81	腓	장딴지 비, 피할 비	肉,月	14	수

한글	번호	한자	뜻 풀 이	부수	획수	자원오행
비	82	蚍	왕개미 비	虫	10	수
	83	貔	비휴 비	豸	17	수
	84	沸	끓을 비, 용솟음할 불, 어지럽게 날 배	水,氵	9	수
	85	脾	지라 비	肉,月	14	수
	86	蜚	바퀴 비, 날 비, 곤충이름 비	虫	14	수
	87	泌	분비할 비, 스며흐를 필	水,氵	9	수
	88	臂	팔 비	肉,月	19	수
	89	肥	살찔 비	肉,月	10	수
	90	痺	저릴 비, 왜소할 비, 암 메추라기 비	广	13	수
빈	1	彬	성씨, 빛날 빈, 밝을 반	彡	11	화
	2	賓	성씨, 손 빈	貝	14	금
	3	份	빛날 빈, 부분 분, 彬자와 통용어	亻	6	화
	4	斌	빛날 빈	文	12	목
	5	繽	성할 빈, 어지러울 빈	糸	20	목
	6	馪	향기 빈	禾	19	목
	7	擯	물리칠 빈	手,扌	20	목
	8	檳	빈랑나무 빈	木	18	목
	9	馞	향내 물큰 날 빈	香	23	목
	10	矉	찡그릴 빈	目	19	목
	11	蘋	네가래 빈, 개구리밥 평	艸,++	22	목
	12	顰	찡그릴 빈	頁	24	화
	13	鬢	살쩍 빈	髟	24	화
	14	頻	자주 빈, 급박할 빈	頁	16	화
	15	儐	인도할 빈	亻	16	화

한글	번호	한자	뜻 풀 이	부수	획수	자원오행
빈	16	邠	나라 이름 빈	邑,阝(우)	11	토
	17	牝	암컷 빈, 골짜기 빈	牛	6	토
	18	嬪	궁녀 벼슬 이름 빈, 아내 빈, 귀녀 빈	女	17	토
	19	玭	구슬 이름 빈	玉,王	9	금
	20	璸	구슬 이름 빈, 진주이름 빈	玉,王	19	금
	21	貧	가난할 빈	貝	11	금
	22	鑌	강철 빈, 매운쇠 빈	金	22	금
	23	贇	예쁠 빈, 예쁠 윤	貝	19	금
	24	濱	물가 빈	水,氵	18	수
	25	瀕	물가 빈, 가까울 빈	水,氵	20	수
	26	浜	물가 빈, 선거 병	水,氵	11	수
	27	殯	빈소 빈, 염할 빈	歹	18	수
	28	嚬	찡그릴 빈	口	19	수
	29	霦	옥 광채 빈	雨	19	수
	30	豳	나라 이름 빈, 얼룩 반	豕	17	수
	31	臏	종지뼈 빈	肉,月	20	수
빙	1	氷	성씨, 얼음 빙, 엉길 응	水	5	수
	2	騁	달릴 빙	馬	17	화
	3	聘	부를 빙, 방문할 빙	耳	13	화
	4	憑	기댈 빙	心	16	화
	5	娉	장가들 빙, 예쁠 병	女	10	토
	6	凭	기댈 빙	几	8	수
사	1	謝	성씨, 사례할 사, 말씀 사, 자랑할 사	言	17	금
	2	史	성씨, 사기 사, 역사 사	口	5	수

한글	번호	한자	뜻 풀 이	부수	획수	자원오행
사	3	舍	성씨, 집 사, 버릴 사, 관청 사, 벌여놓을 석	舌	8	화
	4	師	스승 사, 본 받을 사	巾	10	목
	5	査	조사할 사	木	9	목
	6	士	선비 사	士	3	목
	7	寺	절 사, 관청 시	寸	6	목
	8	些	적을 사, 조금 사	二	7	목
	9	祠	사당 사	示, ネ	10	목
	10	莎	사초 사, 비빌 사, 향 부자 사, 손 비빌 사, 베짱이 수	艸, ++	13	목
	11	絲	실 사, 명주실 사, 가는 실 멱	糸	12	목
	12	糸	실 사, 가는 실 멱	糸	6	목
	13	紗	비단 사, 깁 사, 나사 사, 작을 묘	糸	10	목
	14	事	일 사	亅	8	목
	15	奢	사치할 사	大	12	목
	16	蓑	도롱이 사, 꽃술 늘어질 쇠	艸, ++	16	목
	17	私	사사 사, 사정 사	禾	7	목
	18	梭	북 사, 나무 이름 준	木	11	목
	19	捨	버릴 사, 놓을 사, 베풀 사	手, 扌	12	목
	20	裟	가사 사(어깨에 걸쳐 입는 승려의 옷)	衣	13	목
	21	寫	베낄 사, 없앨 사	宀	15	목
	22	篩	체 사, 체로 칠 사	竹	16	목
	23	柶	수저 사, 숫가락 사	木	9	목
	24	楂	뗏목 사	木	13	목
	25	榭	정자 사	木	14	목

한글	번호	한자	뜻 풀 이	부수	획수	자원오행
사	26	笥	상자 사	竹	11	목
	27	社	모일 사, 토지신 사, 단체 사, 사직 사	示,礻	8	목
	28	祀	제사 사	示,礻	8	목
	29	卸	풀 사	卩	8	목
	30	傞	춤출 사	亻	12	화
	31	覗	엿볼 사	見	12	화
	32	駛	달릴 사	馬	15	화
	33	思	생각 사, 의사(意思) 사, 수염이 많을 새	心	9	화
	34	俟	기다릴 사, 성씨 기	亻	9	화
	35	儸	잘게 부술 사, 잘게 부술 새	亻	15	화
	36	仕	섬길 사, 벼슬 사	亻	5	화
	37	使	하여금 사, 부릴 사, 보낼 시	亻	8	화
	38	斜	비낄 사, 골짜기 이름 야	斗	11	화
	39	肆	방자할 사, 극에 달할 사	聿	13	화
	40	赦	용서할 사, 사면할 사	赤	11	화
	41	伺	엿볼 사, 찾을 사	亻	7	화
	42	似	닮을 사, 같을 이, 이을 이	亻	7	화
	43	徙	옮길 사, 고을 이름 사, 귀양갈 사	彳	11	화
	44	駟	사마(駟馬: 한 채의 수레를 끄는 네 필의 말) 사	馬	15	화
	45	邪	간사할 사, 사기 사, 그런가 야, 나머지 여, 느릿할 서	邑,阝(우)	11	토
	46	獅	사자 사	犬,犭	14	토
	47	巳	뱀 사, 여섯째 사	己	3	토
	48	射	쏠 사, 벼슬 이름 야, 맞힐 석, 싫어할 역	寸	10	토

한글	번호	한자	뜻 풀 이	부수	획수	자원오행
사	49	娑	춤출 사, 사바 세상 사, 가사 사, 승복 사	女	10	토
	50	麝	사향노루 사	鹿	21	토
	51	姒	손위 동서 사	女	8	토
	52	剚	칼 꽂을 사	刂	10	금
	53	皻	여드름 사	皮	14	금
	54	竢	기다릴 사	立	12	금
	55	詞	말씀 사, 글 사, 고할 사	言	12	금
	56	賜	줄 사	貝	15	금
	57	乍	잠깐 사, 일어날 작	丿	5	금
	58	辭	말씀 사	辛	19	금
	59	砂	모래 사, 봉황 사, 목 쉴 사	石	9	금
	60	詐	속일 사, 꾸밀 사	言	12	금
	61	斯	이 사, 천할 사, 어조사 사, 이 사, 즉 사	斤	12	금
	62	飼	기를 사, 먹일 사	食飠	14	수
	63	死	죽을 사	歹	6	수
	64	四	넉 사	囗	4	수
	65	唆	부추길 사	口	10	수
	66	司	맡을 사, 벼슬 사	口	5	수
	67	瀉	쏟을 사, 물 흐를 사	水,氵	19	수
	68	泗	물 이름 사	水,氵	9	수
	69	嗣	이을 사	口	13	수
	70	蛇	긴 뱀 사, 별이름 사, 구불구불 갈 이	虫	11	수
	71	沙	모래 사, 봉황 사, 목 쉴 사	水,氵	8	수
	72	渣	찌꺼기 사	水,氵	13	수

한글	번호	한자	뜻 풀 이	부수	획수	자원오행
사	73	咋	잠깐 사, 들렐 책, 씹을 색	口	8	수
	74	汜	지류 사	水,氵	7	수
	75	痧	곽란 사	疒	12	수
	76	蜡	납제 사, 구더기 저, 밀 랍(납)	虫	14	수
	77	鯋	문절망둑 사	魚	15	수
	78	鯊	문절망둑 사	魚	18	수
	79	鰤	방어 사	魚	21	수
사공	1	司空	성씨	口,穴	13	수
삭	1	索	노 삭, 동아줄 삭, 꼴 삭, 찾을 색	糸	10	목
	2	搠	바를 삭	手,扌	14	목
	3	槊	창 삭, 욋속 소	木	14	목
	4	蒴	삭조 삭	艸,++	16	목
	5	爍	빛날 삭, 벗겨질 락	火	19	화
	6	數	자주 삭, 셈할 수, 촘촘할 촉	攵	15	금
	7	削	깎을 삭, 채지 소, 칼집 초	刂	9	금
	8	鑠	녹일 삭	金	23	금
	9	朔	초하루 삭, 처음 삭	肉,月	10	수
산	1	産	낳을 산, 생산할 산	生	11	목
	2	蒜	마늘 산, 마늘 선	艸,++	16	목
	3	算	셈 산, 산술 산	竹	14	목
	4	祘	셈 산, 셀 산	示,礻	11	목
	5	產	낳을 산	生	11	목
	6	橵	산자 산	木	16	목
	7	繖	우산 산	糸	18	목

한글	번호	한자	뜻 풀 이	부수	획수	자원오행
산	8	傘	우산 산	人	12	화
	9	憪	온전한 덕 산	心,忄	15	화
	10	山	뫼 산	山	3	토
	11	姍	헐뜯을 산, 비트적거릴 선	女	8	토
	12	訕	헐뜯을 산	言	10	금
	13	狻	사자 산, 사자 순, 개가 빠를 준	犬,犭	11	토
	14	酸	실 산, 식초 산	酉	14	금
	15	刪	깎을 산	刂	7	금
	16	珊	산호 산, 패옥 산	玉,王	10	금
	17	散	흩을 산, 흩어질 산, 펼 산	攵	12	금
	18	剷	깎을 산, 깎을 찬, 깎을 잔	刂	13	금
	19	鏟	대패 산, 깎을 산, 대패 잔, 깎을 잔	金	19	금
	20	潸	눈물 흐를 산	水,氵	16	수
	21	潛	눈물 흐를 산	水,氵	16	수
	22	孿	쌍둥이 산, 쌍둥이 련(연)	子	22	수
	23	霰	싸라기눈 산, 싸라기눈 선	雨	20	수
	24	疝	산증 산	疒	8	수
	25	汕	오구 산, 헤엄치는 모양 산	水,氵	7	수
살	1	薩	보살 살	艸,++	20	목
	2	撒	뿌릴 살, 놓아줄 살	手,扌	16	목
	3	乷	음역자 살(우리나라에서 만든 한자. '살' 음(音)을 내기 위하여 沙(사)와 乙(을)을 포개어 놓음.	乙	8	목
	4	煞	죽일 살, 매우 쇄, 빠를 쇄	灬	13	화

한글	번호	한자	뜻 풀 이	부수	획수	자원오행
살	5	殺	죽일 살, 감할 살, 빠를 쇄, 맴 도는 모양 설, 윗사람 죽일 시	殳	11	금
삼	1	森	성씨, 수풀 삼, 성할 나무 삼	木	12	목
	2	蔘	삼 삼, 더덕 삼	艸,++	17	목
	3	杉	삼나무 삼	木	7	목
	4	衫	적삼 삼, 내의 삼	衣,衤	9	목
	5	芟	풀 벨 삼, 제거 삼	艸,++	10	목
	6	糝	나물죽 삼	米	17	목
	7	鬖	헝클어질 삼	髟	21	화
	8	三	석 삼	一	3	화
	9	參	석 삼, 참여할 참	厶	11	화
	10	釤	낫 삼, 날카로울 섬	金	11	금
	11	滲	스며들 삼, 흐를 림	水,氵	15	수
삽	1	插	꽂을 삽, 끼울 삽	手,扌	13	목
	2	颯	바람 소리 삽, 큰 바람 립(입)	風	14	목
	3	挿	꽂을 삽, 插과 통용어	手,扌	13	목
	4	歃	마실 삽, 맛볼 훕	欠	13	화
	5	鈒	창 삽, 새길 삽	金	12	금
	6	鍤	가래 삽	金	17	금
	7	卅	서른 삽	十	4	수
	8	喢	쪼아먹을 삽, 헐뜯을 첩, 마실 잡, 말이 많을 접	口	11	수
	9	翣	불삽 삽	羽	14	수
	10	霅	비올 삽, 번개칠 잡, 빛날 합	雨	15	수

한글	번호	한자	뜻 풀 이	부수	획수	자원오행
삽	11	霅	가랑비 삽	雨	16	수
	12	澁	떫을 삽, 말 더듬 삽	水, 氵	16	수
상	1	尙	성씨, 오히려 상, 높일 상, 숭상할 상	小	8	금
	2	常	떳떳할 상, 항상 상	巾	11	목
	3	桑	뽕나무 상	木	10	목
	4	相	서로 상, 빌 양	目	9	목
	5	裳	치마 옷 상	衣	14	목
	6	牀	평상 상	爿	8	목
	7	箱	상자 상, 곳간 상	竹	15	목
	8	橡	상수리나무 상	木	16	목
	9	樣	상수리나무 상, 모양 양	木	16	목
	10	庠	학교 상, 고남 상	广	9	목
	11	廂	행랑 상	广	12	목
	12	觴	술잔 상, 잔질할 상	角	18	목
	13	上	윗 상	一	3	목
	14	床	평상 상, 牀과 통용어	广	7	목
	15	緗	담황색 상	糸	16	목
	16	徜	노닐 상	彳	11	화
	17	晌	정오 상, 정오 향	日	10	화
	18	顙	이마 상	頁	19	화
	19	慡	성품 밝을 상	心, 忄	15	화
	20	想	생각 상, 희망할 상	心	13	화
	21	償	갚을 상	亻	17	화
	22	傷	다칠 상, 상할 상	亻	13	화

한글	번호	한자	뜻 풀 이	부수	획수	자원오행
상	23	爽	시원할 상, 날이 샐 상	爻	11	화
	24	翔	높이 날 상, 빙빙 돌 상	羽	12	화
	25	像	모양 상	亻	14	화
	26	祥	상서로울 상	示,礻	11	토
	27	塽	높고 밝은 땅 상	土	14	토
	28	孀	홀어머니 상, 과부 상	女	20	토
	29	峠	고개 상	山	9	토
	30	狀	형상 상, 용모 상, 문서 장	犬	8	토
	31	嘗	맛볼 상	甘	13	토
	32	鬺	삶을 상	鬲	21	토
	33	鏘	방울 소리 상	金	18	금
	34	詳	자세할 상, 거짓 양	言	13	금
	35	賞	상줄 상	貝	15	금
	36	象	코끼리 상, 형상 상	豕	12	수
	37	潒	세찰 상, 편할 탕	水,氵	16	수
	38	霜	서리 상	雨	17	수
	39	嚐	맛볼 상, 일찍이 상	口	14	수
	40	商	장사 상	口	11	수
	41	殤	일찍 죽을 상	歹	15	수
	42	湘	강 이름 상, 물 이름 상	水,氵	13	수
	43	喪	잃을 상, 죽을 상, 초상 상	口	12	수
새	1	塞	변방 새, 요새 새, 막힐 색	土	13	토
	2	璽	옥새 새, 도장 새	玉,王	19	금
	3	賽	굿할 새	貝	17	금

한글	번호	한자	뜻 풀 이	부수	획수	자원오행
새	4	鰓	아가미 새, 두려워할 시	魚	20	수
색	1	穡	거둘 색, 곡식 색	禾	18	목
	2	索	찾을 색, 노 삭	糸	10	목
	3	槭	앙상할 색, 수레멍에목 축, 단풍나무 척	木	15	목
	4	塞	막힐 색, 변방 새	土	13	토
	5	色	빛 색	色	6	토
	6	嗇	아낄 색, 탐낼 색	口	13	수
	7	瀒	꺼칠할 색	水, 氵	17	수
	8	濇	깔깔할 색	水, 氵	19	수
생	1	省	덜 생, 살필 성	目	9	목
	2	笙	생황(관악기의 하나) 생	竹	11	목
	3	甥	생질 생, (자매의 아들)	生	12	목
	4	生	날 생	生	5	목
	5	眚	흐릴 생	目	10	목
	6	牲	희생 생	牛	9	토
	7	鉎	녹 생	金	13	금
서	1	徐	성씨, 천천히 할 서, 한가할 서	彳	10	화
	2	偦	성씨, 재주 있을 서	亻	11	화
	3	西	성씨, 서녘 서	襾	6	금
	4	棲	깃들일 서, 살 서	木	12	목
	5	捿	깃들일 서, 살 서	手, 扌	12	목
	6	栖	깃들일 서, 棲자의 통용어	木	10	목
	7	署	마을 서, 관청 서	网, 罒	15	목
	8	黍	기장 쌀 서	黍	12	목

<table>
<tr><th>한글</th><th>번호</th><th>한자</th><th>뜻 풀 이</th><th>부수</th><th>획수</th><th>자원
오행</th></tr>
<tr><td rowspan="24">서</td><td>9</td><td>庶</td><td>여러 서, 무리 서, 백성 서, 제거할 자</td><td>广</td><td>11</td><td>목</td></tr>
<tr><td>10</td><td>壻</td><td>사위 서</td><td>士</td><td>12</td><td>목</td></tr>
<tr><td>11</td><td>婿</td><td>사위 서, 壻자와 통용어</td><td>女</td><td>12</td><td>토</td></tr>
<tr><td>12</td><td>藇</td><td>아름다울 서</td><td>艸,++</td><td>20</td><td>목</td></tr>
<tr><td>13</td><td>鼠</td><td>쥐 서, 근심할 서</td><td>鼠</td><td>13</td><td>목</td></tr>
<tr><td>14</td><td>薯</td><td>감자 서, 참마 서, 산약 서</td><td>艸,++</td><td>20</td><td>목</td></tr>
<tr><td>15</td><td>絮</td><td>솜 서, 간 맞출 처, 실 헝클어질 나</td><td>糸</td><td>12</td><td>목</td></tr>
<tr><td>16</td><td>縃</td><td>서로 서, 胥자의 통용어</td><td>糸</td><td>15</td><td>목</td></tr>
<tr><td>17</td><td>胥</td><td>서로 서</td><td>肉,月</td><td>11</td><td>수</td></tr>
<tr><td>18</td><td>筮</td><td>점 서, 점칠 서</td><td>竹</td><td>13</td><td>목</td></tr>
<tr><td>19</td><td>書</td><td>글 서</td><td>曰</td><td>10</td><td>목</td></tr>
<tr><td>20</td><td>緒</td><td>실마리 서, 나머지 사</td><td>糸</td><td>15</td><td>목</td></tr>
<tr><td>21</td><td>稰</td><td>가을할 서</td><td>禾</td><td>14</td><td>목</td></tr>
<tr><td>22</td><td>撕</td><td>훈계할 서, 찢을 시</td><td>手,扌</td><td>16</td><td>목</td></tr>
<tr><td>23</td><td>紓</td><td>느슨할 서</td><td>糸</td><td>10</td><td>목</td></tr>
<tr><td>24</td><td>耡</td><td>호미 서</td><td>耒</td><td>13</td><td>목</td></tr>
<tr><td>25</td><td>鉏</td><td>호미 서</td><td>金</td><td>13</td><td>금</td></tr>
<tr><td>26</td><td>鋤</td><td>호미 서, 김맬 서</td><td>金</td><td>15</td><td>금</td></tr>
<tr><td>27</td><td>芧</td><td>상수리나무 서, 매자기 저</td><td>艸,++</td><td>10</td><td>목</td></tr>
<tr><td>28</td><td>抒</td><td>풀 서, 당길 서, 펼 서</td><td>手,扌</td><td>8</td><td>목</td></tr>
<tr><td>29</td><td>揟</td><td>고기 잡을 서</td><td>手,扌</td><td>13</td><td>목</td></tr>
<tr><td>30</td><td>舒</td><td>펼 서</td><td>舌</td><td>12</td><td>화</td></tr>
<tr><td>31</td><td>敍</td><td>펼서, 차례서</td><td>攴</td><td>11</td><td>금</td></tr>
<tr><td>32</td><td>敘</td><td>펼 서, 차례 서, 敍자의 통용어</td><td>夊</td><td>11</td><td>금</td></tr>
</table>

한글	번호	한자	뜻 풀 이	부수	획수	자원오행
서	33	叙	펼 서, 차례 서, 敍자의 통용어	又	9	수
	34	序	차례 서	广	7	목
	35	恕	용서할 서	心	10	화
	36	忞	용서할 서	心	7	화
	37	曙	새벽 서	日	18	화
	38	惝	지혜 서 – 확장한자	心,忄	13	화
	39	暑	더울 서	日	13	화
	40	念	느슨해질 서, 잊을 여	心	11	화
	41	焌	밝을 서	火	12	화
	42	遾	미칠 서	辵,辶	20	토
	43	犀	무소 서, 무소 뿔 서	牛	12	토
	44	嶼	섬 서	山	17	토
	45	嶹	섬 서, 작은 섬 서	山	17	토
	46	墅	농막 서, 들 서	土	14	토
	47	逝	갈 서, 떠날 서	辵,辶	14	토
	48	瑞	상서 서, 경사 서	玉,王	14	금
	49	諝	슬기로울 서	言	16	금
	50	誓	맹세할 서	言	14	금
	51	湑	거를 서	水,氵	13	수
	52	噬	씹을 서	口	16	수
	53	澨	물가 서	水,氵	17	수
서문	1	西門	성씨	襾,門	14	목
석	1	奭	성씨, 클 석, 성할 석, 쌍백 석, 붉을 혁	大	15	화
	2	昔	성씨, 예 석, 섞일 착	日	8	화

157

한글	번호	한자	뜻 풀 이	부수	획수	자원오행
석	3	石	성씨, 돌 석	石	5	금
	4	碩	성씨, 클 석, 충실할 석	石	14	금
	5	租	섬(十斗) 석	禾	10	목
	6	席	자리 석	巾	10	목
	7	蓆	자리 석, 넓고 많을 석	艸,++	16	목
	8	析	쪼갤 석, 나눌 석, 처녑 사	木	8	목
	9	褯	자리 석, 포대기 자	衣,衤	16	목
	10	釋	풀 석, 내 놓을 석, 기뻐할 역	釆	20	화
	11	晳	밝을 석, 분명할 석	日	12	화
	12	晰	밝을 석	日	11	화
	13	惜	아낄 석	心,忄	12	화
	14	舃	신 석, 까치 작, 클 탁	臼	12	토
	15	錫	주석 석, 줄 사, 다리 체	金	16	금
	16	鉐	놋쇠 석	金	13	금
	17	矽	규소 석	石	8	금
	18	腊	포 석, 섣달 랍(납), 납향 랍(납)	肉,月	14	수
	19	蜥	도마뱀 석	虫	14	수
	20	夕	저녁 석, 한 움큼 사	夕	3	수
	21	潟	개펄 석	水,氵	16	수
	22	淅	쌀 일 석, 빗소리 석	水,氵	12	수
	23	汐	저녁 조수 석, 빠를 계, 빠를 혈	水,氵	7	수
	24	鼫	석서 석	鼠	18	수
선	1	宣	성씨, 베풀 선	宀	9	화
	2	先	성씨, 먼저 선, 나아갈 선	儿	6	목

한글	번호	한자	뜻 풀 이	부수	획수	자원오행
선	3	亘	베풀 선, 뻗칠 긍	二	6	목
	4	扇	부채 선	戶	10	목
	5	船	배 선	舟	11	목
	6	禪	선 선	示,ネ	17	목
	7	繕	기울 선	糸	18	목
	8	線	줄 선	糸	15	목
	9	蘚	이끼 선	艸,++	23	목
	10	瞱	아름다울 선	目	16	목
	11	筅	솔 선	竹	12	목
	12	綫	줄 선	糸	14	목
	13	僊	춤출 선, 신선 선	亻	13	화
	14	煽	부채질할 선, 부추길 선	火	14	화
	15	愃	잊을 선, 쾌할 선, 너그러울 훤	心,忄	13	화
	16	歚	고을 선	欠	16	화
	17	騸	불깔 선	馬	20	화
	18	騚	드렁허리 선	馬	23	화
	19	仙	신선 선	亻	5	화
	20	仚	신선 선	山	5	토
	21	嬋	예쁠 선	女	14	토
	22	選	가릴 선	辵,辶	19	토
	23	墡	백토 선	土	15	토
	24	跣	맨발 선	足	13	토
	25	羨	부러워할 선, 무덤길 연	羊	13	토
	26	旋	돌 선, 돌릴 선	方	11	토

한글	번호	한자	뜻 풀 이	부수	획수	자원오행
선	27	嬋	고울 선, 잇닿을 선	女	15	토
	28	鱻	고울 선, 생선 선	魚	33	수
	29	詵	많을 선, 많을 신	言	13	금
	30	銑	무쇠 선, 끌 선	金	14	금
	31	琁	옥 선, 붉은 옥 경	玉,王	12	금
	32	敾	기울 선, 글 잘쓸 선	攵	16	금
	33	鐥	복자 선, 낫 삼	金	20	금
	34	璇	옥이름 선, 별 이름 선	玉,王	16	금
	35	瑄	도리옥 선, 구슬 선	玉,王	14	금
	36	璿	구슬 선	玉,王	12	금
	37	鏇	갈이틀 선	金	19	금
	38	譔	가르칠 선, 지을 찬	言	19	금
	39	瓗	아름다운 옥 선, 옥 이름 수	玉,王	18	금
	40	譱	착할 선	言	20	금
	41	善	착할 선, 길할 선	口	12	수
	42	珗	옥돌 선	玉,王	11	금
	43	尠	적을 선	小	13	수
	44	腺	샘 선	肉,月	15	수
	45	渲	바림(수묵화의 기법) 선, 물 적실 선	水,氵	13	수
	46	癬	옴 선, 종기 선	疒	22	수
	47	膳	선물 선, 반찬 선	肉,月	18	수
	48	饍	반찬 선, 차려낼 찬	食,飠	21	수
	49	洗	깨끗할 선, 씻을 세	水,氵	10	수
	50	蟬	매미 선, 날 선, 땅 이름 제	虫	18	수

한글	번호	한자	뜻 풀 이	부수	획수	자원오행
선	51	鮮	고울 선, 생선 선	魚	17	수
	52	洒	엄숙할 선, 씻을 세, 뿌릴 쇄, 험할 최	水, 氵	10	수
선우	1	鮮于	성씨	魚,二	10	수
설	1	薛	성씨, 맑은 대쑥 설	艸,++	19	목
	2	偰	성씨, 맑을 설, 卨자와 통용어	亻	11	화
	3	渫	성씨, 샐 설, 폭포 설, 퍼질 예	水, 氵	10	수
	4	契	사람 이름 설, 맺을 계, 애쓸 결, 부족 이름 글	大	9	목
	5	褻	더러울 설	衣	17	목
	6	楔	문설주 설	木	13	목
	7	薜	향풀 설	艸,++	17	목
	8	揲	없앨 설, 찢어질 제	手,扌	15	목
	9	揲	셀 설, 두드릴 엽, 접을 접	手,扌	13	목
	10	稧	볏짚 설, 벤 벼 계	禾	14	목
	11	紲	고삐 설, 뛰어넘을 예	糸	11	목
	12	舌	혀 설	舌	6	화
	13	暬	설만할 설	日	15	화
	14	卨	은나라 사람 이름 설, 离자와 통용어	卜	11	화
	15	爇	불사를 설	灬	19	화
	16	离	사람 이름 설	禸	10	토
	17	媟	깔볼 설	女	12	토
	18	說	말씀 설, 달랠 세, 기뻐할 열, 벗을 탈	言	14	금
	19	設	베풀 설	言	11	금
	20	齧	물어뜯을 설	齒	21	금
	21	揲	가죽 다룰 설, 접시 접	石	14	금

한글	번호	한자	뜻 풀 이	부수	획수	자원오행
설	22	渫	파낼 설, 물결 일렁이는 모양 접, 데칠 잡	水, 氵	13	수
	23	泄	샐 설, 흩어질 예	水, 氵	9	수
	24	屑	가루 설, 달갑게 여길 설	尸	10	수
	25	雪	눈 설	雨	11	수
섬	1	纖	가늘 섬, 고운 비단 섬	糸	23	목
	2	閃	번쩍일 섬, 감빡일 섬	門	10	목
	3	摻	가늘 섬, 잡을 삼, 칠 참	手, 扌	15	목
	4	睒	언뜻 볼 섬	目	13	목
	5	韱	부추 섬	韭	17	목
	6	憸	간사할 섬, 간사할 험, 간사할 첨	心, 忄	17	화
	7	暹	햇살 치밀 섬, 해돋을 섬, 나라 이름 섬	日	16	화
	8	陝	땅 이름 섬, 고을 이름 섬	阜, 阝(좌)	14	토
	9	孅	가늘 섬, 교활할 첨	女	20	토
	10	譫	헛소리 섬	言	20	금
	11	銛	쟁기 섬	金	14	금
	12	贍	넉넉할 섬, 구휼함 섬	貝	20	금
	13	剡	땅 이름 섬, 벨 섬, 날카로울 염	刂	19	금
	14	蟾	두꺼비 섬, 달 섬	虫	19	수
	15	殲	다 죽일 섬, 멸할 섬	歹	21	수
섭	1	葉	성씨, 땅 이름 섭, 잎 엽, 책 접	艸, ++	15	목
	2	攝	다스릴 섭, 잡을 섭, 당길 섭, 편안할 녑(엽), 깃 꾸미개 삽	手, 扌	22	목
	3	欇	삿자리(갈대를 엮어서 만든 자리) 섭	木	21	목
	4	爕	불꽃 섭, 익힐 섭	火	17	화

한글	번호	한자	뜻 풀 이	부수	획수	자원오행
섭	5	懾	두려워할 섭	心, 忄	22	화
	6	聶	소곤거릴 섭, 칠 접	耳	18	화
	7	顳	관자놀이 섭	頁	27	화
	8	躞	걸을 섭	足	24	토
	9	躡	밟을 섭	足	25	토
	10	鑷	족집게 섭	金	26	금
	11	囁	소곤거릴 섭, 말 많을 녑(엽)	口	21	수
	12	灄	강 이름 섭	水, 氵	22	수
	13	涉	건널 섭, 돌아다닐 섭, 피 흐르는 모양 첩	水, 氵	11	수
	14	한자없음				
성	1	星	성씨, 별 성	日	9	화
	2	成	성씨, 이룰 성	戈	7	화
	3	姓	성씨	女	8	토
	4	筬	바디 성	竹	13	목
	5	宬	서고 성, 장서실 성	宀	10	목
	6	省	살필 성, 덜 생	目	9	목
	7	聖	성인 성, 착할 성	耳	13	화
	8	惺	깨달을 성	心, 忄	13	화
	9	盛	성할 성, 닦을 성, 채울 성	皿	12	화
	10	聲	소리 성	耳	17	화
	11	性	성품 성	心, 忄	9	화
	12	晟	밝을 성, 晠자와 통용어	日	11	화
	13	晠	밝을 성, 햇살 성	日	11	화
	14	騂	붉은 말 성	馬	17	화

한글	번호	한자	뜻 풀 이	부수	획수	자원오행
성	15	聹	귀 밝을	耳	15	화
	16	猩	성성이 성	犬,犭	13	토
	17	城	재 성, 성곽 토	土	10	토
	18	娍	아름다울 성	女	10	토
	19	醒	잠깰 성, 깨달을 성	酉	16	금
	20	瑆	옥빛 성	玉,王	14	금
	21	賆	재물 성, 재물 생	貝	12	금
	22	珹	옥 이름 성	玉,王	12	금
	23	誠	정성 성, 진실 성	言	14	금
	24	腥	비릴 성	肉,月	15	수
	25	胜	비릴 성, 이길 승, 새 이름 정	肉,月	15	수
세	1	稅	세금 세, 벗을 탈, 기뻐할 열, 수의 수, 추복 입을 태	禾	12	목
	2	細	가늘 세	糸	11	목
	3	笹	조릿대 세	竹	11	목
	4	帨	수건 세	巾	10	목
	5	繐	베 세, 베 혜	糸	18	목
	6	彗	살별 혜, 살별 수	彐	11	목
	7	世	인간 세, 대 세	一	5	화
	8	忕	익숙해질 세, 사치할 태	心,忄	7	화
	9	歲	해 세	止	13	화
	10	鐕	구리 녹 날 세	金	15	토
	11	娍	고요할 세	女	9	토
	12	勢	형세 세	力	13	금

한글	번호	한자	뜻 풀 이	부수	획수	자원오행
세	13	說	달랠 세, 말씀 설, 기뻐할 열, 벗을 탈	言	14	금
	14	賥	세낼 세	貝	12	금
	15	洗	씻을 세, 깨끗할 선	水,氵	10	수
	16	洒	씻을 세, 뿌릴 쇄, 엄숙할 선, 험할 최	水,氵	10	수
	17	蛻	허물 세, 허물 태	虫	13	수
	18	涗	잿물 세	水,氵	11	수
소	1	邵	성씨, 땅 이름 소, 고을 이름 소	邑,阝	12	토
	2	蘇	성씨, 되살아날 소, 차조기 소	艸,++	22	목
	3	柖	흔들릴 소	木	9	목
	4	掃	쓸 소, 제거할 소	手,扌	12	목
	5	宵	밤 소, 닮을 초	宀	10	목
	6	穌	깨어날 소, 긁어모을 소	禾	16	목
	7	笑	웃음 소	竹	10	목
	8	唉	웃음 소, 笑자와 통용어	口	9	수
	9	所	바 소	戶	8	목
	10	劭	힘쓸 소, 힘쓸 초	力	7	목
	11	紹	이을 소, 느슨할 초	糸	11	목
	12	篠	조릿대 소	竹	16	목
	13	梳	얼레빗 소	木	11	목
	14	素	본디 소, 흴 소	糸	10	목
	15	蕭	쓸쓸할 소 , 맑은 대쑥 소	艸,++	18	목
	16	蔬	나물 소, 푸성귀 소, 채소 소	艸,++	17	목
	17	簫	퉁소 소	竹	18	목
	18	搔	긁을 소, 손톱 조	手,扌	13	목

<table>
<tr><td>한글</td><td>번호</td><td>한자</td><td>뜻 풀 이</td><td>부수</td><td>획수</td><td>자원오행</td></tr>
<tr><td rowspan="24">소</td><td>19</td><td>捎</td><td>덜 소</td><td>手,扌</td><td>11</td><td>목</td></tr>
<tr><td>20</td><td>樔</td><td>풀막 소, 끊을 초</td><td>木</td><td>15</td><td>목</td></tr>
<tr><td>21</td><td>筱</td><td>가는 대 소</td><td>竹</td><td>13</td><td>목</td></tr>
<tr><td>22</td><td>箾</td><td>퉁소 소, 춤출 삭</td><td>竹</td><td>15</td><td>목</td></tr>
<tr><td>23</td><td>繅</td><td>고치 켤 소, 옥받침 조</td><td>糸</td><td>17</td><td>목</td></tr>
<tr><td>24</td><td>艘</td><td>배 소</td><td>舟</td><td>16</td><td>목</td></tr>
<tr><td>25</td><td>衛</td><td>깨끗할 소, 멈출 소</td><td>行</td><td>16</td><td>화</td></tr>
<tr><td>26</td><td>傃</td><td>향할 소</td><td>亻</td><td>12</td><td>화</td></tr>
<tr><td>27</td><td>佋</td><td>소목 소</td><td>亻</td><td>7</td><td>화</td></tr>
<tr><td>28</td><td>魈</td><td>도깨비 소</td><td>鬼</td><td>17</td><td>화</td></tr>
<tr><td>29</td><td>愫</td><td>정성 소</td><td>心,忄</td><td>14</td><td>화</td></tr>
<tr><td>30</td><td>炤</td><td>밝을 소, 비출 조</td><td>火</td><td>9</td><td>화</td></tr>
<tr><td>31</td><td>昭</td><td>밝을 소, 비출 조</td><td>日</td><td>9</td><td>화</td></tr>
<tr><td>32</td><td>燒</td><td>불사를 소, 익힐 소</td><td>火</td><td>16</td><td>화</td></tr>
<tr><td>33</td><td>卲</td><td>높을 소</td><td>卩</td><td>7</td><td>화</td></tr>
<tr><td>34</td><td>騷</td><td>떠들 소</td><td>馬</td><td>20</td><td>화</td></tr>
<tr><td>35</td><td>愬</td><td>하소연할 소, 두려워할 색</td><td>心</td><td>14</td><td>화</td></tr>
<tr><td>36</td><td>逍</td><td>노닐 소</td><td>辵,辶</td><td>13</td><td>토</td></tr>
<tr><td>37</td><td>遡</td><td>거스를 소</td><td>辵,辶</td><td>17</td><td>토</td></tr>
<tr><td>38</td><td>疏</td><td>소통할 소, 트일 소, 통할 소</td><td>疋</td><td>11</td><td>토</td></tr>
<tr><td>39</td><td>疎</td><td>성길 소</td><td>疋</td><td>12</td><td>토</td></tr>
<tr><td>40</td><td>塑</td><td>흙 빚을 소, 토우 소</td><td>土</td><td>13</td><td>토</td></tr>
<tr><td>41</td><td>塐</td><td>흙 빚을 소</td><td>土</td><td>13</td><td>토</td></tr>
<tr><td>42</td><td>埽</td><td>쓸 소</td><td>土</td><td>11</td><td>토</td></tr>
</table>

한글	번호	한자	뜻 풀 이	부수	획수	자원오행
소	43	璅	옥돌 소, 옥돌 조, 자질구레할 쇄	玉,王	15	금
	44	酥	연유 소, 연유 수	酉	12	금
	45	韶	풍류 이름 소, 이을 소	音	14	금
	46	珝	아름다운 옥 소	玉,王	10	금
	47	訴	호소할 소, 알릴 소, 헐뜯을 척	言	12	금
	48	銷	녹일 소	金	15	금
	49	少	적을 소, 젊을 소	小	4	수
	50	沼	못 소, 늪 소	水,氵	9	수
	51	消	사라질 소, 다할 소	水,氵	11	수
	52	甦	깨어날 소, 긁어모을 소	生	12	수
	53	嘯	휘파람 불 소, 꾸짖을 질	口	15	수
	54	霄	하늘 소, 닮을 초	雨	15	수
	55	鷫	하늘 소, 닮을 초, 霄자와 통용어	雨	19	수
	56	瘙	피부병 소, 종기 소	疒	15	수
	57	召	부를 소, 대추 조	口	5	수
	58	小	작을 소	小	3	수
	59	巢	새집 소, 집 지을 소, 집 소	巛	11	수
	60	瀟	강 이름 소	水,氵	20	수
	61	溯	거슬러 올라갈 소, 물 삭	水,氵	14	수
	62	泝	거슬러 올라갈 소	水,氵	9	수
	63	嗉	모이주머니 소	口	13	수
	64	翛	날개 찢어질 소, 빠를 유, 빨리 나는 모양 숙	羽	13	수
	65	膆	멀떠구니 소	肉,月	16	수
	66	蛸	갈거미 소	虫	13	수

한글	번호	한자	뜻 풀 이	부수	획수	자원오행
소	67	鮹	문어 소, 문어 초	魚	18	수
	68	鮹	소금 소	鹵	18	수
속	1	續	이을 속	糸	21	목
	2	粟	조 속, 좁쌀 속	米	12	목
	3	束	묶을 속, 약속할 속	木	7	목
	4	俗	풍속 속, 버릇 속	亻	9	화
	5	速	빠를 속	辵,辶	14	토
	6	遬	빠를 속	辵,辶	18	토
	7	贖	속죄할 속, 속바칠 속	貝	22	금
	8	謖	일어날 속	言	17	금
	9	屬	무리 속, 이을 촉	尸	21	수
	10	洬	헹굴 속	水,氵	11	수
	11	涑	비 올 속	水,氵	10	수
손	1	孫	성씨, 손자 손	子	10	수
	2	巽	부드러울 손, 손괘 손	己	12	목
	3	蓀	향풀 이름 손	艸,++	16	목
	4	損	덜 손, 감소할 손	手,扌	14	목
	5	遜	겸손할 손	辵,辶	17	토
	6	飧	저녁밥 손	食	12	수
	7	飱	저녁밥 손, 먹을 찬	食	11	수
솔	1	乺	솔 솔	乙	9	목
	2	帥	장수 수, 거느릴 솔	巾	9	목
	3	率	거느릴 솔, 비율 률(율), 우두머리 수	玄	11	화
	4	達	거느릴 솔	辶	16	화

한글	번호	한자	뜻 풀 이	부수	획수	자원오행
솔	5	衛	거느릴 솔	行	17	화
	6	窣	구멍에서 갑자기 나올 솔	穴	13	수
	7	蟀	귀뚜라미 솔	虫	17	수
송	1	宋	성씨, 송나라 송	宀	7	목
	2	松	성씨, 소나무 송, 더벅머리 송, 따를 종	木	8	목
	3	悚	두려울 송	心,忄	11	화
	4	頌	칭송할 송, 기릴 송, 얼굴 용	頁	13	화
	5	憽	똑똑할 송	心,忄	17	화
	6	鬆	소나무 송, 더벅머리 송, 따를 종	髟	18	화
	7	送	보낼 송	辵,辶	13	토
	8	誦	외울 송	言	14	금
	9	竦	공경할 송, 삼갈 송	立	12	금
	10	訟	송사할 송, 용납할 용	言	11	금
	11	淞	강 이름 송, 물 송	水,氵	12	수
쇄	1	曬	쬘 쇄	日	23	화
	2	瑣	자질구레할 쇄	玉,王	15	금
	3	殺	빠를 쇄, 죽일 살, 감할 살, 맴 도는 모양 설, 윗사람 죽일 시	殳	11	금
	4	鎖	쇠사슬 쇄	金	18	금
	5	刷	인쇄할 쇄	刂	8	금
	6	碎	부술 쇄	石	13	금
	7	鏁	쇠사슬 쇄, 鎖자의 통용어	金	18	금
	8	灑	뿌릴 쇄, 나눌 시, 끊어지지 않는 모양 리(이)	水,氵	22	수
쇠	1	衰	쇠할 쇠, 상옷 최, 도롱이 사	衣	10	목

한글	번호	한자	뜻 풀 이	부수	획수	자원오행
쇠	2	釗	쇠 쇠, 볼 소	金	10	금
수	1	洙	성씨, 물가 수	水, 氵	10	수
	2	水	성씨, 물 수	水	4	수
	3	手	손 수	手, 扌	4	목
	4	寿	목숨 수	寸	7	목
	5	壽	목숨 수	士	14	목
	6	守	지킬 수	宀	6	목
	7	樹	나무 수	木	16	목
	8	睡	졸음 수	目	13	목
	9	授	줄 수	手, 扌	12	목
	10	袖	소매 수	衣, 衤	11	목
	11	搜	찾을 수, 어지러울 소	手, 扌	14	목
	12	藪	늪 수, 덤불 수	艸, ++	21	목
	13	穗	이삭 수	禾	17	목
	14	穂	이삭 수	禾	17	목
	15	蓚	수산 수, 기쁠 수, 싹 조	艸, ++	16	목
	16	秀	빼어날 수	禾	7	목
	17	粹	순수할 수, 부술 쇄	米	14	목
	18	綬	끈 수	糸	14	목
	19	繡	수놓을 수	糸	18	목
	20	睢	물 이름 수, 부릅떠 볼 휴	目	12	목
	21	濉	물 이름 수, 부릅떠 볼 휴	水, 氵	17	수
	22	晬	바로 볼 수	目	13	목
	23	蒐	모을 수, 꼭두서니(풀이름) 수	艸, ++	16	목

한글	번호	한자	뜻 풀 이	부수	획수	자원오행
수	24	茱	수유나무 수	艸,++	12	목
	25	綏	편안할 수	糸	13	목
	26	宿	별자리 수, 잘 숙	宀	11	목
	27	廋	숨길 수	广	13	목
	28	瞍	소경 수, 소경 소	目	15	목
	29	祟	빌미 수 −재앙이나 탈의 원인	示,礻	10	목
	30	籔	조리 수	竹	21	목
	31	颼	바람 소리 수	風	19	목
	32	晬	돌 수	日	12	화
	33	修	닦을 수	亻	10	화
	34	鷸	새매 수	鳥	19	화
	35	雖	비록 수, 짐승 이름 유	隹	17	화
	36	須	모름지기 수, 수염 수	頁	12	화
	37	鬚	수염 수, 모름지기 수	髟	22	화
	38	愁	근심 수, 모을 추	心	13	화
	39	燧	부싯돌 수	火	17	화
	40	輸	보낼 수, 나를 수	車	16	화
	41	垂	드리울 수	土	8	토
	42	隨	따를 수, 게으를 타	阜,阝(좌)	21	토
	43	隋	수나라 수, 떨어질 타	阜,阝(좌)	17	토
	44	邃	깊을 수	辵,辶	21	토
	45	隧	길 수, 떨어질 추	阜,阝	20	토
	46	狩	사냥할 수	犬,犭	9	토
	47	嫂	형수 수	女	13	토

한글	번호	한자	뜻 풀 이	부수	획수	자원오행
수	48	羞	부끄러울 수, 바칠 수, 드릴 수	羊	11	토
	49	遂	드디어 수, 따를 수, 이룰 수, 성취할 수	辵,辶	16	토
	50	岫	산굴 수, 산봉우리 수	山	8	토
	51	峀	산굴 수	山	8	토
	52	獸	짐승 수	犬	19	토
	53	陲	변방 수	阜,阝(좌)	16	토
	54	璿	옥 이름 수, 아름다운 옥 선	玉,王	18	금
	55	殳	몽둥이 수	殳	4	금
	56	戍	수자리 수, 지킬 수	戈	6	금
	57	數	셈 수, 헤아릴 수, 자주 삭, 촘촘할 촉	攵	15	금
	58	誰	누구 수	言	15	금
	59	髓	뼛골 수	骨	23	금
	60	銹	녹슬 수	金	15	금
	61	琇	옥돌 수	玉,王	12	금
	62	銖	저울눈 수, 무게단위 수	金	14	금
	63	璲	구슬 수	玉,王	21	금
	64	讎	원수 수	言	23	금
	65	讐	원수 수	言	23	금
	66	璹	패옥 수	玉,王	18	금
	67	豎	세울 수	豆	13	금
	68	竪	세울 수	立	13	금
	69	收	거둘 수	攵	6	금
	70	賥	재물 수	貝	15	금
	71	酬	갚을 수, 보답할 수, 갚을 주	酉	13	금

한글	번호	한자	뜻 풀 이	부수	획수	자원오행
수	72	受	받을 수	又	8	수
	73	脩	포 수, 술잔 유, 고을 이름 조, 쓸쓸할 소, 씻을 척	肉,月	13	수
	74	殊	다를 수, 죽일 수, 베일 수	歹	10	수
	75	需	쓰일 수, 쓸 수, 구할 수, 바랄 수, 연할 연	雨	14	수
	76	囚	가둘 수, 죄인 수	囗	5	수
	77	首	머리 수	首	9	수
	78	帥	장수 수, 거느릴 솔	巾	9	수
	79	瘦	여윌 수, 마를 수	疒	15	수
	80	嗽	기침할 수, 빨아들일 삭	口	14	수
	81	漱	양치질할 수	水,氵	15	수
	82	汓	헤엄칠 수	水,氵	7	수
	83	泅	헤엄칠 수	水,氵	9	수
	84	叟	늙은이 수	又	10	수
	85	售	팔 수	口	11	수
	86	溲	반죽할 수	水,氵	14	수
	87	脺	윤택할 수, 무를 졸	肉,月	14	수
	88	腹	파리할 수	肉,月	16	수
	89	髓	골수 수	肉,月	19	수
	90	饈	드릴 수	食	20	수
숙	1	橚	줄지어 설 숙, 나무 우거질 숙	木	17	목
	2	宿	잘 숙, 별자리 수	宀	11	목
	3	菽	콩 숙	艸,++	14	목
	4	夙	이를 숙, 삼갈 숙	夕	6	목

한글	번호	한자	뜻 풀 이	부수	획수	자원오행
숙	5	熟	익을 숙	灬	15	화
	6	肅	엄숙할 숙	聿	13	화
	7	倏	갑자기 숙	亻	10	화
	8	俶	비로소 숙, 기재 있을 척	亻	10	화
	9	儵	빠를 숙, 갑자기 숙	亻	19	화
	10	驌	말 이름 숙	馬	23	화
	11	鷫	신조 숙	鳥	24	화
	12	婌	궁녀 벼슬 이름 숙	女	11	토
	13	塾	글방 숙, 사랑방 숙	土	14	토
	14	璹	옥 그릇 숙, 옥 이름 도, 옥 이름 수	玉,王	19	금
	15	琡	옥 이름 숙	玉,王	13	금
	16	叔	아저씨 숙, 콩 숙	又	8	수
	17	孰	누구 숙, 익을 숙	子	11	수
	18	潚	빠를 숙, 깊고 맑을 축	水,氵	16	수
	19	淑	맑을 숙	水,氵	12	수
순	1	荀	성씨, 풀 이름 순	艸,++	12	목
	2	舜	성씨, 순임금 순, 무궁화 순	舛	12	목
	3	順	성씨, 순할 순	頁	12	화
	4	淳	성씨, 순박할 순, 폭 준	水,氵	12	수
	5	栒	가름대 순, 나무이름 순	木	10	목
	6	蒓	순채 순	艸,++	17	목
	7	筍	죽순 순	竹	12	목
	8	蕣	무궁화 순	艸,++	18	목
	9	盾	방패 순	目	9	목

한글	번호	한자	뜻 풀 이	부수	획수	자원오행
순	10	楯	난간 순, 방패 순, 책상 준	木	13	목
	11	橓	무궁화나무 순	木	16	목
	12	瞬	깜짝일 순	目	17	목
	13	純	순수할 순, 가선준, 묶을 돈, 온전할 전, 검은 비단 치	糸	10	목
	14	盹	졸 순	目	9	목
	15	眴	깜작할 순, 어지러울 현	目	11	목
	16	紃	끈 순, 끈 천	糸	9	목
	17	畃	사귈 순	田	8	목
	18	侚	재빠를 순	亻	8	화
	19	駒	말이 달리는 모양 순, 철총이 현	馬	16	화
	20	鬊	헝클어진 머리 순	髟	19	화
	21	鶉	메추라기 순, 수리 단	鳥	19	화
	22	馴	길들일 순, 가르칠 훈	馬	13	화
	23	循	돌 순, 좇을 순, 빙빙 돌 순	彳	12	화
	24	旬	열흘 순, 부역 균	日	6	화
	25	恂	정성 순, 엄할 준	心	10	화
	26	焞	밝을 순, 귀갑 지지는 불 돈, 성할 퇴	火	12	화
	27	徇	돌 순, 주창할 순, 호령할 순	彳	9	화
	28	峋	깊숙할 순	山	9	토
	29	姰	미칠 순, 적합할 균, 여자가 단정할 현	女	9	토
	30	珣	옥 이름 순	玉,王	11	금
	31	錞	악기 이름 순, 창고달 대	金	16	금
	32	詢	물을 순, 자문할 순	言	13	금

한글	번호	한자	뜻 풀 이	부수	획수	자원오행
순	33	諄	타이를 순	言	15	금
	34	醇	전국술 순	酉	15	금
	35	殉	따라 죽을 순	歹	10	수
	36	洵	참으로 순, 믿을 순, 멀 현	水, 氵	10	수
	37	巡	돌 순, 순행할 순, 따를 연	彳	7	수
	38	脣	입술 순, 꼭 맞을 민	肉, 月	13	수
	39	肫	광대뼈 순, 정성스러울 순, 광대뼈 졸, 떡 둔, 아래턱 준	肉, 月	10	수
술	1	絉	끈 술	糸	11	목
	2	術	재주 술, 괴 술, 계략 술, 취락 이름 수	行	11	화
	3	戌	개 술, 열한째 지지	戈	6	토
	4	述	펼 술, 지을 술, 이을 술	辵, 辶	12	토
	5	鉥	돗바늘(크고 굵은 바늘) 술	金	13	금
	6	한자없음				
숭	1	菘	배추 숭	艸, ++	14	목
	2	崇	높을 숭, 존중할 숭	山	11	토
	3	崧	우뚝 솟을 숭, 산이름 숭	山	11	토
	4	嵩	높은 산 숭, 높을 숭	山	13	토
쉬	1	倅	버금 쉬, 백 사람 졸	亻	10	화
	2	焠	담금질 쉬	火	12	화
	3	淬	담금질할 쉬, 흐를 줄	水, 氵	12	수
슬	1	譑	빛 붉고 푸를 슬	靑	21	목
	2	瑟	큰 거문고 슬	玉, 王	14	금
	3	璱	푸른 구슬 슬	玉, 王	17	금

한글	번호	한자	뜻 풀 이	부수	획수	자원오행
슬	4	瑟	푸른 구슬 슬	玉,王	16	금
	5	膝	무릎 슬	肉,月	17	수
	6	蝨	이(곤충을 뜻함)슬, 참께 슬,	虫	15	수
	7	虱	이 슬	虫	8	수
습	1	褶	주름 습, 덧옷 첩, 주름 접	衣,衤	17	목
	2	拾	주울 습, 열 십, 바꿀 겁, 오를 섭	手,扌	10	목
	3	襲	엄습할 습	衣	22	목
	4	榴	쐐기 습	木	15	목
	5	慴	두려워할 습, 두려워할 접	心,忄	15	화
	6	習	익힐 습	羽	11	화
	7	隰	진펄 습	阜,阝(좌)	22	토
	8	濕	젖을 습, 나라 이름 합, 물 이름 답	水,氵	18	수
승	1	承	성씨, 이을 승, 구원할 증	手	8	목
	2	昇	성씨, 오를 승	日	8	화
	3	升	되 승, 오를 승	十	4	목
	4	乘	탈 승, 오를 승	丿	10	화
	5	塍	밭두둑 승, 논 두둑 승, 밭두둑 증	土	12	토
	6	陞	오를 승	阜,阝	15	토
	7	阩	오를 승, 陞의 공통어	阜,阝	12	토
	8	隥	오를 승	阜,阝(좌)	16	토
	9	丞	정승 승, 도울 승, 나아갈 증	一	6	목
	10	岙	정승 승, 도울 승, 나아갈 증	山	8	토
	11	繩	노끈 승, 줄 승, 새끼 승	糸	19	목
	12	縢	잉아(베틀의 굵은 실) 승	木	14	목

한글	번호	한자	뜻 풀 이	부수	획수	자원오행
승	13	鬙	머리 헝클어질 승	髟	22	화
	14	僧	중 승, 승려 승	亻	14	화
	15	勝	이길 승	力	12	토
	16	丞	이을 승, 나라 이름 증	水	5	수
	17	蠅	파리 승	虫	19	수
시	1	施	성씨, 베풀 시, 옮길 이	方	9	토
	2	柴	성씨, 섶 시, 울짱 채, 가지런 하지 않을 치, 쌓을 자	木	9	목
	3	市	저자 시, 시장 시	巾	5	목
	4	蓍	톱풀(풀 종류) 시, 시초 시	艸,++	14	목
	5	蒔	모종 낼 시	艸,++	16	목
	6	示	보일 시, 알릴 시, 땅 귀신 기, 둘 치	示,礻	5	목
	7	枾	감나무 시	木	9	목
	8	柿	감나무 시	木	9	목
	9	柿	감나무 시, 대패밥 폐	木	9	목
	10	禔	복 시, 복 제, 복 지	示,礻	14	목
	11	絁	깁 시	糸	11	목
	12	眂	볼 시	目	9	목
	13	兕	외뿔소 시	儿	7	목
	14	廝	하인 시	广	15	목
	15	枲	모시풀 시, 삼 사	木	9	목
	16	緦	삼베 시	糸	15	목
	17	豉	메주 시	豆	11	목
	18	顋	뺨 시, 뺨 새	頁	18	화

한글	번호	한자	뜻 풀 이	부수	획수	자원오행
시	19	恃	믿을 시	心,忄	10	화
	20	毸	날개 칠 시, 날개 벌릴 시	毛	13	화
	21	偲	책선할 시, 겸손할 시, 책선할 새	心,忄	13	화
	22	視	볼 시	見	12	화
	23	偲	굳셀 시	亻	11	화
	24	是	이(이것이라는 뜻) 시, 옳을 시, 바를 시	日	9	화
	25	侍	모실 시	亻	8	화
	26	時	때 시	日	10	화
	27	猜	시기할 시, 의심할 시, 시기할 채	犬,犭	12	토
	28	媞	복 시, 자세할 시, 안존할 제	女	12	토
	29	媤	시집 시, 여자의 자 사	女	12	토
	30	始	비로소 시, 처음 시	女	8	토
	31	塒	홰 시	土	13	토
	32	諰	두려워할 시	言	16	금
	33	釃	술 거를 시, 술 거를 소, 맑은 술 리	酉	26	금
	34	鍉	열쇠 시, 살촉 적	金	17	금
	35	矢	화살 시	矢	5	금
	36	詩	시 시, 풍류 시	言	13	금
	37	弑	윗사람 죽일 시, 죽일 시	弋	12	금
	38	匙	숟가락 시	匕	11	금
	39	試	시험 시	言	13	금
	40	諡	시호(죽은 사람에게 주는 이름) 시	言	16	금
	41	諟	이 시, 살필 체	言	16	금
	42	豕	돼지 시	豕	7	수

한글	번호	한자	뜻 풀 이	부수	획수	자원오행
시	43	豺	승냥이 시	豸	10	수
	44	翅	날개 시	羽	10	수
	45	翄	날개 시	羽	14	수
	46	嘶	울 시	口	15	수
	47	泤	내 이름 시	水, 氵	9	수
	48	屎	똥 시, 끙끙거릴 히	尸	9	수
	49	澌	다할 시, 물 잦을 사	水, 氵	16	수
	50	漦	흐를 시	水	15	수
	51	厮	하인 시	厂	14	수
	52	尸	주검 시	尸	3	수
	53	屍	주검 시	尸	9	수
	54	啻	뿐 시	口	12	수
식	1	植	심을 식, 둘 치	木	12	목
	2	栻	점치는 기구 식, 나무판 식	木	10	목
	3	拭	씻을 식, 닦을 식	手, 扌	10	목
	4	篒	대밥통 식	竹	15	목
	5	寔	이(이것이라는 뜻) 식, 참으로 식	宀	12	목
	6	熄	불 꺼질 식, 그칠 식	火	14	화
	7	息	숨쉴 식, 처할 식	心	10	화
	8	軾	수레 앞턱 가로나무 식, 수레난간 식	車	13	화
	9	埴	찰흙 식, 찰흙 치	土	11	토
	10	媳	며느리 식	女	13	토
	11	識	알 식, 인정할 식, 적을 지, 깃발 치	言	19	금
	12	式	법 식	弋	6	금

한글	번호	한자	뜻 풀 이	부수	획수	자원오행
식	13	飾	꾸밀 식, 청소할 식, 경계할 칙	食	14	수
	14	蝕	좀먹을 식	虫	15	수
	15	食	밥 식, 먹을 식, 먹이 사, 사람 이름 이	食	9	수
	16	殖	불릴 식, 자랄 식, 번설할 식	歹	12	수
	17	湜	물 맑을 식	水, 氵	13	수
신	1	申	성씨, 거듭 신, 펼 신, 아홉째 지지 신	田	5	금
	2	愼	성씨, 삼갈 신, 땅 이름 진	心, 忄	14	화
	3	辛	성씨, 매울 신	辛	7	금
	4	宸	대궐 신, 집 신, 처마 신	宀	10	목
	5	莘	족두리풀 신, 긴모양 신, 나라 이름 신	艸, ++	13	목
	6	藎	조개풀 신, 나머지 탄	艸, ++	20	목
	7	紳	띠 신, 다발 신	糸	11	목
	8	薪	섶나무 신, 땔나무 신	艸, ++	19	목
	9	晨	새벽 신, 샛별 신	日	11	화
	10	信	믿을 신	亻	9	화
	11	伸	펼 신, 말할 신	亻	7	화
	12	侁	걷는 모양 신	亻	8	화
	13	臣	신하 신	臣	6	화
	14	身	몸 신, 나라 이름 건	身	7	화
	15	燼	불탄 끝 신, 깜부기불 신	火	18	화
	16	頤	눈 크게 뜨고 볼 신, 턱 이	頁	15	화
	17	駪	많을 신	馬	16	화
	18	姺	걸을 신, 옷 날리는 모양 선	女	9	토
	19	娠	아이 밸 신, 잉태할 신	女	10	토

한글	번호	한자	뜻 풀 이	부수	획수	자원오행
신	20	迅	빠를 신	辵,辶	10	토
	21	辰	때 신, 별 진	辰	7	토
	22	訊	물을 신	言	10	금
	23	璶	옥돌 신	玉,王	20	금
	24	新	새 신, 처음 신	斤	13	금
	25	神	귀신 신, 정신 신	示,礻	10	금
	26	矧	하물며 신	矢	9	금
	27	贐	전별할 신	貝	21	금
	28	哂	웃을 신	口	9	수
	29	囟	정수리 신	口	6	수
	30	汛	뿌릴 신	水,氵	7	수
	31	脤	제육 신	肉,月	13	수
	32	呻	읊조릴 신, 끙끙거릴 수	口	8	수
	33	腎	콩팥 신	肉,月	14	수
	34	蜃	큰 조개 신, 무명조개 신, 이무기 신	虫	13	수
실	1	失	잃을 실, 놓을 일	大	5	목
	2	室	집 실	宀	9	목
	3	實	열매 실, 이를 지	宀	14	목
	4	実	열매 실, 實의 통용어, 이를 지	宀	8	목
	5	悉	다할 실, 남김없을 실	心	11	화
	6	蟋	귀뚜라미 실	虫	17	수
심	1	瀋	성씨, 즙 낼 심	水,氵	19	수
	2	沈	성씨, 잠길 침	水,氵	8	화
	3	芯	골풀(풀 이름) 심, 등심초 심	艸,++	10	목

한글	번호	한자	뜻 풀 이	부수	획수	자원오행
심	4	審	살필 심, 빙빙 돌 반	宀	15	목
	5	葚	오디 심	艸,++	15	목
	6	心	마음 심	心	4	화
	7	燖	삶을 심, 삶을 섬	火	16	화
	8	甚	심할 심, 더욱 심	甘	9	토
	9	諶	참 심, 진실로 심	言	16	금
	10	尋	찾을 심	寸	12	금
	11	鐔	날밑 심, 날밑 담	金	20	금
	12	潯	물가 심, 젖어들 음	水,氵	16	수
	13	鱘	철갑상어 심	魚	23	수
	14	深	깊을 심	水,氵	12	수
	15	沁	스며들 심, 감 이름 심, 물적실 심	水,氵	8	수
십	1	十	열 십	十	10	수
	2	拾	열 십, 주울 습, 바꿀 겁, 오를 섭	手,扌	10	목
	3	什	열 사람 십, 세간 집	亻	4	화
쌍	1	雙	두 쌍, 쌍 쌍	隹	18	화
	2	双	두 쌍, 쌍 쌍, 雙과 통용어	又	4	수
씨	1	氏	성씨, 각시 씨, 나라 이름 지	氏	4	화
아	1	阿	성씨, 언덕 아, 호칭 옥	阜,阝(좌)	13	토
	2	莪	쑥 아	艸,++	13	목
	3	芽	싹 아	艸,++	10	목
	4	椏	가장귀질 아	木	12	목
	5	枒	야자나무 야, 가장귀 아	木	8	목
	6	丫	가닥 아	ㅣ	3	목

한글	번호	한자	뜻 풀 이	부수	획수	자원오행
아	7	笁	대순 아	竹	10	목
	8	鵝	거위 아	鳥	18	화
	9	鵞	거위 아	鳥	18	화
	10	亞	버금 아, 누를 압	二	8	화
	11	亜	버금 아, 亞와 통용어, 누를 압	二	7	화
	12	雅	맑을 아, 바를 아, 우아할 아	隹	12	화
	13	俄	아까 아, 갑자기 기울 아, 높을 아	亻	9	화
	14	鴉	갈까마귀 아, 검을 아	鳥	15	화
	15	衙	마을 아, 관청 아, 갈 어	行	13	화
	16	娿	여자 스승 아	女	8	토
	17	猗	부드러울 아, 불깐 개 의, 고분고분할 위	犬, 犭	12	토
	18	迓	마중할 아	辵, 辶	11	토
	19	婀	아리따울 아, 娿와 같은 글자	女	11	토
	20	娾	아리따울 아, 婀와 통용어	女	12	토
	21	娥	예쁠 아	女	10	토
	22	妸	아름다울 아, 고울 아	女	8	토
	23	婭	동서 아	女	11	토
	24	峨	산 높을 아	山	10	토
	25	峩	높을 아, 峨와 통용어	山	10	토
	26	牙	어금니 아	牙	4	금
	27	我	나 아, 우리 아	戈	7	금
	28	砑	갈 아	石	9	금
	29	皒	흰빛 아	白	12	금
	30	硪	바위 아	石	12	금

한글	번호	한자	뜻 풀 이	부수	획수	자원오행
아	31	誋	의심할 아, 맞을 아, 위로할 아	言	11	금
	32	錏	경개 아	金	16	금
	33	啊	사랑할 아	口	11	수
	34	疴	병 아, 경기 가	疒	10	수
	35	兒	아이 아, 다시 난 이 예	儿	8	수
	36	児	아이 아, 兒와 통용어, 다시 난 이 예	儿	7	수
	37	啞	벙어리 아, 웃을 액	口	11	수
	38	餓	굶주릴 아	食飠	16	수
	39	哦	읊조릴 아	口	10	수
	40	蛾	나방 아, 개미 의	虫	13	수
악	1	握	쥘 악, 작을 옥	手,扌	13	목
	2	幄	휘장 악	巾	12	목
	3	樂	노래 악, 즐길 락(낙), 좋아할 요	木	15	목
	4	蕚	꽃받침 악	艸,++	15	목
	5	偓	악착할 악	亻	11	화
	6	覨	오래 볼 악	見	16	화
	7	鸑	물수리 악	鳥	20	화
	8	顎	턱 악, 엄할 악	頁	18	화
	9	愕	놀랄 악	心,忄	13	화
	10	惡	악할 악, 미워할 오	心	12	화
	11	岳	큰 산 악	山	8	토
	12	鄂	나라 이름 악, 땅 이름 악	邑,阝	16	토
	13	堊	흰흙 악, 성인 성	土	11	토
	14	嶽	큰 산 악	山	17	토

한글	번호	한자	뜻 풀 이	부수	획수	자원오행
악	15	鄂	위턱 악	阝	11	토
	16	齶	잇몸 악	齒	24	금
	17	諤	곧은 말할 악	言	16	금
	18	鍔	칼날 악	金	17	금
	19	齷	악착할 악	齒	24	금
	20	渥	두터울 악, 살들할 악, 담글 우	水, 氵	13	수
	21	鰐	악어 악	魚	20	수
	22	咢	시끄럽게 다툴 악	口	9	수
	23	喔	닭이 울 악, 꿩 소리 옥	口	12	수
	24	噩	놀랄 악	口	16	수
	25	腭	잇몸 악	肉, 月	15	수
안	1	安	성씨, 편안 안	宀	6	목
	2	案	책상 안	木	10	목
	3	按	누를 안, 막을 알	手, 扌	10	목
	4	眼	눈 안, 눈 불거질 은	目	11	목
	5	桉	안석 안	木	10	목
	6	侒	편안할 안	亻	8	화
	7	鴈	기러기 안	鳥	15	화
	8	晏	늦을 안	日	10	화
	9	雁	기러기 안, 鴈과 통용어	隹	12	화
	10	鴈	기러기 안	鳥	15	화
	11	顔	낯 안	頁	18	화
	12	姲	종용할 안	女	9	토
	13	嫣	고울 안, 깨닫지 못할 약	女	11	토

한글	번호	한자	뜻 풀 이	부수	획수	자원오행
안	14	岸	언덕 안	山	8	토
	15	狂	들개 안, 감옥 안	犬, 犭	7	토
	16	矸	깨끗한 안, 산돌 간	石	8	금
	17	鞍	안장 안	革	15	금
	18	鮟	아귀 안	魚	17	수
	19	饐	배불리 먹을 안, 보리를 서로 먹을 온	食	19	수
알	1	關	가로막을 알, 흉노 왕비 연, 한가할 어	門	16	목
	2	掝	뽑을 알	手, 扌	13	목
	3	頞	콧대 알	頁	15	화
	4	鴶	뻐꾸기 알, 뻐꾸기 길	鳥	17	화
	5	斡	돌 알, 주장할 간	斗	14	화
	6	軋	삐걱거릴 알	車	8	화
	7	遏	막을 알	辵, 辶	16	토
	8	訐	들추어낼 알, 거리낌 없이 말할 계	言	10	금
	9	謁	뵐 알, 아뢸 알	言	16	금
	10	嘎	새소리 알	口	14	수
	11	穵	구멍 알, 팔 알	穴	6	수
암	1	闇	숨을 암, 큰물 질 음	門	17	목
	2	庵	암자 암, 갑자기 엄	广	11	목
	3	菴	암자 암	艸, ++	14	목
	4	葊	암자 암	艸, ++	15	목
	5	蓭	암자 암	艸, ++	17	목
	6	馣	향기로울 암	香	17	목
	7	頷	끄덕일 암, 턱 함	頁	16	화

한글	번호	한자	뜻 풀 이	부수	획수	자원오행
암	8	晻	어두울 암, 침침할 엄	日	12	화
	9	暗	어두울 암	日	13	화
	10	巖	바위 암	山	23	토
	11	岩	바위 암, 巖자와 통용어	山	8	토
	12	嵓	바위 암	山	12	토
	13	媕	머뭇거릴 암, 아름다울 엄	女	12	토
	14	諳	외울 암	言	16	금
	15	唵	머금을 암	口	11	수
	16	癌	암 암	疒	17	수
	17	喑	잠꼬대 암	口	12	수
	18	腤	고기 삶을 암	肉,月	15	수
	19	黯	검을 암	黑	21	수
압	1	押	누를 압, 단속할 갑	手,扌	9	목
	2	鴨	오리 압	鳥	16	화
	3	狎	익숙할 압, 익숙할 합	犬,犭	8	토
	4	壓	누를 압, 싫어할 염, 숙일 엽, 누를 녑(엽)	土	17	토
앙	1	秧	모 앙, 심을 앙	禾	10	목
	2	仰	우러를 앙, 믿을 앙	亻	6	화
	3	煬	불빛 앙	火	9	화
	4	鴦	원앙새 앙	鳥	16	화
	5	昻	밝을 앙, 昂과 통용어	日	9	화
	6	昂	밝을 앙	日	8	화
	7	央	가운데 앙, 선명한 모양 영	大	5	토
	8	坱	먼지 앙	土	8	토

한글	번호	한자	뜻 풀 이	부수	획수	자원오행
앙	9	盎	동이 앙	皿	10	금
	10	鞅	가슴걸이 앙	革	14	금
	11	卬	나 앙	卩	4	수
	12	泱	깊을 앙, 구름 일 영	水, 氵	9	수
	13	殃	재앙 앙	歹	9	수
애	1	艾	성씨, 쑥 애, 다스릴 예	艸, ++	8	목
	2	挨	밀칠 애	手, 扌	11	목
	3	捱	막을 애	手, 扌	12	목
	4	睚	눈초리 애	目	13	목
	5	曖	가릴 애	目	18	목
	6	藹	우거질 애	艸, ++	19	목
	7	藹	우거질 애	艸, ++	22	목
	8	僾	어렴풋할 애	亻	15	화
	9	欸	한숨 쉴 애, 성난 소리 예	欠	11	화
	10	駭	어리석을 애, 달릴 사	馬	17	화
	11	焫	빛날 애	火	11	화
	12	曖	희미할 애	日	17	화
	13	愛	사랑 애	心	13	화
	14	隘	좁을 애, 험할 애, 막을 액	阜, 阝(좌)	17	토
	15	崖	언덕 애	山	11	토
	16	厓	언덕 애, 흙길 애	厂	8	토
	17	埃	티끌 애	土	10	토
	18	娭	여자 종 애, 희롱할 희	女	10	토
	19	崕	언덕 애	山	11	토

한글	번호	한자	뜻 풀 이	부수	획수	자원오행
애	20	皚	흴 애, 서리 눈빛이 흴 의	白	15	금
	21	磑	맷돌 애, 단단할 애, 쌓을 외, 갈 마, 들어맞을 개	石	15	금
	22	賥	사람 이름 애	貝	15	금
	23	礙	거리낄 애, 푸른 돌 의	石	19	금
	24	碍	거리낄 애, 푸른 돌 의	石	13	금
	25	唉	물을 애, 한탄할 희	口	10	수
	26	哀	슬플 애	口	9	수
	27	靄	아지랑이 애	雨	24	수
	28	涯	물가 애	水, 氵	12	수
	29	啀	마실 애	口	11	수
	30	噯	숨 애	口	16	수
	31	漄	물가 애	水, 氵	15	수
	32	獃	어리석을 애	犬, 犭	14	토
	33	靉	구름 낄 애, 구름 낄 의	雨	25	수
액	1	縊	목맬 액	糸	16	목
	2	掖	겨드랑이 액, 낄 액	手, 扌	12	목
	3	扼	잡을 액, 누를 액	手, 扌	8	목
	4	戹	좁을 액, 재앙 액	戶	5	목
	5	搤	조를 액	手, 扌	14	목
	6	額	이마 액	頁	18	화
	7	阨	막힐 액, 길 험할 애	阜, 阝(좌)	13	토
	8	腋	겨드랑이 액	肉, 月	14	수
	9	液	진 액, 담글 석	水, 氵	12	수

한글	번호	한자	뜻 풀 이	부수	획수	자원오행
액	10	厄	재앙액 액	厂	4	수
	11	呝	닭 소리 액, 딸꾹질 애	口	8	수
앵	1	櫻	앵두나무 앵	木	21	목
	2	鶯	꾀꼬리 앵	鳥	21	화
	3	鸚	앵무새 앵	鳥	28	화
	4	罌	양병 앵, 병의 총칭	缶	20	토
	5	罃	물동이 앵	缶	16	토
	6	嫈	새색시 앵, 새색시 영	女	13	토
	7	嚶	새 지저귈 앵	口	20	수
야	1	夜	성씨, 밤 야, 고을 이름 액	夕	8	수
	2	椰	야자나무 야	木	13	목
	3	揶	야유할 야, 빈정거릴 야	手,扌	11	목
	4	若	반야(般若 : 만물의 참다운 실상을 깨닫고 불법을 꿰뚫는 지혜) 야, 같을 약	艸,++	11	목
	5	爺	아버지 야, 아비 야	父	13	목
	6	揶	야유할 야, 희롱할 야	手,扌	16	목
	7	倻	가야 야, 땅 이름 야, 나라이름 야	亻	11	화
	8	耶	어조사(語助辭)야, 간사할 사	耳	9	화
	9	惹	이끌 야, 가벼울 약	心	13	화
	10	野	들 야, 변두리 여, 농막 서	里	11	토
	11	埜	들 야, 野와 통용어, 변두리 여, 농막 서	土	11	토
	12	冶	풀무 야, 불릴 야, 대장장이 야	冫	9	수
	13	也	잇기 야, 어조사(語助辭) 야, 잇달을 이	乙	3	수
약	1	藥	약 약, 뜨거울삭, 간맞출략(약)	艸,++	21	목

한글	번호	한자	뜻 풀 이	부수	획수	자원 오행
약	2	若	같을 약, 순할 약, 반야 야	艸,++	11	목
	3	蒻	구약나물 약	艸,++	16	목
	4	約	맺을 약, 부절요, 기러기발 적	糸	9	목
	5	葯	꽃밥 약, 동여맬 적	艸,++	15	목
	6	禴	봄 제사 약	示,ネ	22	목
	7	籥	피리 약	竹	23	목
	8	篛	대 이름 약	竹	16	목
	9	爚	빛 약, 빛 삭	火	21	화
	10	鸙	댓닭 약	鳥	21	화
	11	龠	피리 약	龠	17	화
	12	躍	뛸 약, 뛰어오를 약, 빨리 달릴 적	足	21	토
	13	弱	약할 약	弓	10	금
	14	鑰	자물쇠 약	金	25	금
양(량)	1	楊	성씨, 버들 양	木	13	목
	2	樑	성씨, 대들보 량(양), 굳셀 량	木	15	목
	3	襄	성씨, 도울 양	衣	17	목
	4	粱	성씨, 기장 량(양)	米	13	목
	5	梁	성씨, 들보 량(양)	木	11	목
	6	凉	성씨, 서늘할 량(양)	冫	10	수
	7	禳	제사 이름 양, 물리칠 양	示,ネ	21	목
	8	椋	푸조나무 량(양)	木	12	목
	9	穰	짚 양, 볏대 양, 수숫대 양	禾	22	목
	10	揚	날릴 양, 오를 양, 떨칠 양	手,扌	13	목
	11	樣	모양 양, 상수리나무 상	木	15	목

한글	번호	한자	뜻 풀 이	부수	획수	자원오행
양(량)	12	攘	물리칠 양, 어지러울 녕(영)	手,扌	21	목
	13	糧	양식 량(양)	米	13	목
	14	粮	양식 량(양), 먹이 량	米	13	목
	15	眻	눈 아름다울 양	目	11	목
	16	蘘	양하 양	艸,++	23	목
	17	颺	날릴 양	風	18	목
	18	佯	거짓 양	亻	8	화
	19	烊	구울 양	火	10	화
	20	輰	수레 양	車	16	화
	21	輛	수레 량(양)	車	15	화
	22	驤	머리 들 양	馬	27	화
	23	煬	쬘 양, 말릴 양	火	13	화
	24	昜	볕 양, 陽의 통용어, 쉬울 이	日	9	화
	25	陽	볕 양	阜,阝(좌)	17	토
	26	俩	재주 량(양), 둘 량(양)	亻	10	화
	27	量	헤아릴 량(양), 좋을 량	里	12	화
	28	恙	병 양, 근심할 양	心	10	화
	29	亮	밝을 량(양), 도울 량	亠	9	화
	30	徉	노닐 양	彳	9	화
	31	暘	해돋이 양	日	13	화
	32	羊	양 양	羊	6	토
	33	壤	흙덩이 양, 고운 흙 양	土	20	토
	34	孃	아가씨 양(냥)	女	20	토
	35	兩	두 량(양), 둘 량, 짝 량, 냥 냥(양)	入	8	토

한글	번호	한자	뜻 풀 이	부수	획수	자원오행
양(량)	36	良	어질 량(양) , 착할 량	艮	7	토
	37	鑲	거푸집 속 양	金	25	금
	38	釀	술 빚을 양	酉	24	금
	39	讓	사양할 양, 겸손할 양	言	24	금
	40	敭	오를 양	攴	13	금
	41	諒	살펴 알 량(양), 어질 량, 믿을 량(양)	言	15	금
	42	瘍	헐 양, 종기 양, 상처 양, 설사병 탕	疒	14	수
	43	養	기를 양	食	15	수
	44	洋	큰 바다 양	水,氵	10	수
	45	漾	출렁거릴 양	水,氵	15	수
	46	涼	서늘할 량(양)	水,氵	12	수
	47	瀼	내 이름 양(냇가를 의미)	水,氵	18	수
	48	痒	가려울 양	疒	11	수
	49	瀼	이슬 흠치르르할 양, 흐를 낭	水,氵	21	수
	50	癢	가려울 양	疒	20	수
어	1	魚	성씨, 물고기 어	魚	11	수
	2	禦	막을 어, 감당할 어	示,礻	18	목
	3	敔	막을 어	攴	11	목
	4	衛	멈출 어, 깨끗할 소	行	16	화
	5	御	거느릴 어, 다스릴 어, 막을 어, 맞을 아	彳	11	화
	6	馭	말 부릴 어	馬	12	화
	7	於	어조사 어, 탄식할 오, 어조사 우	方	8	토
	8	齬	어긋날 어	齒	22	금
	9	語	말씀 어	言	14	금

한글	번호	한자	뜻 풀 이	부수	획수	자원오행
어	10	唹	고요히 웃을 어	口	11	수
	11	漁	고기 잡을 어	水, 氵	15	수
	12	圄	옥 어	口	10	수
	13	瘀	어혈질 어	疒	13	수
	14	圉	마부 어	口	11	수
	15	淤	진흙 어	水, 氵	12	수
	16	飫	물릴 어	食	13	수
억	1	檍	감탕나무 억	木	17	목
	2	抑	누를 억, 굽힐 억	手, 扌	8	목
	3	繶	끈 억	糸	19	목
	4	憶	생각할 억, 기억할 억	心, 忄	17	화
	5	億	억 억, 편안할 억	亻	15	화
	6	臆	가슴 억, 가슴 뼈 억, 마목실 것 의	肉, 月	19	수
언	1	彦	선비 언	彡	9	화
	2	彥	선비 언, 彦자의 통용어	彡	9	화
	3	焉	어찌 언, 오랑캐 이	灬	11	화
	4	偃	쓰러질 언	亻	11	화
	5	傿	고을 이름 언	亻	13	화
	6	鄢	고을 이름 언	邑, 阝(우)	18	토
	7	堰	둑 언, 방죽 언	土	12	토
	8	嫣	아름다울 언	女	14	토
	9	言	말씀 언, 화기애애할 은	言	7	금
	10	諺	언문 언, 속담 언, 자랑할 안	言	16	금
	11	讞	평의할 언, 평의할 얼	言	27	금

한글	번호	한자	뜻 풀 이	부수	획수	자원오행
언	12	匽	눕힐 언	匚	9	수
	13	鼴	두더지 언	鼠	23	수
	14	鼹	두더지 언	鼠	23	수
얼	1	蘖	그루터기 얼, 황경나무 벽, 승검초 폐	艸,++	23	목
	2	糱	누룩 얼	米	22	목
	3	糵	누룩 얼, 糱자의 통용어	米	23	목
	4	乻	땅 이름 얼, 땅 이름 늘	乙	9	목
	5	臬	말뚝 얼	自	10	목
	6	孼	서자(庶子) 얼	子	19	수
엄	1	嚴	성씨, 엄할 엄	口	20	화
	2	掩	가릴 엄	手,扌	12	목
	3	罨	그물 엄, 그물 압	网,罒	14	목
	4	閹	고자 엄	門	16	목
	5	广	집 엄, 넓을 광, 암자 암	广	3	목
	6	曮	해 다닐 엄	日	24	화
	7	儼	엄연할 엄	亻	22	화
	8	龑	고명할 엄, 밝고 높을 엄	龍	21	토
	9	崦	산 이름 엄	山	11	토
	10	醃	절일 엄, 절일 암	酉	15	금
	11	厰	엄할 엄, 儼과 통용어	厂	17	수
	12	俺	클 엄, 나 암	亻	10	수
	13	淹	담글 엄	水,氵	12	수
	14	奄	문득 엄	大	8	수
업	1	嶪	높고 험할 업	山	16	토

한글	번호	한자	뜻 풀 이	부수	획수	자원오행
업	2	業	업 업	木	13	목
	3	嶪	험준할 업	山	16	토
	4	鄴	위나라 서울 업	邑,阝(우)	20	토
에	1	恚	성낼 에	心	10	화
	2	曀	음산할 에, 음산할 예	日	16	화
엔	1	円	화폐 단위 엔, 둥글 원	冂	4	토
여(려)	1	呂	성씨 려(여), 땅 이름 려, 법칙 려(여)	口	7	수
	2	汝	성씨, 너 여	水,氵	7	수
	3	余	성씨, 나 여, 자신 여, 남을 여	人	7	화
	4	艅	배 이름 여	舟	13	목
	5	茹	먹을 여	艸,++	12	목
	6	黎	검을 려(여), 무리 려	黍	15	목
	7	櫚	종려나무 려(여), 권할 려	木	19	목
	8	廬	농막집 려(여), 오두막집 려, 주막 려, 창 자루 로(노)	广	19	목
	9	閭	마을 문 려(여)	門	15	목
	10	藜	명아주 려(여), 나라이름 려	艸,++	21	목
	11	忞	잊을 여, 기쁠 여, 느슨해질 서	心	11	화
	12	歟	어조사 여	欠	18	화
	13	輿	수레 여, 명예 예	車	17	화
	14	轝	수레 여	車	21	화
	15	侶	짝 려(여), 벗할 려, 동행할 려	亻	9	화
	16	儷	짝 려(여), 부부 려	亻	21	화
	17	慮	생각할 려(여), 의심할 려, 사실할 록(녹)	心	15	화

한글	번호	한자	뜻 풀 이	부수	획수	자원오행
여(려)	18	驪	검은 말 려(여), 검을 려, 나라이름 려, 검은 말 리(이)	馬	29	화
	19	驢	당나귀 려(여)	馬	26	화
	20	轣	칠 력(역), 삐걱거릴 력, 칠 력	車	22	화
	21	與	더불 여, 줄 여	臼	14	토
	22	妤	여관 여	女	7	토
	23	如	같을 여, 다를 여, 말 이을 이	女	6	토
	24	旅	나그네 려(여), 함께 려	方	10	토
	25	勵	힘쓸 려(여)	力	17	토
	26	麗	고울 려(여), 우아할 려, 짝려	鹿	19	토
	27	舁	마주 들 여, 들 거	臼	10	토
	28	璵	옥 여	玉,王	19	금
	29	予	나 여, 줄 여, 미리 예	亅	4	금
	30	礜	돌 이름 여	石	19	금
	31	礪	숫돌 려(여), 거친숫돌 려	石	20	금
	32	戾	어그러질 려(여), 벗어날 려, 돌릴 렬(열), 어그러질 태	戶	8	금
	33	餘	남을 여	食,𩙿	16	수
	34	蠣	굴조개 려(여)	虫	21	수
역(력)	1	繹	풀어낼 역, 다스릴 역	糸	19	목
	2	閾	문지방 역	門	16	목
	3	懌	기뻐할 역	心,忄	17	화
	4	疫	전염병 역	疒	9	화
	5	役	부릴 역, 싸울 역	彳	12	화

한글	번호	한자	뜻 풀 이	부수	획수	자원오행
역(력)	6	暘	해 반짝 날 역, 해돋이 양	日	12	화
	7	驛	역 역	馬	23	화
	8	易	바꿀 역, 역서 역, 쉬울 이	日	8	화
	9	曆	책력 력(역)	日	16	화
	10	轢	칠 력(역), 삐걱거릴 력, 칠 력	車	22	화
	11	域	지경 역, 나라 역	土	11	토
	12	逆	거스릴 역, 어길 역	辵,辶	13	토
	13	力	힘 력(역)	力	2	토
	14	歷	지날 력(역), 책력 력(역)	止	16	토
	15	嶧	산 이름 역	山	16	토
	16	譯	번역할 역	言	20	금
	17	礫	조약돌 력(역), 뛰어날 락(낙)	石	20	금
	18	亦	또 역, 클 역, 겨드랑이 액	亠	6	수
	19	靂	벼락 력(역), 천둥 력	雨	24	수
	20	瀝	스밀 력(역), 거를 력, 받칠 력	水,氵	20	수
	21	洫	빨리 흐를 역, 도랑 혁	水,氵	12	수
연(련)	1	延	성씨,늘일연, 맞을연, 끌연	廴	7	토
	2	連	성씨 련(연), 잇닿을 련(연), 맺을 련	辵,辶	14	토
	3	燕	성씨, 제비 연, 편안할 연	灬	16	화
	4	嬿	성씨 연, 여자의 자태 연	女	15	토
	5	宴	잔치 연	宀	10	목
	6	兗	바를 연, 땅 이름 연, 강이름 연	儿	9	목
	7	兖	바를 연, 땅 이름 연, 兗자와 통용어	儿	8	목
	8	椽	서까래 연	木	13	목

한글	번호	한자	뜻 풀 이	부수	획수	자원오행
연(련)	9	筵	대자리 연	竹	13	목
	10	莚	벋을 연, 풀 이름 연, 대자리 연	艸,++	13	목
	11	捐	버릴 연, 바칠 연	手,扌	12	목
	12	挻	늘일 연, 이길 선	手,扌	11	목
	13	縯	길(長) 연, 당길 연, 사람 이름 인	糸	17	목
	14	掾	인연 연, 뛰어쫓을 전	手,扌	13	목
	15	緣	인연 연, 부인 옷 이름 단	糸	15	목
	16	櫞	구연나무 연	木	19	목
	17	悁	성낼 연, 조급할 견	心,忄	11	화
	18	衍	넓을 연, 넘칠 연	行	9	화
	19	煙	연기 연, 제사 지낼 인	火	13	화
	20	烟	연기 연, 煙과 동자, 제사 지낼 인	火	10	화
	21	輭	연할 연	車	16	화
	22	軟	연할 연, 부드러울 연	車	11	화
	23	燃	탈 연, 태울 연, 불사를 연	火	16	화
	24	鳶	솔개 연	鳥	14	화
	25	然	그럴 연, 불탈 연	灬	12	화
	26	曣	청명할 연	日	20	화
	27	嬿	아름다울 연	女	19	토
	28	姢	빛날 연	女	10	토
	29	娟	예쁠 연	女	10	토
	30	姢	예쁠 연	女	9	토
	31	妍	고울 연	女	9	토
	32	姸	고울 연	女	7	토

한글	번호	한자	뜻 풀 이	부수	획수	자원오행
연(련)	33	堧	빈 터 연	土	12	토
	34	均	따를 연, 고를 균, 운 운	土	7	토
	35	埏	땅 가장자리 연, 이길 선	土	10	토
	36	讌	이야기할 연	言	23	금
	37	戭	창 인	戈	15	금
	38	瑌	옥돌 연	玉,王	14	금
	39	瓀	옥돌 연	玉,王	19	금
	40	研	갈 연, 벼루 연, 연구할 연, 관 이름 형	石	11	금
	41	硯	벼루 연, 윤기 경	石	11	금
	42	硯	벼루 연, 갈 연, 곱고 윤택한 돌	石	12	금
	43	醼	잔치 연	酉	23	금
	44	鉛	납 연	金	13	금
	45	淵	못 연, 깊을 연	水,氵	13	수
	46	渊	못 연, 淵과 통용어	水,氵	12	수
	47	嚥	삼킬 연	口	19	수
	48	演	펼 연	水,氵	15	수
	49	沿	물 따라갈 연, 따를 연	水,氵	9	수
	50	沇	강 이름 연, 흐를 유	水,氵	8	수
	51	涓	시내 연, 물방울 연	水,氵	11	수
	52	困	못 연	口	7	수
	53	渷	물 이름 연, 흐를 유	水,氵	13	수
	54	臙	연지 연, 목구멍 인	肉,月	22	수
	55	蜵	장구벌레 연	虫	15	수
	56	蠕	꿈틀거릴 연	虫	20	수

한글	번호	한자	뜻 풀 이	부수	획수	자원오행
열(렬)	1	裂	찢어질 렬	衣	12	목
	2	熱	더울 열	灬	15	화
	3	悅	기쁠 열	心, 忄	11	화
	4	烈	빛날 렬, 매울 렬	灬	10	화
	5	劣	못할 렬, 적을 렬	力	6	토
	6	說	기뻐할 열, 말씀 설, 달랠 세, 벗을 탈	言	14	금
	7	閱	볼 열, 셀 열, 살필 열, 검열할 열	門	15	금
	8	列	벌일 렬, 가지런할 렬	刂	6	금
	9	潷	물 흐르는 모양 열	水, 氵	15	수
	10	咽	목멜 열, 목구멍 인, 삼킬 연	口	9	수
	11	噎	목멜 열	口	15	수
	12	洌	맑을 렬, 물 이름 렬	水, 氵	10	수
염(렴)	1	廉	성씨, 청렴할 렴, 검소할 렴	广	13	목
	2	濂	성씨, 물 이름 렴(염), 경박할 섬	水, 氵	17	수
	3	閻	성씨, 마을 염, 번화한 거리 염	門	16	목
	4	苒	풀 우거질 염	艸, ++	11	목
	5	染	물들 염	木	9	목
	6	扊	문빗장 염	戶	12	목
	7	檿	산뽕나무 염	木	18	목
	8	懕	편안할 염	心	18	화
	9	魘	잠꼬대할 염, 가위눌릴 엽	鬼	24	화
	10	髥	구레나룻 염	髟	14	화
	11	炎	불꽃 염, 아름다울 담	火	8	화
	12	焰	불꽃 염	火	12	화

한글	번호	한자	뜻 풀 이	부수	획수	자원오행
염(렴)	13	艶	고울 염	色	19	토
	14	艶	고울 염	色	24	토
	15	冉	나아갈 염	冂	5	토
	16	琰	옥 염	玉,王	13	금
	17	鹽	소금 염	鹵	24	수
	18	厭	싫어할 염, 누를 엽, 빠질 암	厂	14	수
	19	簾	발 렴, 주렴 염	竹	17	수
	20	濂	젖을 렴, 물이 질척할 렴	水,氵	17	수
	21	殮	염할 렴, 빈소 렴	歹	17	수
	22	灩	출렁거릴 염	水,氵	27	수
	23	饜	포식할 염	食	23	수
	24	黶	사마귀 염, 검은 점 암	黑	26	수
엽(렵)	1	葉	잎 엽, 땅 이름 섭, 책 접	艸,++	15	목
	2	燁	빛날 엽	火	16	화
	3	曄	빛날 엽	日	16	화
	4	曅	빛날 엽	日	16	화
	5	爗	빛날 엽	火	20	화
	6	熀	이글거릴 엽, 이글거릴 황	火	14	화
	7	靨	보조개 엽	面	23	화
영(령)	1	永	성씨,, 길 영, 읊을 영	水	5	수
	2	影	성씨, 그림자 영, 형상 영	彡	15	화
	3	穎	이삭 영, 빼어날 영	禾	16	목
	4	纓	갓끈 영	糸	23	목
	5	楹	기둥 영, 원활할 영	木	13	목

한글	번호	한자	뜻 풀 이	부수	획수	자원오행
영(령)	6	英	꽃부리 영, 뛰어날 영, 못자리의 모 양	艸,++	11	목
	7	榮	영화 영, 꽃 영	木	14	목
	8	栄	영화 영, 꽃 영, 榮과 통용어	木	9	목
	9	荣	영화 영, 꽃 영, 약초 이름 송	艸,++	10	목
	10	睲	똑바로 볼 영, 어두울 경	目	12	목
	11	楧	나무 이름 영	木	9	목
	12	縈	얽힐 영	糸	16	목
	13	暎	비칠 영, 희미할 앙	日	13	화
	14	映	비칠 영, 희미할 앙	日	9	화
	15	營	경영할 영, 다스릴 영	火	17	화
	16	煐	빛날 영	火	13	화
	17	伶	영리할 령	亻	7	화
	18	怜	영리할 령	心,忄	9	화
	19	昤	날빛 영롱할 령, 햇빛 령	日	9	화
	20	令	령 령, 하여금 령	人	5	화
	21	領	거느릴 령, 고개 령	頁	14	화
	22	郢	초나라 서울 영	邑,阝(우)	14	토
	23	嬰	어린아이 영	女	17	토
	24	嬴	찰 영,	女	16	토
	25	嶸	가파를 영	山	17	토
	26	塋	무덤 영	土	13	토
	27	迎	맞을 영	辵,辶	11	토
	28	姈	슬기로울 영(령)	女	8	토
	29	嶺	고개 령, 재령	山	17	토

한글	번호	한자	뜻 풀 이	부수	획수	자원오행
영(령)	30	嬴	찰 영	女	16	토
	31	瓔	옥돌 영	玉,王	22	금
	32	詠	읊을 영	言	12	금
	33	瑛	옥빛 영	玉,王	14	금
	34	瑩	밝을 영, 옥빛 영, 의혹할 형, 옥돌 옥	玉,王	15	금
	35	鍈	방울 소리 영, 방울 소리 앙	金	17	금
	36	玲	옥소리 령	玉,王	10	금
	37	鈴	방울 령	金	13	금
	38	齡	나이 령	齒	20	금
	39	韺	풍류 이름 영	音	18	금
	40	碤	물속 돌 영	石	14	금
	41	涅	거침없이 흐를 영, 거침없이 흐를 정	水,氵	11	수
	42	濚	물이 졸졸 흐를 영	水,氵	18	수
	43	瀯	혹 영	广	22	수
	44	咏	읊을 영, 노래할 영	口	8	수
	45	朠	달빛 영	肉,月	15	수
	46	蠑	영원 영, 도룡용 영	虫	20	수
	47	霙	진눈깨비 영	雨	17	수
	48	瀛	바다 영, 늪 속 영	水,氵	20	수
	49	潁	강 이름 영	水	15	수
	50	泳	헤엄칠 영	水,氵	9	수
	51	盈	찰 영, 가득할 영	皿	9	수
	52	瀠	물 졸졸 흐를 영, 물소리 영	水,氵	21	수
	53	濙	물이 졸졸 흐를 영, 물 돌아나갈 영	水,氵	18	수

한글	번호	한자	뜻 풀 이	부수	획수	자원오행
영(령)	54	渶	물 맑을 영	水,氵	13	수
	55	零	이슬비 령, 떨어질 령	雨	13	수
	56	靈	신령 령	雨	24	수
	57	한자없음				
예(례)	1	芮	성씨 예, 나라 이름 열	艸,++	10	목
	2	艾	쑥 예, 다스릴 예	艸,++	8	목
	3	禮	예도 례	示,礻	18	목
	4	埶	재주 예, 심을 예	土	21	토
	5	藝	재주 예, 심을 예	艸,++	21	목
	6	芸	재주 예, 심을 예, 평지 운	艸,++	10	목
	7	蓺	재주 예, 심을 예, 형세 세	土	11	토
	8	裔	후손 예	衣	13	목
	9	穢	더러울 예	禾	18	목
	10	蓺	심을 예	艸,++	17	목
	11	睿	슬기 예	目	14	목
	12	蘂	꽃술 예, 모일 전	艸,++	20	목
	13	橤	꽃술 예	木	16	목
	14	蕊	꽃술 예, 모일 전	艸,++	18	목
	15	帠	법 예	巾	9	목
	16	兒	다시 난 이 예, 아이 아	儿	8	목
	17	拽	끌 예, 끌 열	手,扌	10	목
	18	掜	비길 예	手,扌	12	목
	19	枘	장부 예, 싹 날 논	木	8	목
	20	睨	곁눈질 할 예	目	13	목

한글	번호	한자	뜻 풀 이	부수	획수	자원오행
예(례)	21	瞖	흐릴 예	目	16	목
	22	繠	창전대 예	糸	17	목
	23	薉	거칠 예	艹,++	19	목
	24	鷖	갈매기 예	鳥	22	화
	25	倪	어린이 예, 흘겨볼 예, 다시 난 이 예	亻	10	화
	26	羿	사람 이름 예, 평탄할 예	羽	9	화
	27	曳	끌 예, 고달플 예	日	6	화
	28	預	맡길 예, 미리 예	頁	13	화
	29	例	법식 례	亻	8	화
	30	郳	나라 이름 예	邑,阝(우)	15	토
	31	嫛	갓난아이 예	女	14	토
	32	獩	민족 이름 예	犬,犭	17	토
	33	猊	사자(獅子 : 짐승) 예, 부처가 앉는 자리 예	犬,犭	11	토
	34	猊	사자(獅子 : 짐승) 예, 부처가 앉는 자리 예	犬,犭	11	토
	35	堄	성가퀴(성 위에 낮게 쌓은 담) 예	土	11	토
	36	嫕	유순할 예	女	14	토
	37	銳	날카로울 예, 창 태	金	15	금
	38	刈	풀 벨 예	刂	4	금
	39	譽	기릴 예, 명예 예	言	21	금
	40	詣	이를 예, 도착할 예	言	13	금
	41	玴	옥돌 예	玉,王	10	금
	42	乂	벨 예, 어질 예, 다스릴 예, 징계할 애	丿	2	금
	43	嬖	다스릴 예	辛	15	금
	44	叡	밝을 예, 임금 예	又	16	수

한글	번호	한자	뜻 풀 이	부수	획수	자원오행
예(례)	45	叡	밝을 예	又	19	수
	46	睿	밝을 예, 준설할 준	谷	12	수
	47	瘱	고요할 예	广	16	수
	48	豫	미리 예, 펼 서	豕	16	수
	49	汭	물굽이 예, 해 돈	水, 氵	8	수
	50	濊	종족 이름 예, 깊을 예, 넉넉할 예, 그물 던지는 소리 활	水, 氵	16	수
	51	霓	무지개 예, 무지개 역	雨	16	수
	52	汻	물가 예	水, 氵	12	수
	53	囈	잠꼬대 예	口	22	수
	54	翳	깃일산 예	羽	17	수
	55	蚋	파리매 예	虫	10	수
	56	蜺	애매미 예	虫	14	수
	57	鯢	도롱뇽 예	魚	19	수
	58	한자없음				
오	1	吳	성씨, 큰소리칠 화	口	7	수
	2	伍	성씨, 다섯 사람 오	亻	6	화
	3	筽	버들고리 오	竹	13	목
	4	奧	깊을 오, 아랫목 오, 따뜻할 욱	大	13	목
	5	梧	오동나무 오, 악기 이름 어	木	11	목
	6	寤	잠 깰 오	宀	14	목
	7	捂	거스를 오	手, 扌	11	목
	8	莫	풀 이름 오, 들깨 어	艸, ++	13	목
	9	襖	웃옷 오	衣, 衤	19	목

한글	번호	한자	뜻 풀 이	부수	획수	자원오행
오	10	旿	밝을 오	日	8	화
	11	俉	맞이할 오	亻	9	화
	12	懊	한할 오, 슬플 욱	心,忄	16	화
	13	悟	깨달을 오	心,忄	11	화
	14	熬	볶을 오	灬	15	화
	15	惡	미워할 오, 악할 악	心	12	화
	16	晤	총명할 오, 만날 오	日	11	화
	17	午	낮 오	十	4	화
	18	烏	까마귀 오, 나라 이름 아	灬	10	화
	19	傲	거만할 오	亻	13	화
	20	燠	불 오, 따뜻할 욱, 위로할 우	火	11	화
	21	忤	거스를 오	心,忄	8	화
	22	慠	오만할 오	心,忄	15	화
	23	聱	듣지 아니할 오	耳	17	화
	24	驁	준마 오	馬	21	화
	25	䫨	높고 클 오	頁	20	화
	26	仵	짝 오	亻	6	화
	27	俣	갈래지을 오, 클 우	亻	9	화
	28	獒	개 오, 맹견 오	犬	15	토
	29	五	다섯 오	二	5	토
	30	娛	즐길 오, 기쁠 오	女	10	토
	31	塢	둑 오, 마을 오	土	13	토
	32	隩	물가 오, 물가 욱	土	16	토
	33	迃	굽을 오, 에돌 우	辵,辶	10	토

한글	번호	한자	뜻 풀 이	부수	획수	자원오행
오	34	迕	만날 오, 거스를 오	辵,辶	11	토
	35	遨	놀 오	辵,辶	18	토
	36	隩	물굽이 오, 거처 욱	阜,阝(좌)	21	토
	37	圬	흙손 오	土	6	토
	38	嫯	교만할 오	女	14	토
	39	謷	헐뜯을 오	言	18	금
	40	鏊	번철 오	金	19	금
	41	鏖	오살할 오	金	19	금
	42	珸	옥돌 오	玉,王	12	금
	43	誤	그르칠 오, 잘못할 오	言	14	금
	44	敖	거만할 오, 놀 오, 시끄러울 오	攵	11	금
	45	澳	깊을 오, 후미 욱	水,氵	17	수
	46	汚	더러울 오, 구부릴 우, 팔 와	水,氵	7	수
	47	嗚	슬플 오, 새소리 오	口	13	수
	48	浯	강 이름 오	水,氵	11	수
	49	蜈	지네 오	虫	13	수
	50	鼇	자라 오	黽	24	수
	51	鰲	자라 오	魚	22	수
	52	吾	나 오, 당신 오, 친하지 않을 어, 땅 이름 아	口	7	수
	53	汙	더러울 오, 구부릴 우, 팔 와	水,氵	7	수
	54	窹	부엌 오	穴	16	수
	55	唔	글 읽는 소리 오	口	10	수
	56	嗷	시끄러울 오	口	14	수
	57	噁	미워할 오, 악할 악	口	15	수

한글	번호	한자	뜻 풀 이	부수	획수	자원오행
오	58	鼯	날다람쥐 오	鼠	20	수
옥	1	玉	성씨, 구슬 옥	玉,王	5	금
	2	屋	집 옥, 휘장 악	尸	9	목
	3	獄	옥 옥	犬,犭	14	토
	4	鈺	보배 옥	金	13	금
	5	沃	기름질 옥, 물 댈 옥	水,氵	8	수
온	1	溫	성씨, 따뜻할 온	水,氵	14	수
	2	縕	헌솜 온	糸	16	목
	3	蘊	쌓을 온	艸,++	22	목
	4	穩	편안할 온, 편안할 은	禾	19	목
	5	稳	편안할 온, 편안할 은	禾	14	목
	6	榲	기둥 온, 올밤 올	木	14	목
	7	馧	향기로울 온	香	19	목
	8	薀	붕어마름 온, 쌓을 온	艸,++	19	목
	9	穩	성한 모양 온	禾	15	목
	10	한자없음	어질 온	皿	10	목
	11	昷	어질 온	日	9	화
	12	慍	성낼 온	心,忄	14	화
	13	熅	숯불 온	火	14	화
	14	轀	수레 온	車	17	화
	15	媼	할머니 온, 할머니 오	女	12	토
	16	媪	할머니 온	女	13	토
	17	瑥	사람 이름 온	玉,王	15	금
	18	醖	빚을 온	酉	17	금

한글	번호	한자	뜻 풀 이	부수	획수	자원오행
온	19	韞	감출 온, 감출 운	韋	19	금
	20	瘟	염병 온	疒	15	수
	21	饂	보리를 서로 먹을 온, 배불리 먹을 안	食	19	수
	22	氳	기운 어릴 온	气	14	수
올	1	兀	우뚝할 올	儿	3	목
	2	杌	나무 그루터기 올	木	7	목
	3	嗢	목멜 올	口	13	수
	4	腽	살질 올	肉,月	16	수
옹	1	邕	성씨, 막힐 옹, 화할 옹, 화목할 옹	邑	10	토
	2	雍	성씨, 온화할 옹, 누그러질 옹	隹	13	화
	3	擁	낄 옹, 안을 옹, 가릴 옹	手,扌	17	목
	4	廱	학교 옹	广	21	목
	5	蓊	장다리 옹	艸,++	16	목
	6	雝	화락할 옹	隹	18	화
	7	顒	엄숙할 옹	頁	18	화
	8	翁	늙은이 옹	羽	10	화
	9	禺	땅 이름 옹, 긴꼬리원숭이 우	内	9	토
	10	壅	막을 옹	土	16	토
	11	瓮	독 옹, 항아리 옹	瓦	9	토
	12	甕	독 옹, 단지 옹	瓦	18	토
	13	罋	항아리 옹	缶	19	토
	14	喁	벌름거릴 옹, 화답할 우	口	12	수
	15	滃	구름 일 옹	水,氵	14	수
	16	癰	악창 옹	疒	18	수

한글	번호	한자	뜻 풀 이	부수	획수	자원오행
옹	17	癰	악창 옹	广	23	수
	18	饔	아침밥 옹	食	22	수
와	1	枙	옹이 와, 멍에 액	木	8	목
	2	萵	상추 와	艸,++	15	목
	3	臥	누울 와, 쉴 와	臣	8	화
	4	瓦	기와 와	瓦	5	토
	5	婐	날씬할 와, 모실 과	女	11	토
	6	猧	발바리 와	犬,犭	13	토
	7	譌	잘못될 와, 속일 궤	言	19	금
	8	訛	그릇될 와	言	11	금
	9	蝸	달팽이 와	虫	15	수
	10	渦	소용돌이 와, 강 이름 과	水,氵	12	수
	11	蛙	개구리 와, 개구리 왜, 두견이 결	虫	12	수
	12	窩	움집 와	穴	14	수
	13	窪	웅덩이 와	穴	14	수
	14	哇	토할 와, 노래할 규, 목멜 화	口	9	수
	15	囮	후림새 와, 후림새 유	口	7	수
	16	窊	우묵할 와	穴	10	수
	17	洼	웅덩이 와, 물 이름 왜, 구울 외, 성씨 규	水,氵	10	수
완	1	阮	성씨, 나라 이름 원	阜,阝	11	토
	2	完	완전할 완	宀	7	목
	3	緩	느릴 완, 느슨할 완	糸	15	목
	4	椀	주발 완	木	12	목
	5	梡	도마 완, 도마 관, 문지를 환	木	11	목

한글	번호	한자	뜻 풀 이	부수	획수	자원오행
완	6	宛	완연할 완, 굽을 완, 마치 완, 고을 이름 원, 쌓일 온, 맺힐 울	宀	8	목
	7	莞	빙그레 웃을 완, 왕골 완, 땅 이름 관, 왕골 관, 빙그레 웃을 환	艸,++	13	목
	8	抏	꺾을 완	手,扌	8	목
	9	杬	나무 이름 원, 어루만질 완	木	8	목
	10	忨	희롱할 완	心,忄	8	화
	11	惋	한탄할 완	心,忄	12	화
	12	翫	희롱완, 가지고 놀 완, 기뻐할 할 완	羽	15	화
	13	頑	완고할 완	頁	13	화
	14	豌	완두 완	豆	15	화
	15	婠	품성 좋을 완, 예쁠 완, 몸 맵시 완	女	11	토
	16	妧	좋을 완	女	7	토
	17	岏	산 뾰족할 완	山	7	토
	18	埦	바를 완, 바를 환	土	10	토
	19	婉	순할 완, 아름다울 완	女	11	토
	20	刓	깎을 완	刂	6	금
	21	盌	주발 완	皿	10	금
	22	琬	홀 완, 아름다운 옥 완	玉,王	13	금
	23	玩	희롱할 완, 놀 완, 익힐 완	玉,王	9	금
	24	琓	옥 이름 완, 서옥 완	玉,王	12	금
	25	碗	사발 완, 주발 완	石	13	금
	26	鋺	주발 완, 저울판 원	金	16	금
	27	浣	물 굽이쳐 흐를 완, 더럽힐 와, 내 이름 원	水,氵	12	수

한글	번호	한자	뜻 풀 이	부수	획수	자원오행
완	28	腕	팔뚝 완	肉,月	14	수
	29	脘	밥통 완, 위 완, 살 한, 뼈 기름 환	肉,月	13	수
	30	浣	빨 완, 씻을 완, 수준기 관	水,氵	11	수
왈	1	曰	가로 왈	曰	4	화
왕	1	王	성씨, 임금 왕, 옥 옥	玉,王	5	금
	2	枉	굽을 왕, 미칠 광	木	8	목
	3	往	갈 왕	彳	8	화
	4	旺	왕성할 왕	日	8	화
	5	迬	갈 왕	辵,辶	12	토
	6	汪	넓을 왕	水,氵	8	수
	7	瀇	깊을 왕, 깊을 황	水,氵	19	수
왜	1	倭	왜나라 왜, 구불구불할 위, 나라 이름 와	亻	10	화
	2	歪	기울 왜, 기울 외	止	9	토
	3	娃	예쁠 왜, 예쁠 와	女	9	토
	4	媧	사람 이름 왜, 사람 이름 와, 사람 이름 과	女	12	토
	5	矮	난쟁이 왜	矢	13	금
외	1	外	바깥 외	夕	5	화
	2	畏	두려워할 외	田	9	화
	3	偎	가까이할 외	亻	11	화
	4	煨	묻은 불 외	火	13	화
	5	嵬	높고 클 외	山	21	토
	6	猥	외람할 외, 함부로 외, 뒤섞일 외	犬,犭	13	토
	7	嵔	높을 외	山	21	토

한글	번호	한자	뜻 풀 이	부수	획수	자원오행
외	8	崣	꾸불꾸불할 외, 산이 높고 아래가 험한 모양 위	山	12	토
	9	崴	높을 외, 산 모양 위	山	12	토
	10	隗	높을 외	阜,阝(좌)	18	토
	11	磈	돌 우툴두툴할 외, 돌 우툴두툴할 위	石	14	금
	12	磈	돌 외, 돌무더기 괴	石	15	금
	13	渨	빠질 외, 흐릴 위	水,氵	13	수
	14	聵	귀머거리 외, 귀머거리 회	耳	18	수
요(료)	1	姚	성씨, 예쁠 요, 경솔할 조	女	9	토
	2	橈	굽을 요(뇨), 노 요(뇨)	木	16	목
	3	樂	좋아할 요, 즐길 락(낙), 노래 악	木	15	목
	4	拗	우길 요, 꺾을 요, 누를 욱	手,扌	9	목
	5	搖	흔들 요, 움직일 요	手,扌	14	목
	6	繇	역사 요, 말미암을 유, 점사 주	糸	17	목
	7	徭	역사 요	彳	13	화
	8	繞	두를 요	糸	18	목
	9	擾	시끄러울 요, 어지로울 요, 움직일 우	手,扌	19	목
	10	祅	재앙 요	示,礻	9	목
	11	蕘	땔나무 요	艸,++	18	목
	12	傜	날씬할 요	亻	11	화
	13	徭	돌 요	亻	16	화
	14	鷂	새매 요	鳥	21	화
	15	僥	요행 요, 바랄 요, 속일 교	亻	14	화
	16	暚	햇빛 요	日	14	화

한글	번호	한자	뜻 풀 이	부수	획수	자원오행
	17	凹	오목할 요	凵	5	화
	18	爍	빛날 요, 녹일 삭	火	18	화
	19	耀	빛날 요	羽	20	화
	20	曜	빛날 요	日	18	화
	21	料	셀 료(요), 헤아릴 료(요)	斗	10	화
	22	僚	동료 료(요), 예쁠 료(요)	亻	14	화
	23	堯	요임금 요	土	12	토
	24	邀	맞을 요, 부를 요	辵,辶	19	토
	25	嶢	높을 요	山	15	토
	26	妖	요사할 요	女	7	토
	27	遙	멀 요	辵,辶	17	토
요(료)	28	坳	우묵할 요	土	8	토
	29	墝	메마른 땅 요	土	15	토
	30	嬈	번거로울 요(뇨),아리따울 요	女	15	토
	31	遶	두를 요	辵,辶	19	토
	32	要	요긴할 요, 구할 요	襾	9	금
	33	瑤	아름다운 옥 요	玉,王	15	금
	34	謠	노래 요	言	17	금
	35	了	마칠 료(요), 밝을 료(요)	亅	2	금
	36	腰	허리 요	肉,月	15	수
	37	饒	넉넉할 요	食,𩙿	21	수
	38	窈	고요할 요, 그윽할 요, 고상할 요	穴	10	수
	39	窯	기와 가마 요	穴	15	수

한글	번호	한자	뜻 풀 이	부수	획수	자원오행
요(료)	40	夭	일찍 죽을 요, 어릴 요, 어린아이 오, 땅 이름 옥, 예쁠 외	大	4	수
	41	蟯	요충 요	虫	18	수
	42	嘵	벌레 소리 요	口	12	수
	43	幺	작을 요	幺	3	수
	44	殀	일찍 죽을 요	歹	8	수
	45	澆	물 댈 요	水, 氵	16	수
	46	窔	깊을 요	穴	9	수
	47	窅	움펑눈 요, 한탄하고 원망하는 모양 면	穴	10	수
욕	1	褥	요 욕	衣, 衤	16	목
	2	縟	꾸밀 욕	糸	16	목
	3	欲	하고자 할 욕	欠	11	목
	4	蓐	깔개 욕	艸, ++	16	목
	5	慾	욕심 욕	心	15	화
	6	辱	욕될 욕	辰	10	토
	7	浴	목욕할 욕	水, 氵	11	수
	8	溽	젖을 욕	水, 氵	14	수
용(룡)	1	龍	성씨, 임금 룡(용), 용 룡(용)	龍	16	토
	2	宂	한가로울 용	宀	5	목
	3	槦	나무 이름 용	木	15	목
	4	茸	풀 날 용, 녹용 용, 버섯 이	艸, ++	12	목
	5	榕	벵골보리수 용, 목나무 용	木	14	목
	6	庸	떳떳할 용, 쓸 용	广	11	목
	7	蓉	연꽃 용	艸, ++	16	목

한글	번호	한자	뜻 풀 이	부수	획수	자원오행
용(룡)	8	容	얼굴 용	宀	10	목
	9	慵	게으를 용	心,忄	15	화
	10	憃	천치 용, 어리석을 창, 어리석을 송	心	15	화
	11	熔	쇠 녹일 용, 鎔자와 통용어	火	14	화
	12	鎔	쇠 녹일 용	金	18	금
	13	傭	품 팔 용, 고를 총	亻	13	화
	14	傛	익숙할 용	亻	12	화
	15	聳	솟을 용, 두려워할 송	耳	17	화
	16	俑	목우 용, 허수아비 용	亻	9	화
	17	慂	권할 용	心	14	화
	18	嶸	산 이름 용	山	13	토
	19	舂	찧을 용	臼	11	토
	20	踊	뛸 용	足	14	토
	21	埇	길 돋울 용	土	10	토
	22	勇	날랠 용	力	9	토
	23	墉	담 용, 벽 용	土	14	토
	24	鏞	쇠북 용	金	19	금
	25	瑢	패옥 소리 용	玉,王	15	금
	26	聅	사나울 용	戈	10	금
	27	硧	숫돌 용, 갈 동	石	12	금
	28	溶	녹을 용	水,氵	14	수
	29	冗	쓸데없을 용	冖	4	수
	30	甬	길 용, 대롱 동	用	7	수
	31	用	쓸 용	用	5	수

한글	번호	한자	뜻 풀 이	부수	획수	자원오행
용(룡)	32	涌	물 솟을 용	水, 氵	11	수
	33	湧	물 솟을 용, 샘 못을 용, 성할 용	水, 氵	13	수
	34	蛹	번데기 용	虫	13	수
	35	踊	뛸 용	足	16	수
우	1	禹	성씨, 하우씨 우, 펼우, 임금우	内	9	토
	2	于	성씨, 어조사 우, 이지러질 휴	二	3	수
	3	宇	집 우	宀	6	목
	4	扜	당길 우, 지휘할 우, 가질 우	手, 扌	7	목
	5	藕	연뿌리 우	艸, ++	21	목
	6	寓	부칠 우, 머무를 우, 숙소 우	宀	12	목
	7	厲	부칠 우	广	12	목
	8	虞	염려할 우, 헤아릴 우, 나라 이름 우	虍	13	목
	9	芋	토란 우, 클 후	艸, ++	9	목
	10	紆	굽을 우	糸	9	목
	11	杅	사발 우	木	7	목
	12	盱	쳐다볼 우	目	8	목
	13	竽	피리 우	竹	9	목
	14	耦	나란히 갈 우	耒	15	목
	15	耰	곰방메 우	耒	21	목
	16	祐	복 우, 도울 우	示, 礻	10	금
	17	禑	복 우	示, 礻	14	목
	18	佑	도울 우	亻	7	화
	19	惆	공경할 우	心, 忄	13	화
	20	優	넉넉할 우, 뛰어날 우	亻	17	화

한글	번호	한자	뜻 풀 이	부수	획수	자원오행
우	21	燠	위로할 우, 따뜻할 욱, 불 오	火	17	화
	22	旴	클 우, 새벽 우, 해돋을 우	日	7	화
	23	俁	클 우, 모양 장대할 우	亻	9	화
	24	憂	근심 우	心	15	화
	25	羽	깃 우, 늦출 호	羽	6	화
	26	偶	짝 우	亻	11	화
	27	愚	기쁠 우	心,忄	13	화
	28	愚	어리석을 우	心	13	화
	29	禹	날 우	亠	12	화
	30	偶	혼자 걸을 우	亻	11	화
	31	牛	소 우	牛	4	토
	32	迂	에돌 우, 굽을 오	辵,辶	10	토
	33	邘	땅 이름 우	邑,阝(우)	10	토
	34	堣	모퉁이 우, 땅 이름 우	土	12	토
	35	隅	모퉁이 우, 기슭 우	阜,阝	17	토
	36	圩	오목할 우	土	6	토
	37	尤	더욱 우	尢	4	토
	38	遇	만날 우	辵,辶	16	토
	39	郵	우편 우	阜,阝	15	토
	40	嵎	산굽이 우	山	12	토
	41	踽	외로울 우	足	16	토
	42	麀	암사슴 우	鹿	13	토
	43	麌	수사슴 우	鹿	18	토
	44	釪	창고달 우	金	11	금

한글	번호	한자	뜻 풀 이	부수	획수	자원오행
우	45	瑀	패옥 우, 옥돌 우	玉,王	14	금
	46	盂	사발 우	皿	8	금
	47	玗	옥돌 우	玉,王	8	금
	48	盓	물 소용돌이쳐 흐를 우	皿	11	금
	49	譃	망령될 우, 어영차 후	言	18	금
	50	鍝	톱 우	金	17	금
	51	齲	충치 우	齒	24	금
	52	霬	물소리 우, 깃 우	雨	14	수
	53	雨	비 우	雨	8	수
	54	宋	비 우, 雨와 통용어	水	7	수
	55	雩	기우제 우	雨	11	수
	56	又	또 우	又	2	수
	57	右	오른쪽 우, 도울 우	口	5	수
	58	友	벗 우	又	4	수
	59	吁	탄식할 우, 부를 유	口	6	수
	60	疣	혹 우	疒	9	수
욱	1	栯	산앵두 욱, 나무 이름 유	木	10	목
	2	稶	서직 욱, 무성할 욱	禾	13	목
	3	穘	서직 무성할 욱, 稶와 통용어	禾	15	목
	4	燠	따뜻할 욱, 위로할 우, 불 오	火	17	화
	5	彧	문채날 욱,	彡	10	화
	6	旭	아침 해 욱	日	6	화
	7	煜	빛날 욱, 빛날 육	火	13	화
	8	昱	햇빛 밝을 욱	日	9	화

| 인명용 한자

한글	번호	한자	뜻 풀 이	부수	획수	자원오행
욱	9	項	삼갈 욱, 뒤통수 옥	頁	13	화
	10	郁	성할 욱, 문채날 욱, 향기날 욱, 답답할 울, 울창할 울	邑, 阝	13	토
	11	勖	힘쓸 욱	力	11	토
	12	한자없음				
운	1	芸	성씨, 재주 예, 심을 예, 평지 운	艸, ++	10	목
	2	雲	성씨, 구름 운	雨	12	수
	3	夽	높을 운, 클 운	大	7	목
	4	耘	김맬 운, 없엘 운	耒	10	목
	5	篔	왕대 운	竹	16	목
	6	簤	왕대 운, 篔의 통용어	竹	18	목
	7	橒	나무 무늬 운	木	16	목
	8	蕓	평지 운	艸, ++	18	목
	9	紜	어지러울 운	糸	10	목
	10	顛	둥글 운, 둥글 혼	頁	19	화
	11	惲	혼후할 운	心, 忄	13	화
	12	暈	어지러울 운, 달무리 운, 무리 훈	日	13	화
	13	煴	노란 모양 운	火	14	화
	14	隕	떨어질 운, 잃을 운, 둘레 원	阜, 阝(좌)	17	토
	15	運	옮길 운, 움직일 운	辵, 辶	16	토
	16	鄆	나라 이름 운	邑, 阝(우)	17	토
	17	韵	운 운	音	13	금
	18	賱	넉넉할 운	貝	16	금
	19	韻	음운 운, 울림 운	音	19	금

한글	번호	한자	뜻 풀 이	부수	획수	자원오행
운	20	竇	떨어질 운, 구름이 일 운	穴	15	수
	21	澐	큰 물결 운	水, 氵	16	수
	22	云	이를 운, 구름 운	二	4	수
	23	沄	돌아흐를 운, 소용돌이 칠 운	水, 氵	8	수
	24	殞	죽을 운, 떨어질 운	歹	14	수
	25	員	더할 운, 인원 원	口	10	수
	26	霣	떨어질 운, 우레 곤	雨	18	수
울	1	鬱	답답할 울, 울창할 울	鬯	29	목
	2	蔚	고을 이름 울, 제비쑥 위	艸,++	17	목
	3	菀	무성할 울, 자완 완, 동산 원, 쌓일 운	艸,++	14	목
	4	乭	울 울자로 우리나라에서 만든글자인데, 컴퓨터에 없음.	乙	4	목
웅	1	熊	곰 웅, 빛날웅, 세발 자라 내	灬	14	화
	2	雄	수컷 웅	隹	12	화
원	1	元	성씨, 으뜸 원	儿	4	목
	2	袁	성씨, 옷 치렁거릴 원	衣	10	목
	3	杬	나무 이름 원, 어루만질 완	木	8	목
	4	笎	대무늬 원	竹	10	목
	5	援	도울 원, 당길 원, 취할 원	手,扌	13	목
	6	爰	이에 원	爪	9	목
	7	寃	원통할 원, 冤과 통용어	宀	11	목
	8	褑	패옥 띠 원	衣,衤	15	목
	9	苑	나라 동산 원, 막힐 울	艸,++	11	목
	10	楥	신골 원	木	13	목

한글	번호	한자	뜻 풀 이	부수	획수	자원오행
원	11	芫	팥꽃나무 원	艸,++	10	목
	12	薗	동산 원	艸,++	19	목
	13	願	원할 원	頁	19	화
	14	愿	원할 원, 정성 원	心	14	화
	15	怨	원망할 원, 쌓을 온	心	9	화
	16	鴛	원앙 원	鳥	16	화
	17	轅	끌채 원	車	17	화
	18	俒	즐거워할 원	亻	10	화
	19	騵	절따말 원	馬	20	화
	20	鵷	원추새 원	鳥	19	화
	21	邍	넓은 들판 원	辵,辶	23	토
	22	猨	원숭이 원	犬,犭	13	토
	23	黿	자라 원	黽	17	토
	24	嫄	사람 이름 원	女	13	토
	25	遠	멀 원	辵,辶	17	토
	26	猿	원숭이 원	犬,犭	14	토
	27	媛	여자 원, 아리따울 원,	女	12	토
	28	阮	나라 이름 원, 성씨 완	阜,阝(좌)	12	토
	29	原	언덕 원, 근원 원, 근본 원	厂	10	토
	30	婉	순할 원, 예쁠 원, 아름다울 완	女	11	토
	31	院	집 원, 담 원	阜,阝(좌)	15	토
	32	垣	담 원	土	9	토
	33	貟	수효 원, 員과 통용어	貝	9	금
	34	鋺	저울판 원, 주발 완	金	16	금

한글	번호	한자	뜻 풀 이	부수	획수	자원오행
원	35	瑗	구슬 원, 도리옥 원	玉,王	14	금
	36	諑	천천히 말할 원	言	17	금
	37	蜿	굼틀거릴 원, 굼틀거릴 완	虫	14	수
	38	員	인원 원, 수효원, 둥글 원, 더할 운	口	10	수
	39	洹	물 이름 원, 세차게 흐를 환	水,氵	10	수
	40	圓	둥글 원, 화폐 단위 엔	口	13	수
	41	沅	강 이름 원	水,氵	8	수
	42	朊	희미할 원	肉,月	8	수
	43	園	동산 원	口	13	수
	44	冤	원통할 원	冖	11	수
	45	源	근원 원	水,氵	14	수
	46	湲	물 흐를 원, 맑을 원	水,氵	13	수
월	1	粤	어조사 월	米	12	목
	2	越	넘을 월, 건널 월, 부들자리 활	走	12	화
	3	鉞	도끼 월, 방울 소리 월	金	13	금
	4	刖	벨 월	刂	6	금
	5	月	달 월	肉,月	4	수
위	1	韋	성씨, 가죽 위	韋	9	금
	2	魏	성씨, 나라 이름 위, 빼어날 외	鬼	18	화
	3	蔿	애기풀 위, 고을 이름 위	艸,++	18	목
	4	緯	씨줄 위, 경위 위	糸	15	목
	5	葦	갈대 위, 작은 배 위	艸,++	13	목
	6	萎	시들 위, 마름 위	艸,++	14	목
	7	褘	아름다울 위, 폐슬 휘	衣,衤	15	목

한글	번호	한자	뜻 풀 이	부수	획수	자원오행
위	8	幃	휘장 위	巾	12	목
	9	葳	둥굴레 위	艸,++	15	목
	10	闈	문 위	門	17	목
	11	熨	찜질할 위, 다릴 울	火	15	화
	12	衞	지킬 위	行	16	화
	13	位	자리 위, 임할 리(이)	亻	7	화
	14	暐	햇빛 위, 빛나는 모양 위	日	13	화
	15	衛	지킬 위, 衞와 통용어	行	15	화
	16	偉	클 위,	亻	11	화
	17	慰	위로할 위	心	15	화
	18	僞	거짓 위, 잘못 될 와	亻	14	화
	19	委	맡길 위	女	8	토
	20	威	위엄 위	女	9	토
	21	違	어긋날 위	辵,辶	16	토
	22	尉	벼슬 위, 위로할 위, 다리미 울	寸	11	토
	23	逶	구불구불 갈 위	辵,辶	15	토
	24	韡	활짝 필 위	韋	21	금
	25	諉	번거롭게 할 위	言	15	금
	26	韙	옳을 위	韋	18	금
	27	骫	굽을 위	骨	13	금
	28	瑋	옥 위	玉,王	14	금
	29	謂	이를 위, 고할 위	言	16	금
	30	爲	하 위, 할 위, 베풀 위	爪	12	금
	31	危	위태할 위	卩	6	금

한글	번호	한자	뜻 풀 이	부수	획수	자원오행
위	32	渭	물 이름 위, 강 이름 위	水,氵	13	수
	33	圍	에워쌀 위, 둘레 위, 나라 국	囗	12	수
	34	胃	밥통 위	肉,月	11	수
	35	蝟	고슴도치 위	虫	15	수
	36	喟	한숨 쉴 위	口	12	수
	37	痿	저릴 위	疒	13	수
	38	餧	먹일 위, 주릴 뇌	食	17	수
유(류)	1	兪,俞	성씨, 대답할 류(유)	入	9	토
	2	劉	성씨, 모금도 류(유), 죽일 류(유)	刂	15	금
	3	柳	성씨, 버들 류	木	9	목
	4	庾	성씨, 곳집 유, 노적가리 유	广	12	목
	5	楡	느릅나무 유, 옮길 유	木	13	목
	6	萸	수유 유, 풀 이름 유	艸,++	13	목
	7	維	벼리 유, 바유, 이을 유	糸	14	목
	8	裕	넉넉할 유, 너그러울 유	衣,衤	13	목
	9	由	말미암을 유, 여자의 웃는 모양 요	田	5	목
	10	宥	너그러울 유, 용서할 유, 도울 유,	宀	9	목
	11	秞	무성할 유, 곡식 유	禾	10	목
	12	柔	부드러울 유	木	9	목
	13	釉	광택 유	釆	12	목
	14	柚	유자 유, 바디 축	木	9	목
	15	楢	졸참나무 유	木	13	목
	16	揄	야유할 유, 끌어올릴 유, 요적옷 요	手,扌	13	목
	17	囿	동산 유	囗	9	목

한글	번호	한자	뜻 풀 이	부수	획수	자원오행
유(류)	18	蕤	꽃 유	艸,⁺⁺	18	목
	19	羰	꽃 유	生	12	목
	20	揉	주무를 유	手,扌	13	목
	21	帷	휘장 유	巾	11	목
	22	籲	부를 유, 부를 약	竹	32	목
	23	糅	섞을 유	米	15	목
	24	緌	갓끈 유	糸	14	목
	25	莠	가라지 유, 씀바귀 수	艸,⁺⁺	13	목
	26	薷	누린내풀 유	艸,⁺⁺	18	목
	27	褕	고울 유, 황후 옷 요, 속옷 두	衣,衤	15	목
	28	聏	교요할 유	耳	11	화
	29	悠	멀 유, 생각할 유	心	11	화
	30	儒	선비 유, 유학 유	亻	16	화
	31	曘	햇빛 유	日	18	화
	32	幼	어릴 유, 그윽할 요	幺	5	화
	33	愈	나을 유, 어질 유, 구차할 투	心	13	화
	34	侑	권할 유, 도울 유	亻	8	화
	35	惟	생각할 유, 그윽할 유	心,忄	12	화
	36	幽	그윽할 유, 검을 유	幺	9	화
	37	愉	즐거울 유, 구차할 투	心,忄	13	화
	38	籲	부를 유	龠	26	화
	39	壝	제단의 담 유	土	19	토
	40	逌	웃을 유	辵,辶	14	토
	41	猷	꾀할 유, 계략 유	犬	13	토

한글	번호	한자	뜻 풀 이	부수	획수	자원오행
유(류)	42	婑	짝 유	女	9	토
	43	遊	놀 유	辵,辶	16	토
	44	逾	넘을 유, 구차스러울 투	辵,辶	16	토
	45	蹂	밟을 유, 빠를 유	足	16	토
	46	踰	넘을 유, 지나갈 유, 멀 요	足	16	토
	47	婑	아리따울 유, 정숙할 와	女	11	토
	48	臾	잠깐 유, 권할 용	臼	9	토
	49	猶	오히려 유, 같을 유, 움직일 요	犬,犭	13	토
	50	遺	남길 유, 끼칠 유, 전할 유, 따를 수	辵,辶	19	토
	51	留	머무를 류(유)	田	10	토
	52	諭	타이를 유, 깨우칠 유	言	16	금
	53	鍮	놋쇠 유	金	17	금
	54	諛	아첨할 유	言	16	금
	55	攸	바 유, 다스릴 유	攴	7	금
	56	瑜	아름다운 옥 유	玉,王	14	금
	57	酉	닭 유, 열째 지지 유	酉	7	금
	58	誘	꾈 유, 달랠 유, 가르칠 유	言	14	금
	59	瑈	옥돌 유	玉,王	13	금
	60	瑈	옥 이름 유	玉,王	14	금
	61	讘	성낼 유, 속일 퇴	言	23	금
	62	鞣	가죽 유	革	18	금
	63	牖	들창 유, 바라지 유	片	15	수
	64	游	헤엄칠 유, 깃발 류(유)	水,氵	12	수

한글	번호	한자	뜻 풀 이	부수	획수	자원오행
유(류)	65	濡	적실 유, 젖을 유, 편안할 여, 유약할 연, 삶을 이, 머리 감을 난	水,氵	18	수
	66	唯	오직 유, 누구 수	口	11	수
	67	洧	강 이름 유, 물 이름 유	水,氵	10	수
	68	有	있을 유	肉,月	6	수
	69	癒	병 나을 유	疒	18	수
	70	孺	젖먹이 유	子	17	수
	71	乳	젖 유, 낳을 유	乙	8	수
	72	油	기름 유	水,氵	9	수
	73	喩	깨우칠 유, 알려줄 유,	口	12	수
	74	渜	깊을 유	水,氵	13	수
	75	流	흐를 류(유)	水,氵	11	수
	76	癒	병 나을 유	疒	18	수
	77	湙	물 이름 유	水,氵	13	수
	78	需	연할 연, 쓰일 수, 쓸 수	雨	14	수
	79	冘	망설일 유, 나아갈 임	冖	4	수
	80	呦	울 유	口	8	수
	81	泑	물빛 검을 유, 물 이름 요	水,氵	9	수
	82	鼬	족제비 유	鼠	18	수
	83	瘐	병들 유	疒	14	수
	84	窬	협문 유, 협문 두	穴	14	수
	85	窳	이지러질 유	穴	15	수
	86	腴	살찔 유	肉,月	15	수
	87	蚴	굼틀거릴 유	虫	11	수

한글	번호	한자	뜻 풀 이	부수	획수	자원오행
유(류)	88	蚰	그리마 유	虫	11	수
	89	蝤	하루살이 유, 나무굼벵이 추	虫	15	수
	90	黝	검푸른빛 유	黑	17	수
	91	鮪	참다랑어 유	魚	17	수
	92	한자없음				
육(륙)	1	陸	성씨, 뭍 륙(육), 언덕 육(륙), 육지 육(륙)	阜,阝	16	토
	2	儥	팔 육	亻	17	화
	3	毓	기를 육	毋	14	토
	4	六	여섯 륙(육)	八	6	토
	5	堉	기름진 땅 육	土	11	토
	6	育	기를 육	肉,月	10	수
	7	肉	고기 육, 둘레 유	肉,月	6	수
윤(륜)	1	尹	성씨, 다스릴 윤, 성실할 윤	尸	4	수
	2	閏	윤달 윤	門	15	목
	3	閏	윤달 윤	門	12	화
	4	閠	윤달 윤	門	13	목
	5	綸	벼리 륜(윤), 실 윤, 허리끈 관	糸	14	목
	6	橍	나무 이름 윤	木	16	목
	7	荺	연뿌리 윤	艸,艹	13	목
	8	昀	햇빛 윤	日	8	화
	9	徸	자손 윤	彳	11	화
	10	胤	자손 윤, 맏아들 윤, 이을 윤	肉,月	11	수
	11	倫	인륜 륜(윤)	亻	10	화
	12	侖	생각할 륜(윤), 둥글 륜(윤)	人	8	화

한글	번호	한자	뜻 풀 이	부수	획수	자원오행
윤(륜)	13	允	맏 윤, 진실로 윤, 마을 이름 연	儿	4	토
	14	阭	높을 윤	阜,阝(좌)	12	토
	15	崙	산 이름 륜(윤)	山	11	토
	16	贇	예쁠 윤, 예쁠 빈	貝	19	금
	17	玧	귀막이 구슬 윤, 붉은 구슬 문	玉,王	9	금
	18	鈗	병기 윤, 병기 예	金	12	금
	19	輪	바퀴 륜(윤)	車	15	금
	20	鋆	금 윤	金	15	금
	21	奫	물 깊고 넓을	大	15	수
	22	潤	불을 윤, 윤택할 윤	水,氵	16	수
	23	沇	흐를 유 윤	水,氵	8	수
율(률)	1	栗	밤 률(율), 두려워할 률(율), 찢을 렬(열)	木	10	목
	2	颶	큰바람 율	風	13	목
	3	鴥	빨리 날 율	鳥	16	화
	4	燏	빛날 율	火	16	화
	5	聿	붓 율	聿	6	화
	6	律	법 률	彳	9	화
	7	建	걸어가는 모양 율, 세울 건, 엎지를 건	廴,辶	13	토
	8	矞	송곳질할 율, 속일 휼	矛	12	금
	9	潏	물 흐르는 모양 율, 사주 율, 샘솟을 휼, 둑 술	水,氵	16	수
	10	汩	흐를 율, 골몰할 골	水,氵	8	수
융	1	絨	가는 베 융	糸	12	목
	2	狨	원숭이 이름 융	犬,犭	10	토

한글	번호	한자	뜻 풀 이	부수	획수	자원오행
융	3	戎	병장기 융, 오랑캐 융	戈	6	금
	4	瀜	물 깊고 넓은 모양 융	水,氵	20	수
	5	融	녹을 융, 화할 융	虫	16	수
은	1	殷	성씨, 성할 은, 은나라 은, 검붉은빛 안	殳	10	금
	2	恩	성씨, 은혜 은	心	10	화
	3	蘟	나물 이름 은, 인동덩쿨 은	艸,++	23	목
	4	檼	마룻대 은, 겹들보 은, 대마루 은	木	18	목
	5	檃	도지개 은, 바로잡을 은	木	17	목
	6	蒑	풀빛 푸른 은	艸,++	16	목
	7	蒽	풀 이름 은	艸,++	16	목
	8	憖	괴로워할 은	心	14	화
	9	憗	억지로 은, 기뻐할 은, 웃는 모양 흔	心	16	화
	10	億	기댈 은, 안온할 온	亻	16	화
	11	垠	지경 은, 언덕 은, 땅 끝 은	土	9	토
	12	圻	지경 은, 언덕 은, 경기 기	土	7	토
	13	隱	숨을 은, 은미할 은	阜,阝(좌)	22	토
	14	嶾	산 높을 은	山	17	토
	15	垽	앙금 은	土	10	토
	16	狺	으르렁거릴 은	犬,犭	11	토
	17	鄞	고을 이름 은	邑,阝(우)	18	토
	18	訔	언쟁할 은	言	10	금
	19	齗	잇몸 은, 싸울 인	齒	19	금
	20	誾	향기 은, 온화할 은, 화평할 은	言	15	금
	21	珢	옥돌 은, 옥 무늬 간	玉,王	11	금

한글	번호	한자	뜻 풀 이	부수	획수	자원오행
은	22	誾	공손한 모양 은, 화평할 은, 기뻐할 흔, 찔 희	言	11	금
	23	銀	은 은	金	14	금
	24	㺂	옥 은	玉,王	11	금
	25	齗	웃을 은	齒	27	금
	26	听	웃을 은, 입 벌린 모양 이, 들을 청	口	7	수
	27	泿	물가 은	水,氵	10	수
	28	濦	물소리 은	水,氵	14	수
	29	濦	강 이름 은, 물 이름 은	水,氵	18	수
	30	圁	물 이름 은	口	10	수
	31	圁	어리석을 은	口	18	수
	32	癮	두드러기 은	广	22	수
	33	한자없음				
	34	한자없음				
을	1	乙	새 을	乙	1	목
	2	鳦	제비 을, 제비 알	鳥	12	화
	3	圪	흙더미 우뚝할 을, 담 높은 모양 을	土	6	토
음	1	陰	성씨, 그늘 음, 침묵할 암	阜,阝(좌)	16	토
	2	蔭	그늘 음, 습기 음	艸,艹	17	목
	3	廕	덮을 음	广	14	목
	4	愔	조용할 음, 화평할 음	心,忄	13	화
	5	崟	험준할 음	山	11	토
	6	馨	소리 화할 음	音	20	금
	7	音	소리 음, 그늘 음	音	9	금
	8	吟	읊을 음, 탄식할 음, 입 다물 금	口	7	수

한글	번호	한자	뜻 풀 이	부수	획수	자원오행
음	9	淫	음란할 음, 간사할 음, 장마 음, 요수 요, 강 이름 염	水, 氵	12	수
	10	飮	마실 음	食, 飠	13	수
	11	喑	벙어리 음	口	12	수
	12	霪	장마 음	雨	19	수
읍	1	揖	읍할(인사하는 예(禮)의 하나) 읍, 모을 집, 모을 즙	手, 扌	13	목
	2	挹	뜰 읍	手, 扌	11	목
	3	悒	근심할 읍	心, 忄	11	화
	4	邑	고을 읍, 마을 읍, 아첨할 압	邑	7	토
	5	泣	울 읍, 바람 빠를 립(입), 원활하지 않을 삽	水, 氵	9	수
	6	浥	젖을 읍, 흐를 압	水, 氵	11	수
응	1	應	성씨, 응할 응, 받을 응	心	17	화
	2	鷹	매 응, 송골매 응	鳥	24	화
	3	膺	가슴 응, 안을 응	肉, 月	19	수
	4	凝	엉길 응, 추울 응	冫	16	수
	5	한자없음	끄러미 볼 응			
의	1	宜	마땅 의, 마땅할 의	宀	8	목
	2	艤	배 댈 의, 거룻배 차	舟	19	목
	3	薏	율무 의, 율무 억	艸, ++	19	목
	4	椅	의자 의, 의나무 의, 오동나무 의, 교의 의	木	12	목
	5	擬	비길 의, 헤아릴 의, 흉내낼 의	手, 扌	18	목
	6	衣	옷 의	衣	6	목
	7	儗	참람할 의, 어리석은 모양 애	亻	16	화

한글	번호	한자	뜻 풀 이	부수	획수	자원오행
의	8	攲	아 의, 기울 기	欠	12	화
	9	依	의지할 의	亻	8	화
	10	疑	의심할 의, 안정할 응	疋	14	화
	11	懿	아름다울 의, 좋을 의	心	22	화
	12	倚	의지할 의, 기이할 기	亻	10	화
	13	儀	거동 의, 법도 의	亻	15	화
	14	意	뜻 의, 뜻할 의, 기억할 억	心	13	화
	15	義	옳을 의, 뜻 의	羊	13	토
	16	猗	불깐 개 의, 부드러울 아, 고분고분할 위	犬, 犭	12	토
	17	嶷	산 이름 의, 높을 억	山	17	토
	18	議	의논할 의, 계획할 의	言	20	금
	19	誼	정 의, 옳을 의	言	15	금
	20	矣	어조사 의	矢	7	금
	21	醫	의원 의	酉	18	금
	22	毅	굳셀 의	殳	15	금
	23	劓	매부리코 규(한자 뜻이 다름)	鼻	16	금
	24	礒	바위 의	石	18	금
	25	蟻	개미 의	虫	19	수
	26	澺	눈서리 쌓일 의, 눈서리 쌓일 애	冫	12	수
	27	漪	잔물결 의	水, 氵	15	수
	28	饐	쉴 의, 쉴 애, 목멜 열	食	21	수
	29	螘	개미 의	虫	16	수
	30	娊	여자의 자(字) 의	女	9	토
이(리)	1	李	성씨, 오얏 리(이)	木	7	목

한글	번호	한자	뜻 풀 이	부수	획수	자원오행
이(리)	2	異	성씨, 다를 이(리)	田	11	화
	3	伊	성씨, 저 이, 어조사 이	亻	6	화
	4	薙	벨 이, 깎을 이, 띠 싹 제	艸,++	11	목
	5	柂	피나무 이, 더날 이, 쪼갤 치	木	7	목
	6	移	옮길 이, 크게 할 치	禾	11	목
	7	二	두 이	二	2	목
	8	苡	질경이 이	艸,++	11	목
	9	夷	오랑캐 이	大	6	목
	10	莉	말리나무 리(이)	艸,++	13	목
	11	梨	배나무 리(이)	木	11	목
	12	裏	속 리(이), 내부 리	衣	13	목
	13	履	밟을 리(이), 밝을 리, 신 리(이)	尸	15	목
	14	廙	공경할 이, 천막 익	广	14	목
	15	栮	목이버섯 이	木	10	목
	16	耳	귀 이, 팔대째 손자 잉	耳	6	화
	17	已	이미 이, 그칠 이	己	3	화
	18	彝	떳떳할 이	彐	18	화
	19	彝	떳떳할 이, 彝와 통용어	彐	16	화
	20	爾	너 이, 어조사 이	爻	14	화
	21	鳦	제비 이	鳥	17	화
	22	肄	익힐 이, 노력할 이	聿	13	화
	23	頤	턱 이	頁	15	화
	24	以	써 이, 까닭 이	人	5	화
	25	易	쉬울 이, 바꿀 역	日	8	화

한글	번호	한자	뜻 풀 이	부수	획수	자원오행
이(리)	26	离	떠날 리(이), 산신 리(이), 도깨비 치, 산신 리	内	11	화
	27	俚	속될 리(이)	亻	9	화
	28	離	떠날 리(이), 붙을 려(여), 교룡 치, 베풀 리, 걸릴 리	隹	19	화
	29	怡	기쁠 이, 화할 이	心,忄	9	화
	30	嬉	기쁠 이, 기쁠 희, 아내 비	女	13	토
	31	姨	이모 이	女	9	토
	32	娳	여자의 자 이, 여자 이름 이	女	9	토
	33	邇	가까울 이	辵,辶	21	토
	34	里	마을 리(이), 속 리(이)	里	7	토
	35	羡	고을 이름 이, 부러워할 선	羊	12	토
	36	屺	아름다울 이, 즐거워할 희	己	9	토
	37	迤	비스듬할 이, 잇닿을 타	辵,辶	12	토
	38	詑	으쓱거릴 이, 속일 타, 방종할 탄	言	10	금
	39	弛	늦출 이, 베풀 시, 떨어질 치	弓	6	금
	40	貽	끼칠 이, 남길 이	貝	12	금
	41	珥	귀고리 이, 햇무리 이	玉,王	11	금
	42	貳	두 이, 갖은두 이	貝	12	금
	43	珆	옥돌 이, 옥 무늬 태	玉,王	10	금
	44	理	다스릴 리(이), 성품 리	玉,王	12	금
	45	利	이로울 리(이)	刂	7	금
	46	璃	유리 리(이)	玉,王	16	금
	47	而	말 이을 이, 너 이, 능히 능	而	6	수
	48	痍	상처 이	疒	11	수

한글	번호	한자	뜻 풀 이	부수	획수	자원오행
이(리)	49	飴	엿 이, 먹일 사	食,食	14	수
	50	胰	힘줄이 질길 이	肉,月	12	수
	51	吏	벼슬아치 리(이), 관리 리(이)	口	6	수
	52	咿	선웃음 칠 이	口	9	수
	53	尒	너 이	小	5	수
	54	洟	콧물 이, 콧물 체	水,氵	10	수
	55	隶	미칠 이, 미칠 대, 종 례(예)	隶	8	수
익	1	熤	사람 이름 익, 도울 익, 다음 날 익	火	11	화
	2	翊	도울 익, 공경할 익	羽	11	화
	3	翼	날개 익	羽	17	화
	4	翌	다음날 익	羽	11	화
	5	鷁	익조 익	鳥	21	화
	6	謚	웃을 익, 시호 시	言	17	금
	7	弋	주살 익	弋	3	금
	8	益	더할 익, 유익할 익, 넘칠 일	皿	10	수
	9	瀷	강 이름 익	水,氵	21	수
인(린)	1	印	성씨, 도장 인	卩	6	목
	2	寅	범 인, 세째 지지 인	宀	11	목
	3	絪	기운 인	糸	12	목
	4	茵	자리 인	艸,++	12	목
	5	稇	벼꽃 인	禾	11	목
	6	裀	요 인	衣,衤	12	목
	7	茛	씨 인, 풀 이름 인	艸,++	10	목
	8	仞	길 인	亻	5	화

한글	번호	한자	뜻 풀 이	부수	획수	자원 오행
인(린)	9	引	끌 인	弓	4	화
	10	㨉	작은 북 인	日	14	화
	11	忍	참을 인	心	7	화
	12	人	사람 인	人	2	화
	13	忎	어질 인	心	7	화
	14	忈	어질 인	心	6	화
	15	仁	어질 인	亻	4	화
	16	靷	소고를 칠 인	日	14	화
	17	牣	찰 인	牛	7	토
	18	姻	혼인 인, 시집갈 인	女	9	토
	19	鄰	이웃 린(인)	邑, 阝	19	토
	20	麟	기린 린(인)	鹿	23	토
	21	堙	막을 인	土	12	토
	22	嫋	혼인 인, 시집갈 인	女	12	토
	23	禋	제사 지낼 인, 천제 제사할 연	示, 礻	14	금
	24	戭	창 인	戈	15	금
	25	璘	옥빛 린(인)	玉, 王	17	금
	26	瑌	사람 이름 인, 마당 인	玉, 王	16	금
	27	靷	가슴걸이 인	革	13	금
	28	認	알 인, 적을 잉	言	14	금
	29	刃	칼날 인	刀	3	금
	30	韌	질길 인	韋	12	금
	31	靭	질길 인	革	12	금
	32	認	공경할 인	言	16	금

한글	번호	한자	뜻 풀 이	부수	획수	자원오행
인(린)	33	湮	묻힐 인, 막힐 연	水, 氵	13	수
	34	汈	젖어 맞붙을 인	水, 氵	7	수
	35	咽	목구멍 인, 목멜 열, 삼킬 연	口	9	수
	36	氤	기운 어릴 인	气	10	수
	37	因	인할 인	口	6	수
	38	儿	어진 사람 인, 아이 아, 다시 난 이 예	儿	2	수
	39	蚓	지렁이 인	虫	10	수
	40	潾	맑을 린(인)	水, 氵	16	수
	41	濥	물줄기 인	水, 氵	18	수
	42	夤	조심할 인	夕	14	수
	43	洇	빠질 인, 막힐 연	水, 氵	10	수
	44	없음	등심 인(책에는 있음)	月	17	수
일	1	一	한 일	一	1	목
	2	壹	한 일, 갖은한 일, 혼돈 인	士	12	목
	3	軼	앞지를 일, 번갈아들 질, 수레바퀴 철	車	12	화
	4	佾	춤 출 일, 춤 일	亻	8	화
	5	佚	편안할 일, 방탕할 질	亻	7	화
	6	逸	편안할 일, 달아날 일	辵, 辶	15	토
	7	日	날 일	日	4	화
	8	馹	역말 일, 역마 일	馬	14	화
	9	劮	기쁠 일	力	7	토
	10	鎰	무게 이름 일, 중량 단위 일	金	18	금
	11	溢	넘칠 일	水, 氵	14	수
	12	泆	음탕할 일	水, 氵	9	수

한글	번호	한자	뜻 풀 이	부수	획수	자원오행
임(림)	1	林	성씨, 수풀 림(임)	木	8	목
	2	任	성씨, 맡길 임, 맞을 임	亻	6	화
	3	稔	여물 임	禾	13	목
	4	荏	들깨 임	艸,++	12	목
	5	絍	짤 임	糸	12	목
	6	袵	옷섶 임	衣,衤	10	목
	7	恁	생각할 임, 너 님(임)	心	10	화
	8	臨	임할 림(임)	臣	17	화
	9	妊	아이 밸 임	女	7	토
	10	姙	아이 밸 임	女	9	토
	11	誑	믿을 임	言	13	금
	12	銋	젖을 임	金	14	금
	13	賃	품삯 임	貝	13	금
	14	訨	생각할 임	言	11	금
	15	琳	옥 림(임), 아름다운 옥 림	琳	13	금
	16	壬	북방 임	士	4	수
	17	霖	장마 림(임)	雨	16	수
	18	餁	익힐 임	食	15	수
입(립)	1	入	들 입	入	2	목
	2	卄	스물 입	十	3	목
	3	笠	삿갓 립(입)	竹	11	목
	4	粒	낟알 립(입), 쌀알 립	米	11	목
	5	立	설 립(입), 자리 위	立	5	금
	6	廿	스물 입	十	4	수

한글	번호	한자	뜻 풀 이	부수	획수	자원오행
잉	1	媵	줄 잉	女	13	토
	2	芿	새 풀싹 잉	艸,++	10	목
	3	剩	남을 잉	刂	12	금
	4	仍	인할 잉	亻	5	수
	5	孕	아이 밸 잉	子	5	수
자	1	慈	성씨, 사랑 자	心	14	화
	2	字	글자 자	子	6	목
	3	紫	자줏빛 자	糸	11	목
	4	藉	깔 자, 짓밟을 적, 빌 차, 빌릴 차	艸,++	20	목
	5	茨	지붕 일 자, 가시나무 자	艸,++	12	목
	6	秄	북을 돋울 자	禾	14	목
	7	蔗	사탕수수 자	艸,++	17	목
	8	自	스스로 자	自	6	목
	9	褯	자리 석, 포대기 자	衣,衤	16	목
	10	柘	산뽕나무 자	木	9	목
	11	眦	흘길 자, 눈초리 제, 눈초리 지	目	11	목
	12	眥	흘길 자, 눈초리 제, 눈초리 지	目	11	목
	13	秄	북을 돋울 자	耒	9	목
	14	茈	지치 자, 가지런하지않을 치, 시호 시	艸,++	12	목
	15	茦	까끄라기 자, 까끄라기 책	艸,++	14	목
	16	觜	별 이름 자, 바다거북 주, 부리 취	角	13	목
	17	粢	기장 자, 술 제	米	12	목
	18	赭	붉은 흙 자	赤	16	화
	19	髭	윗수염 자	頁	18	화

한글	번호	한자	뜻 풀 이	부수	획수	자원오행
자	20	髭	윗수염 자	髟	16	화
	21	鷓	자고 자	鳥	22	화
	22	玆	이 자, 검을 자, 검을 현	玄	10	화
	23	鷀	가마우지 자	鳥	20	화
	24	炙	고기 구울 자, 구울 적	火	8	화
	25	煮	삶을 자	灬	13	화
	26	仔	자세할 자	亻	5	화
	27	恣	마음대로 자, 방자할 자	心	10	화
	28	雌	암컷 자	隹	13	화
	29	茲	불을 자, 이 자, 검을 자	艸,++	10	화
	30	瓷	사기그릇 자	瓦	11	토
	31	姊	손위 누이 자	女	8	토
	32	者	놈 자	老,耂	10	토
	33	姿	모양 자, 맵시 자	女	9	토
	34	姉	손위 누이 자	女	8	토
	35	孂	너그럽고 순할 자	女	16	토
	36	牸	암소 자	牛	10	토
	37	刺	찌를 자, 찌를 척, 수라 라(나), 비방할 체	刂	10	금
	38	磁	자석 자	石	15	금
	39	資	재물 자	貝	13	금
	40	貲	재물 자	貝	13	금
	41	諮	물을 자	言	16	금
	42	訾	헐뜯을 자	言	13	금
	43	鎡	호미 자	金	17	금

한글	번호	한자	뜻 풀 이	부수	획수	자원오행
자	44	呰	흠 자	口	9	수
	45	孖	쌍둥이 자	子	6	수
	46	孳	부지런할 자	子	13	수
	47	泚	강 이름 자, 맑을 체	水, 氵	10	수
	48	胾	고깃점 자	肉, 月	12	수
	49	蚜	며루 자	虫	9	수
	50	鮓	생선젓 자	魚	16	수
	51	孜	힘쓸 자	子	7	수
	52	疵	허물 자, 노려볼 제, 앓을 새	疒	10	수
	53	子	아들 자	子	3	수
	54	咨	물을 자, 물을 자, 탄식할 자	口	9	수
	55	滋	불을 자	水, 氵	13	수
작	1	綽	너그러울 작	糸	14	목
	2	芍	함박꽃 작, 연밥 적	艸, ++	9	목
	3	柞	조롱나무 작, 밸매할 책, 강 이름 사	木	9	목
	4	怍	부끄러워할 작	心, 忄	9	화
	5	焯	밝을 작	火	12	화
	6	灼	불사를 작	火	7	화
	7	炸	터질 작, 튀길 찰	火	9	화
	8	昨	어제 작	日	9	화
	9	作	지을 작, 저주 저, 만들 주	亻	7	화
	10	雀	참새 작, 공작 작	隹	11	화
	11	鵲	까치 작	鳥	19	화
	12	舃	까치 작, 신 석, 클 탁	臼	12	토

한글	번호	한자	뜻 풀 이	부수	획수	자원오행
작	13	犳	표범 작	犬, 犭	7	토
	14	岝	높을 작, 산 이름 책	山	8	토
	15	斮	벨 작	斤	13	금
	16	碏	사람 이름 작	石	13	금
	17	斫	벨 작, 자를 작	斤	9	금
	18	勺	구기 작	勹	3	금
	19	爵	벼슬 작	爪	17	금
	20	酌	술 부을 작, 잔질할 작	酉	10	금
	21	嚼	씹을 작	口	21	수
	22	汋	샘솟을 작, 익힐 약	水, 氵	7	수
잔	1	棧	사다리 잔, 성할 진	木	12	목
	2	驏	안장 없는 말 잔	馬	22	화
	3	剗	깎을 잔, 깎을 전	刂	10	금
	4	盞	잔 잔, 등잔 잔	皿	13	금
	5	孱	잔약할 잔, 나약할 잔	子	12	수
	6	殘	잔인할 잔, 남을 잔	歹	12	수
	7	潺	졸졸 흐를 잔, 물 흐를 소리 잔	水, 氵	16	수
잠	1	簪	비녀 잠, 빠를 잠	竹	18	목
	2	箴	경계 잠	竹	15	목
	3	暫	잠깐 잠, 얼른 잠	日	15	화
	4	岑	봉우리 잠, 산세가 험준한 모양 음	山	7	토
	5	蠶	누에 잠, 지렁이 천	虫	24	수
	6	潛	잠길 잠, 자맥질 할 잔	水, 氵	16	수
	7	潜	잠길 잠	水, 氵	16	수

한글	번호	한자	뜻 풀 이	부수	획수	자원오행
잠	8	涔	괸물 잠	水, 氵	11	수
잡	1	眨	깜작일 잡	目	10	목
	2	襍	섞일 잡	衣, 衤	18	목
	3	雜	섞일 잡	隹	18	화
	4	卡	지킬 잡, 음역자 가	卜	5	화
	5	磼	높을 잡, 물건이 깨지는 소리 섭	石	17	금
	6	囃	메기는 소리 잡	口	21	수
장	1	張	성씨, 베풀 장, 넓힐 장	弓	11	금
	2	章	성씨, 글 장	立	11	금
	3	莊	성씨, 씩씩할 장, 전장 장	艸, ++	13	목
	4	蔣	성씨, 줄 장	艸, ++	17	목
	5	庄	씩씩할 장, 전장 장, 농막 장, 평평할 팽	广	6	목
	6	檣	돛대 장	木	17	목
	7	薔	장미 장, 여뀌 색	艸, ++	19	목
	8	奘	클 장, 튼튼할 장	大	10	목
	9	葬	장사 지낼 장	艸, ++	15	목
	10	杖	지팡이 장	木	7	목
	11	粧	단장할 장	米	12	목
	12	欌	장롱 장	木	22	목
	13	壯	장할 장, 굳셀 장	士	7	목
	14	壮	장할 장, 壯자와 통용어	士	6	토
	15	帳	장막 장, 휘장 장	巾	11	목
	16	丈	어른 장	一	3	목
	17	藏	감출 장, 두터울 장, 착할 장	艸, ++	20	목

한글	번호	한자	뜻 풀 이	부수	획수	자원오행
장	18	掌	손바닥 장, 솜씨 장	手, 扌	12	목
	19	樟	녹나무 장	木	15	목
	20	奬	장려할 장, 도울 장	大	14	목
	21	長	길 장, 어른 장	長	8	목
	22	裝	꾸밀 장, 화장할 장	衣	13	목
	23	廧	담 장, 소신 색	广	16	목
	24	牂	암양 장	爿	10	목
	25	粧	단장할 장	米	17	목
	26	蔏	양도 장	艸, ++	14	목
	27	暲	밝을 장, 해 돋을 장	日	15	화
	28	仗	의장 장, 무기 장, 호위 장,	亻	5	화
	29	臧	착할 장	臣	14	화
	30	傽	두려워할 장	亻	13	화
	31	妝	단장할 장	女	7	토
	32	嬙	궁녀 장	女	16	토
	33	嶂	산봉우리 장	山	14	토
	34	牂	숫양 장, 양 양	羊	10	토
	35	鄣	고을 이름 장, 막을 장	邑, 阝(우)	18	토
	36	麞	노루 장	鹿	22	토
	37	獐	노루 장	犬, 犭	15	토
	38	墻	담장 장, 경계 장	土	16	토
	39	牆	담 장, 墻와 통용어	爿	17	토
	40	場	마당 장	土	12	토
	41	狀	문서 장, 형상 상, 모양 장	犬	8	토

한글	번호	한자	뜻 풀 이	부수	획수	자원오행
장	42	障	막을 장, 막힐 장, 막을 장	阜,阝(좌)	19	토
	43	匠	장인 장, 만들 장	匚	6	토
	44	將	장수 장, 장차 장	寸	11	토
	45	将	장수 장, 將자와 통용어, 장차 장	寸	9	토
	46	獎	권면할 장	犬	14	토
	47	醬	장 장, 젓갈 장	酉	18	금
	48	璋	홀 장, 구슬 장	玉,王	16	금
	49	臟	장물 장, 숨길 장, 감출 장	貝	21	금
	50	戕	죽일 장	戈	8	금
	51	鏘	금옥 소리 장	金	19	금
	52	瘴	장기 장	广	16	수
	53	餳	엿 장	食	17	수
	54	漿	즙 장, 미음 장, 음료 장	水	15	수
	55	腸	창자 장	肉,月	15	수
	56	漳	물 이름 장, 강 이름 장	水,氵	15	수
	57	臟	오장 장	肉,月	24	수
재	1	捏	손바닥에 받을 재	手,扌	11	목
	2	材	재목 재	木	7	목
	3	再	두 재, 거듭 재	冂	6	목
	4	裁	마를 재	衣	12	목
	5	縡	일 재	糸	16	목
	6	才	재주 재	手,扌	4	목
	7	栽	심을 재	木	10	목
	8	宰	재상 재	宀	10	목

한글	번호	한자	뜻 풀 이	부수	획수	자원오행
재	9	梓	가래나무 재, 가래나무 자	木	11	목
	10	扗	있을 재	手,扌	7	목
	11	在	있을 재	土	6	토
	12	榟	가래나무 재, 가래나무 자	木	14	목
	13	纔	재주 재, 잿빛 삼	糸	23	목
	14	灾	재앙 재	火	7	화
	15	載	실을 재, 떠받들 대	車	13	화
	16	災	재앙 재	火	7	화
	17	齎	가져올 재, 탄식할 자	齊	21	토
	18	齋	재계할 재, 집 재, 상복 자	齊	17	토
	19	粂	재계할 재	攵	9	토
	20	崽	자식 재, 자식 새, 자식 사	山	12	토
	21	財	재물 재	貝	10	금
	22	賍	재물 재	貝	16	금
	23	渽	맑을 재	水,氵	13	수
	24	哉	어조사 재(다른 글자를 보조)	口	9	수
	25	滓	찌꺼기 재, 찌꺼기 자, 더럽힐 치	水,氵	14	수
	26	溨	물 이름 재	水,氵	14	수
쟁	1	箏	쟁 쟁(현악기)	竹	14	목
	2	爭	다툴 쟁	爪	8	화
	3	崝	가파를 쟁	山	11	토
	4	猙	짐승 이름 쟁	犬,犭	12	토
	5	琤	옥 소리 쟁	玉,王	13	금
	6	鎗	종소리 쟁, 창 창	金	18	금

한글	번호	한자	뜻 풀 이	부수	획수	자원오행
쟁	7	諍	간할 쟁	言	15	금
	8	錚	쇳소리 쟁	金	16	금
저	1	樗	가죽나무 저	木	15	목
	2	箸	젓가락 저, 대통 저, 붙을 착	竹	15	목
	3	著	나타날 저, 지을 저, 붙을 착	艸,++	15	목
	4	抵	막을 저, 거스를 저, 칠 지	手,扌	9	목
	5	藷	감자 저, 사탕수수 저, 감자 서	艸,++	20	목
	6	杵	공이 저, 공이 처	木	8	목
	7	渚	물가 저, 강 이름 저	水,氵	13	목
	8	底	밑 저, 그칠 저, 이룰 지	广	9	목
	9	苧	모시풀 저	艸,++	11	목
	10	紵	모시 저	糸	11	목
	11	菹	김치 저, 채소 절임 저, 늪 자	艸,++	14	목
	12	楮	닥나무 저	木	13	목
	13	低	낮을 저, 밑 저	亻	8	목
	14	宁	뜰 저, 편안할 녕(영)	宀	5	목
	15	杼	북 저, 상수리나무 서	木	8	목
	16	柢	뿌리 저	木	9	목
	17	罝	그물 저, 그물 자	网,罒	10	목
	18	苴	깔 저, 물 위에 뜬 풀 차, 두엄풀 자, 절인 채소 조	艸,++	11	목
	19	袛	속적삼 저	衣,衤	11	목
	20	褚	솜옷 저	衣,衤	15	목
	21	觝	닿을 저, 칠 지	角	12	목

한글	번호	한자	뜻 풀 이	부수	획수	자원오행
저	22	儲	쌓을 저	亻	18	화
	23	雎	물수리 저, 징경이 저	隹	13	화
	24	佇	우두커니 설 저, 기다릴 저	亻	7	화
	25	氐	근본 저, 땅 이름 지	氏	5	화
	26	岨	돌산 저, 울퉁불퉁할 조	山	8	토
	27	牴	부딪힐 저, 숫양 저	牛	9	토
	28	羝	숫양 저	羊	11	토
	29	陼	물가 저, 담 도	阜,阝(좌)	17	토
	30	姐	누이 저, 교만할 저	女	8	토
	31	狙	원숭이 저, 엿볼 저	犬,犭	9	토
	32	這	이 저, 맞이할 저	辵,辶	13	토
	33	猪	돼지 저, 암퇘지 차	犬,犭	12	토
	34	邸	집 저, 이를 저	邑,阝(우)	12	토
	35	躇	머뭇거릴 저	足	20	토
	36	齟	어긋날 저, 이 바르지 못할 차	齒	20	금
	37	貯	쌓을 저, 저축할 저	貝	12	금
	38	詛	저주할 저, 맹세할 저	言	12	금
	39	詆	꾸짖을 저	言	12	금
	40	潴	웅덩이 저	水,氵	16	수
	41	瀦	웅덩이 저	水,氵	20	수
	42	蛆	구더기 저	虫	11	수
	43	咀	씹을 저	口	8	수
	44	沮	막을 저	水,氵	9	수
	45	疽	등창 저, 종기 저	疒	10	수

한글	번호	한자	뜻 풀 이	부수	획수	자원오행
적	1	寂	고요할 적	宀	11	목
	2	籍	문서 적, 허적 적, 온화할 자	竹	20	목
	3	摘	딸 적, 추릴 적, 연주할 적	手,扌	15	목
	4	笛	피리 적	竹	11	목
	5	積	쌓을 적, 저축 자	禾	16	목
	6	績	길쌈할 적	糸	17	목
	7	荻	물억새 적	艸,++	13	목
	8	樀	추녀 적	木	15	목
	9	糴	쌀 살 적	米	22	목
	10	菂	연밥 적	艸,++	14	목
	11	覿	볼 적	見	22	화
	12	駒	별박이 적	馬	13	화
	13	的	과녁 적	白	8	화
	14	赤	붉을 적	赤	7	화
	15	翟	꿩 적, 고을 이름 책	羽	14	화
	16	炙	구울 적, 구울 자	火	8	화
	17	逖	멀 적	辵,辶	14	토
	18	蹟	자취 적, 행적 적	足	18	토
	19	狄	오랑캐 적	犬,犭	7	토
	20	迪	나아갈 적	犬,犭	12	토
	21	跡	발자취 적	足	13	토
	22	迹	자취 적, 행적 적	辵,辶	13	토
	23	嫡	정실 적, 본처 적	女	14	토
	24	勣	공적 적	力	13	토

한글	번호	한자	뜻 풀 이	부수	획수	자원오행
적	25	適	맞을 적, 갈 적, 이를 적	辵,辶	18	토
	26	敵	대적할 적, 다할 활	攵	15	금
	27	謫	귀양 갈 적	言	18	금
	28	鏑	화살촉 적	金	19	금
	29	賊	도둑 적, 해칠 적	貝	13	금
	30	磧	서덜 적	石	16	금
	31	滴	물방울 적	水,氵	15	수
	32	吊	이를 적, 조상할 적, 문안할 적, 조상할 조	口	6	수
전	1	全	성씨, 온전할 전	入	6	토
	2	田	성씨, 밭 전	田	5	토
	3	錢	성씨, 돈 전	金	16	금
	4	栓	마개 전, 나무못 전, 빗장 전	木	10	목
	5	篆	전자 전	竹	15	목
	6	廛	가게 전, 터 전	广	15	목
	7	氈	모전 전, 양탄자 전	毛	17	목
	8	箋	기록할 전, 글 전	竹	14	목
	9	箭	화살 전	竹	15	목
	10	荃	향초 전, 겨자무침 전, 붓꽃 손, 고운 베 철, 풀 이름 찰	艸,++	12	목
	11	筌	통발 전	竹	12	목
	12	奠	정할 전, 제사 전, 멈출 정	大	12	목
	13	纏	얽을 전, 묶일 전	糸	21	목
	14	籛	성씨 전	竹	22	목
	15	揃	자를 전, 기록할 전	手,扌	13	목

한글	번호	한자	뜻 풀 이	부수	획수	자원오행
전	16	栴	단향목 전	木	10	목
	17	牋	종이 전	片	12	목
	18	靛	청대 전	青	16	목
	19	輇	상여 전	車	13	화
	20	靦	뻔뻔스러울 전, 부끄러워할 면	面	16	화
	21	顓	오로지 전	頁	18	화
	22	鬋	귀밑 머리 늘어질 전	髟	19	화
	23	鸇	송골매 전	鳥	24	화
	24	甸	경기 전, 육십사 정 승, 현 이름 잉	田	7	화
	25	佃	밭 갈 전	亻	7	화
	26	顫	떨 전, 덜릴 전	頁	22	화
	27	轉	구를 전	車	18	화
	28	傳	전할 전	亻	13	화
	29	煎	달일 전, 아음 졸일 전, 애태울 전	灬	13	화
	30	悛	고칠 전, 공손한 모양 순	心,忄	11	화
	31	顚	엎드러질 전, 이마 전, 대기 전, 정수리 전	頁	19	화
	32	佺	신선 이름 전	亻	8	화
	33	雋	살찐 고기 전, 영특할 준, 땅 이름 취	隹	13	화
	34	輾	돌아누울 전, 삐걱거릴 년(연)	車	17	화
	35	畋	밭 갈 전	攵	9	토
	36	塼	벽돌 전, 뭉칠 단	土	14	토
	37	專	오로지 전, 모일 단	寸	11	토
	38	塡	메울 전, 진정할 진	土	13	토
	39	畑	화전 전	田	9	토

한글	번호	한자	뜻 풀 이	부수	획수	자원오행
전	40	嫥	오로지 전, 아름다울 단	女	14	토
	41	巓	산꼭대기 전	山	22	토
	42	旃	기 전	方	10	토
	43	甎	벽돌 전	瓦	16	토
	44	羶	누린내 전, 향기 형	羊	19	토
	45	躔	궤도 전	足	22	토
	46	邅	머뭇거릴 전	辵,辶	20	토
	47	廛	가게 전	邑,阝(우)	22	토
	48	戩	다할 전	戈	14	금
	49	磚	벽돌 전, 둥근 모양 타	石	16	금
	50	鐫	새길 전, 칼 찬, 송곳 첨	金	15	금
	51	鈿	가마 전	金	16	금
	52	殿	전각 전, 대궐 전	殳	13	금
	53	銓	사람 가릴 전, 저울질 할 전	金	14	금
	54	琠	귀막이 전, 옥 이름 전	玉,王	13	금
	55	戰	싸움 전	戈	16	금
	56	剪	자를 전	刀	11	금
	57	典	법 전	八	8	금
	58	鐫	새길 전, 솥 휴	金	21	금
	59	詮	설명할 전, 평론할 전	言	13	금
	60	前	앞 전, 자를 전	刂	9	금
	61	鈿	비녀 전	金	13	금
	62	電	번개 전	雨	13	수
	63	展	펼 전	尸	10	수

한글	번호	한자	뜻 풀 이	부수	획수	자원오행
전	64	澱	앙금 전, 괼 전	水, 氵	17	수
	65	餞	보낼 전, 전별할 전	食, 飠	17	수
	66	癲	미칠 전, 지랄 병 전	疒	24	수
	67	届	구멍 전, 이를 계	尸	8	수
	68	吮	빨 전, 빨 연	口	7	수
	69	囀	지저귈 전	口	21	수
	70	湔	씻을 전	水, 氵	13	수
	71	澶	물 고요히 흐를 전, 방종할 단, 물 이름 선	水, 氵	17	수
	72	痊	나을 전	疒	11	수
	73	癜	어루러기 전	疒	18	수
	74	翦	자를 전	羽	15	수
	75	腆	두터울 전	肉, 月	14	수
	76	膞	저민 고기 전, 넓적다리뼈 순	肉, 月	15	수
	77	飦	죽 전	食	12	수
	78	饘	된죽 전	食	18	수
	79	鱣	잉어 전, 드렁허리 선	魚	24	수
절	1	絶	끊을 절	糸	12	목
	2	絕	끊을 절, 絶자의 통용어	糸	12	목
	3	截	끊을 절	戈	14	금
	4	切	끊을 절, 온통 체	刀	4	금
	5	節	마디 절	竹	15	목
	6	折	꺾을 절, 천천히 할 제	手, 扌	8	목
	7	晢	밝을 절, 총명할 절, 별 반짝반짝할 제	日	11	화
	8	峛	산굽이 절	山	7	토

한글	번호	한자	뜻 풀 이	부수	획수	자원오행
절	9	浙	강 이름 절, 일 석	水, 氵	11	수
	10	竊	훔칠 절	穴	22	수
	11	癤	부스럼 절	疒	20	수
점	1	占	성씨, 점령할 점, 점칠 점	卜	5	화
	2	店	가게 점	广	8	목
	3	粘	붙을 점, 끈끈할 점	米	11	목
	4	奌	점찍을 점, 시들 다, 點자의 통용어	大	8	목
	5	笘	회초리 점, 대쪽 첩	竹	11	목
	6	簟	대자리 점	竹	18	목
	7	苫	이엉 점, 약초 이름 첨, 섬 섬	艸, ++	11	목
	8	蔪	우거질 점, 벨 삼	艸, ++	17	목
	9	颭	물결 일 점	風	14	목
	10	黏	차질 점, 차질 념(염)	黍	17	목
	11	点	점 점, 시들 다, 點자의 통용어	灬	9	화
	12	佔	엿볼 점, 속삭거릴 첨	亻	7	화
	13	覘	엿볼 점, 엿볼 첨	見	12	화
	14	墊	빠질 점	土	14	토
	15	岾	땅 이름 점, 고개 재	山	8	토
	16	玷	이지러질 점	玉, 王	10	금
	17	點	점 점, 시들 다	黑	17	수
	18	蛅	쐐기 점	虫	11	수
	19	鮎	메기 점	魚	16	수
	20	霑	젖을 점	雨	16	수
	21	漸	점점 점, 번질 점, 적실 점	水, 氵	15	수

한글	번호	한자	뜻 풀 이	부수	획수	자원 오행
접	1	摺	접을 접, 접을 절, 끌 랍(납)	手, 扌	15	목
	2	接	이을 접	手, 扌	12	목
	3	椄	접붙일 접	木	12	목
	4	楪	마루 접, 들창 엽, 작은 쐐기 섭	木	13	목
	5	跕	밟을 접	足	12	토
	6	蹀	밟을 접	足	16	토
	7	蜨	나비 접	虫	14	수
	8	鰈	가자미 접, 가자미 탑, 비늘이 많을 섭	魚	20	수
	9	蝶	나비 접	虫	15	수
정	1	鄭	성씨, 나라 정	邑, 阝(우)	19	토
	2	程	성씨, 한도 정, 길 정, 헤아릴 정	禾	12	목
	3	丁	성씨, 고무래 정, 장정 정	一	2	화
	4	靖	편안할 정, 고요할 정	靑	13	목
	5	靜	고요할 정	靑	16	목
	6	静	고요할 정, 靜과 통용어	靑	14	목
	7	靘	검푸른 빛 정	靑	14	목
	8	梃	막대기 정, 외줄기 정	木	11	목
	9	禎	상서로울 정, 행복 정	示, 礻	14	목
	10	眐	바라볼 정	目	10	목
	11	楨	광나무 정	木	13	목
	12	靚	단장할 정, 정숙할 정	靑	15	목
	13	定	정할 정, 이마 정	宀	8	목
	14	精	정할 정, 찧을 정	米	14	목
	15	桯	기둥 정, 탁자 정	木	11	목

한글	번호	한자	뜻 풀 이	부수	획수	자원오행
정	16	旌	기 정, 밝힐 정	方	11	목
	17	檉	위성류(나무 종류) 정	木	17	목
	18	朾	칠 정	木	6	목
	19	綎	가죽 띠 정, 실 인끈 정	糸	13	목
	20	柾	사람 이름 정, 나무 바를 정, 널 구	木	9	목
	21	艇	배 정, 거룻배 정	舟	13	목
	22	廷	조정 정	廴	7	목
	23	睛	눈동자 정	目	13	목
	24	挺	빼어날 정, 너그러울 정	手,扌	11	목
	25	幀	그림 족자 정, 그림 족자 탱	巾	12	목
	26	庭	뜰 정	广	10	목
	27	棖	문설주 정, 사람 이름 장	木	12	목
	28	筳	가는 대 정	竹	13	목
	29	莛	풀줄기 정	艸,++	13	목
	30	挺	벌릴 정	手,扌	12	목
	31	停	머무를 정	亻	11	화
	32	灯	등잔 정, 등 등, 열화 정	火	6	화
	33	鼎	솥 정, 늘어질 정	鼎	13	화
	34	征	황급할 정	亻	7	화
	35	情	뜻 정	心,忄	12	화
	36	亭	정자 정	亠	9	화
	37	征	칠 정, 세 받을 정, 찾을 정, 부를 징	彳	8	화
	38	偵	염탐할 정, 정탐할 정	亻	11	화
	39	晶	맑을 정, 빛날 정	日	12	화

한글	번호	한자	뜻 풀 이	부수	획수	자원오행
정	40	淨	깨끗할 정, 맑을 정	水, 氵	12	수
	41	炡	빛날 정	火	9	화
	42	晸	해 뜨는 모양 정	日	12	화
	43	頂	정수리 정	頁	11	화
	44	侹	평탄할 정	亻	9	화
	45	顁	곧을 정	頁	16	화
	46	怔	황겁할 정	心, 忄	9	화
	47	婧	날씬한 정, 날씬한 청	女	11	토
	48	遉	엿볼 정	辵, 辶	16	토
	49	埩	밭 갈 정, 다스릴 정	土	11	토
	50	町	밭두둑 정, 빈 터 전	田	7	토
	51	正	바를 정, 정월 정	止	5	토
	52	姃	엄전할 정	女	7	토
	53	婷	예쁠 정	女	12	토
	54	娗	단정할 정	女	8	토
	55	錠	덩이 정, 촛대 정, 신선로 정	金	16	금
	56	鋌	쇳덩이 정, 살촉 정	金	15	금
	57	碇	닻 정, 배 멈춤 정	石	13	금
	58	政	정사 정, 칠 정	攵	8	금
	59	玎	옥 소리 정, 옥 소리 쟁	玉, 王	7	금
	60	整	가지런할 정	攵	16	금
	61	鉦	징 소리 정	金	13	금
	62	玎	옥 이름 정, 옥홀 정	玉, 王	12	금
	63	訂	바로잡을 정	言	9	금

한글	번호	한자	뜻 풀 이	부수	획수	자원오행
정	64	酊	술 취할 정	酉	9	금
	65	諄	조정할 정	言	16	금
	66	鋥	칼날 세울 정	金	15	금
	67	珵	패옥 정	玉,王	12	금
	68	釘	못 정	金	10	금
	69	貞	곧을 정	貝	9	금
	70	湞	곧을 정, 아름다울 정	水,氵	11	수
	71	証	간할 정, 증거 증	言	12	금
	72	醒	숙취 정	酉	14	금
	73	井	우물 정	二	4	수
	74	汀	물가 정	水,氵	6	수
	75	胜	새 이름 정, 비릴 성, 이길 승	肉,月	11	수
	76	湞	물 이름 정	水,氵	13	수
	77	穽	함정 정	穴	9	수
	78	淀	앙금 정, 앙금 전, 얕은 물 정, 배댈 정	水,氵	12	수
	79	霆	천둥소리 정	雨	15	수
	80	淳	물 괼 정, 정지할 정	水,氵	13	수
	81	瀞	깨끗할 정, 맑을 정	水,氵	20	수
	82	呈	드릴 정, 한도 정	口	7	수
	83	叮	신신당부할 정	口	5	수
	84	疔	정 정, 병 녁(역)	广	7	수
	85	한자없음	아름다울 정			
	86	한자없음	조촐하게 꾸밀정			
제	1	諸	성씨, 모두 제, 김치 저, 어조사 저	言	16	금

한글	번호	한자	뜻 풀 이	부수	획수	자원오행
제	2	製	지을 제, 마를 제	衣	14	목
	3	提	끌 제, 들 제, 떼지어 날 시	手,扌	13	목
	4	薺	냉이 제	艸,++	20	목
	5	第	차례 제	竹	11	목
	6	帝	임금 제	巾	9	목
	7	禔	복 제, 복 지, 복 시	示,礻	14	목
	8	梯	사다리 제	木	11	목
	9	擠	밀칠 제	手,扌	18	목
	10	睇	흘깃 볼 제	目	12	목
	11	稊	돌피 제	禾	12	목
	12	緹	붉을 제	糸	15	목
	13	虀	회 제	韭	19	목
	14	偙	준걸 제	亻	11	화
	15	晣	별 반짝반짝할 제, 밝을 절	日	11	화
	16	悌	공손할 제, 공경할 제	心,忄	11	화
	17	儕	무리 제, 벗 제, 동아리 제	亻	16	화
	18	題	제목 제, 표제 제	頁	18	화
	19	齊	가지런할 제, 재계할 재, 옷자락 자, 자를 전	齊	14	토
	20	際	즈음 제, 가 제, 만날 제, 어울릴 제	阜,阝(좌)	19	토
	21	蹄	굽 제, 올무 제, 밟을 제	足	16	토
	22	媞	안존할 제, 복 시	女	12	토
	23	堤	둑 제, 막을 제, 대개 시	土	12	토
	24	除	덜 제, 음력 사월 여	阜,阝(좌)	15	토
	25	祭	제사 제, 나라 이름 채	示	11	토

한글	번호	한자	뜻 풀 이	부수	획수	자원오행
제	26	娣	예쁠 제, 미녀 치	女	9	토
	27	娣	손아래 누이 제	女	10	토
	28	猘	미친 개 제, 미친 개 계	犬, 犭	12	토
	29	踶	밟을 제, 힘쓸 지, 달릴 치	足	16	토
	30	蹢	굽 제	足	17	토
	31	躋	오를 제	足	21	토
	32	隄	둑 제	阜, 阝(좌)	17	토
	33	鍗	큰 가마 제	金	17	금
	34	劑	약제 제, 약 조제할 제, 엄쪽 자	刂	16	금
	35	醍	맑은 술 제	酉	16	금
	36	瑅	옥 이름 제, 제당 제	玉, 王	14	금
	37	制	절제할 제	刂	8	금
	38	嗁	울 제, 울부짖을 제	口	12	수
	39	霽	비 갤 제, 날씨 갤 제	雨	22	수
	40	弟	아우 제, 기울어질 퇴	弓	7	수
	41	臍	배꼽 제	肉, 月	20	수
	42	濟	건널 제	水, 氵	18	수
	43	済	건널 제, 濟와 통용어	水, 氵	12	수
	44	鮧	메기 제, 복어 이	魚	17	수
	45	鯷	메기 제	魚	20	수
제갈	1	諸葛	성씨	言, ++	31	금
조	1	趙	성씨, 나라조, 평양조, 찌를 조	走	14	화
	2	曹	성씨, 창녕 조, 무리 조	曰	10	화
	3	槽	구유 조, 나무 통 조	木	15	목

한글	번호	한자	뜻 풀 이	부수	획수	자원오행
조	4	稠	빽빽할 조, 많을 주	禾	13	목
	5	爪	손톱 조	爪	4	목
	6	租	조세 조, 쌀 저	禾	10	목
	7	棗	대추나무 조	木	12	목
	8	藻	마름 조, 무늬 조	艸,++	22	목
	9	條	곁가지조, 유자나무조	木	11	목
	10	糟	지게미 조, 거르지 않는 술 조	米	17	목
	11	組	짤 조	糸	11	목
	12	措	둘 조, 그만둘 조, 섞을착, 잡을책, 찌를척	手,扌	12	목
	13	操	잡을 조	手,扌	17	목
	14	繰	야청통견 조, 고치켤 소	糸	19	목
	15	眺	바라볼 조, 살필 조	目	11	목
	16	粗	거칠 조	米	11	목
	17	找	채울 조, 삿대질 할 화	手,扌	8	목
	18	笊	조리 조	竹	10	목
	19	糙	매조미쌀 조	米	17	목
	20	糶	쌀 팔 조	米	25	목
	21	絩	실 수효 조, 오색실 도	糸	12	목
	22	絛	끈 조	糸	13	목
	23	艚	거룻배 조	舟	17	목
	24	蔦	담쟁이 조	艸,++	17	목
	25	枣	대추나무 조	木	8	목
	26	早	이를 조, 새벽 조	日	6	화
	27	晁	아침 조, 고을 이름 주	日	10	화

한글	번호	한자	뜻 풀 이	부수	획수	자원오행
조	28	鳥	새 조, 땅 이름 작, 섬 도	鳥	11	화
	29	俎	도마 조	人	9	화
	30	彫	새길 조	彡	11	화
	31	雕	독수리 조 , 새길 조	隹	16	화
	32	昭	비출 조, 밝을 조	日	9	화
	33	燥	마를 조	火	17	화
	34	照	비칠 조	灬	13	화
	35	兆	조 조, 조짐 조, 점괘 조	儿	6	화
	36	肇	비롯할 조, 칠 조, 공격할 조	聿	14	화
	37	佻	경박할 조, 늦출 요	亻	8	화
	38	徂	갈 조, 겨냥할 저	彳	8	화
	39	懆	근심할 조, 가혹할 참, 떠들 소	心,忄	17	화
	40	鵰	독수리 조	鳥	19	화
	41	儔	마칠 조, 마칠 주	亻	13	화
	42	祧	천묘 조	示,礻	11	토
	43	嶆	깊을 조	山	14	토
	44	嬥	날씬할 조	女	17	토
	45	鼂	아침 조	黽	18	토
	46	躁	조급할 조, 성급할 조	足	20	토
	47	造	지을 조	辵,辶	14	토
	48	助	도울 조, 없앨 서	力	7	토
	49	阻	막힐 조, 험할 조, 걱정할 조	阜,阝(좌)	13	토
	50	遭	만날 조	辵,辶	18	토
	51	弔	조상할 조, 이를 적	弓	4	토

한글	번호	한자	뜻 풀 이	부수	획수	자원오행
조	52	調	고를 조, 아침 주	言	15	금
	53	璪	면류관 드림 옥 조	玉,王	18	금
	54	祚	복 조	示,礻	10	금
	55	詔	조서 조, 소개할 소	言	12	금
	56	釣	낚을 조, 낚시 조	金	11	금
	57	祖	할아버지 조, 조상 조	示,礻	10	금
	58	曹	무리 조, 마을 조	曰	10	금
	59	刁	조두 조, 칼 도	刀	2	금
	60	琱	아로새길 조	玉,王	13	금
	61	皁	하인 조	白	7	금
	62	誂	꾈 조	言	13	금
	63	譟	떠들 조	言	20	금
	64	鉵	낚을 조, 낚시 조	金	12	금
	65	銚	가래 조, 냄비 요	金	14	금
	66	錭	불리지 않은 쇠 조	金	16	금
	67	厝	둘 조, 섞일 착	厂	10	수
	68	嘈	들렐 조	口	14	수
	69	噪	떠들석할 조	口	16	수
	70	殂	죽을 조	歹	9	수
	71	澡	씻을 조	水,氵	17	수
	72	竈	부엌 조	穴	21	수
	73	胙	제육 조, 나라 이름 작	肉,月	11	수
	74	臊	누릴 조	肉,月	19	수
	75	蜩	쓰르라미 조	虫	14	수

한글	번호	한자	뜻 풀 이	부수	획수	자원오행
조	76	鯛	도미 조	魚	19	수
	77	蚤	벼룩 조	虫	10	수
	78	窕	으늑할 조, 고요할 조, 안존할 조, 예쁠 요	穴	11	수
	79	朝	아침 조, 고을 이름 주	肉,月	12	수
	80	潮	밀물 조, 조수 조	水,氵	16	수
	81	凋	시들 조	水,冫	12	수
	82	漕	배로 실어 나를 조, 수레 조, 홈통 조	水,氵	15	수
	83	嘲	비웃을 조	口	15	수
족	1	族	겨레 족, 풍류 가락 주	方	11	목
	2	簇	가는 대 족, 모일 족, 화살촉 착	竹	17	목
	3	鏃	화살촉 족, 화살촉 촉, 호미 착	金	19	금
	4	足	발 족, 지나칠 주	足	7	토
	5	瘯	옴 족	疒	16	수
존	1	拵	의거할 존	手,扌	10	목
	2	存	있을 존	子	12	목
	3	尊	높을 존, 술그릇 준	寸	6	수
졸	1	拙	옹졸할 졸, 서두를 졸	手,扌	9	목
	2	猝	갑자기 졸, 빠를 졸	犬,犭	11	토
	3	卒	마칠 졸, 군사 졸, 버금 쉬	十	8	금
종	1	宗	성씨, 마루 종	宀	8	목
	2	鐘	성씨, 쇠북 종	金	20	금
	3	樬	종려나무 종	木	13	목
	4	棕	종려나무 종	木	12	목
	5	終	마칠 종, 마지막 종	糸	11	목

한글	번호	한자	뜻 풀 이	부수	획수	자원오행
종	6	縱	세로 종, 바쁠 종	糸	17	목
	7	柊	나무 이름 종	木	9	목
	8	種	씨 종, 혈통 종	禾	14	목
	9	綜	모을 종, 모을 종	糸	14	목
	10	樅	전나무 종	木	15	목
	11	伀	허겁지겁할 종	亻	6	화
	12	慒	생각할 종, 어지러울 조	心,忄	15	화
	13	倧	상고 신인 종	亻	10	화
	14	慫	권할 종	心	15	화
	15	從	좇을 종, 따를 종	彳	11	화
	16	悰	즐길 종, 즐거울 종	心,忄	12	화
	17	踵	발꿈치 종	足	16	토
	18	蹤	발자취 종	足	18	토
	19	踪	자취 종	足	15	토
	20	鍾	쇠북 종, 술병 종	金	17	금
	21	琮	옥홀 종	玉,王	13	금
	22	瑽	패옥 소리 종	玉,王	16	금
	23	淙	물소리 종, 물 댈 상	水,氵	12	수
	24	腫	종기 종, 부스럼 종	肉,月	15	수
	25	瘇	수중다리 종	疒	14	수
	26	螽	메뚜기 종	虫	17	수
좌	1	左	성씨, 왼 좌	工	5	화
	2	座	자리 좌, 지위 좌	广	10	목
	3	挫	꺾을 좌, 결박할 좌	手,扌	11	목

한글	번호	한자	뜻 풀 이	부수	획수	자원 오행
좌	4	莝	여물 좌	艸,++	13	목
	5	髽	북상투 좌	髟	17	화
	6	佐	도울 좌	亻	7	화
	7	坐	앉을 좌	土	7	토
	8	剉	꺾을 좌	刂	9	금
	9	痤	부스럼 좌	疒	12	수
죄	1	罪	허물 죄	网,罒	14	목
주	1	周	성씨, 두루 주	口	8	수
	2	朱	성씨, 붉을 주	木	6	목
	3	紂	껑거리끈 주, 주임금 주	糸	9	목
	4	籌	살 주	竹	20	목
	5	宙	집 주	宀	8	목
	6	廚	부엌 주	广	15	목
	7	奏	아뢸 주, 상소 주	大	9	목
	8	絑	붉을 주	糸	12	목
	9	舟	배 주	舟	6	목
	10	株	그루 주, 뿌리 주	木	10	목
	11	柱	기둥 주, 버틸 주	木	9	목
	12	綢	얽을 주, 쌀 도	糸	14	목
	13	紬	명주 주	糸	11	목
	14	主	임금 주, 주인 주	丶	5	목
	15	椆	영수목 주	木	12	목
	16	絑	댈 주	糸	11	목
	17	丟	아주 갈 주	一	6	목

한글	번호	한자	뜻 풀 이	부수	획수	자원오행
주	18	幬	휘장 주, 비칠 도	巾	17	목
	19	籒	주문 주	竹	21	목
	20	蔟	대주 주, 섶 족, 작살 착	艸,++	17	목
	21	裯	홑이불 주, 속적삼 도	衣,衤	14	목
	22	聏	귀 주	耳	14	화
	23	晝	낮 주	日	11	화
	24	做	지을 주	亻	11	화
	25	住	살 주, 머무를 주	亻	7	화
	26	輳	몰려들 주	車	16	화
	27	燽	밝을 주, 드러날 주, 현저할 주	火	18	화
	28	炷	심지 주	火	9	화
	29	駐	머무를 주	馬	15	화
	30	侏	난쟁이 주	亻	8	화
	31	走	달릴 주	走	7	화
	32	晭	밝을 주	日	12	화
	33	晭	햇빛 주	日	12	화
	34	侜	가릴 주	亻	8	화
	35	儔	무리 주	亻	16	화
	36	鼄	거미 주	黽	19	화
	37	輈	끌채 주	車	13	화
	38	尌	하인 주, 세울 수	寸	12	토
	39	趎	사람 이름 주	走	16	토
	40	邾	나라 이름 주	邑,阝(우)	13	토
	41	週	돌 주	辵,辶	15	토

한글	번호	한자	뜻 풀 이	부수	획수	자원오행
주	42	躊	머뭇거릴 주	足	21	토
	43	遒	닥칠 주, 굳셀 주	辵,辶	16	토
	44	逎	닥칠 주, 遒와 통용어	辵,辶	14	토
	45	疇	이랑 주, 누구 주, 경계 주, 밭 두둑 주	田	19	토
	46	姝	예쁠 주	女	9	토
	47	妵	예쁠 주, 사람 이름 주	女	8	토
	48	珠	구슬 주	玉,王	11	금
	49	酒	술 주	酉	11	금
	50	賍	재물 주	貝	12	금
	51	鉒	쇳돌 주	金	13	금
	52	誅	벨 주	言	13	금
	53	皗	밝을 주	白	13	금
	54	酎	전국술 주, 진한 술 주	酉	10	금
	55	拄	버틸 주	手,扌	9	금
	56	鑄	불릴 주, 쇠부어 만들 주, 인재를 양성할 주	金	22	금
	57	註	글 뜻 풀 주, 기록할 주	言	12	금
	58	珘	구슬 주	玉,王	11	금
	59	調	고를 조, 아침 주	言	15	금
	60	硃	주사 주	石	11	금
	61	詋	방자 주	言	12	금
	62	賙	진휼할 주	貝	15	금
	63	胕	장부 부	肉,月	11	수
	64	腠	살결 주	肉,月	15	수
	65	蛀	나무굼벵이 주	虫	11	수

한글	번호	한자	뜻 풀 이	부수	획수	자원오행
주	66	霔	운우 모양 주	雨	16	수
	67	霔	장마 주	雨	16	수
	68	呪	빌 주	口	8	수
	69	洲	물가 주, 섬 주	水, 氵	10	수
	70	蛛	거미 주	虫	12	수
	71	注	부을 주, 주를 달 주, 물 댈 주, 따를 주	水, 氵	9	수
	72	州	고을 주	川	6	수
	73	嗾	부추길 주, 부추길 수	口	15	수
	74	湊	물 모일 주, 항구 주	水, 氵	13	수
	75	澍	단비 주	水, 氵	16	수
	76	冑	투구 주, 맏아들 주, 핏줄 주	冂	11	수
죽	1	竹	대 죽	竹	6	목
	2	粥	죽 죽, 팔 육	米	12	목
준	1	俊	성씨, 준걸 준, 순임금 순	亻	9	화
	2	儁	준걸 준	亻	15	화
	3	寯	모일 준, 준걸 준,	宀	16	목
	4	僔	모일 준	亻	14	화
	5	樽	술통 준	木	16	목
	6	撙	누를 준	手, 扌	16	목
	7	綧	어지러울 준	糸	14	목
	8	葰	클 준, 생강 준, 생강 유, 고을 이름 사	艸, ++	15	목
	9	晙	볼 준	目	11	목
	10	雋	영특할 준, 살찐 고기 전, 땅 이름 취	隹	13	화
	11	隼	송골매 준, 새 매 준	隹	10	화

한글	번호	한자	뜻 풀 이	부수	획수	자원오행
준	12	憻	어수선할 준	心	13	화
	13	純	가선 준, 순수할 순, 묶을 돈, 온전할 전, 검은 비단 치	糸	10	목
	14	駿	준마 준, 뛰어날 준	馬	17	화
	15	晙	밝을 준, 이를 준	日	11	화
	16	焌	구울 준, 불태울 준, 태울 출	火	11	화
	17	憻	똑똑할 준	心, 忄	17	화
	18	鵔	금계 준	鳥	18	화
	19	墫	술그릇 준	土	15	토
	20	罇	술두루미 준	缶	18	토
	21	踆	마칠 준	足	14	토
	22	蹲	쭈그릴 준	足	19	토
	23	埈	높을 준	土	10	토
	24	峻	높을 준, 준엄할 준	山	10	토
	25	逡	뒷걸음질칠 준	辵, 辶	11	토
	26	陖	가파를 준	阜, 阝(좌)	15	토
	27	畯	농부 준	田	12	토
	28	埻	과녁 준	土	11	토
	29	竣	마칠 준, 물러설 준, 마칠 전	立	12	토
	30	遵	좇을 준	辵, 辶	19	토
	31	逎	앞설 준	辵, 辶	13	토
	32	竴	기쁠 준	立	17	금
	33	濬	준설할 준, 밝을 예	谷	12	금
	34	鐏	창 물미 준	金	20	금

한글	번호	한자	뜻 풀 이	부수	획수	자원오행
준	35	皴	틀 준	皮	12	금
	36	鱒	송어 준	魚	23	수
	37	準	준할 준, 법도 준, 콧마루 절	水, 氵	12	수
	38	凖	준할 준, 법 준, 콧마루 절	冫	10	수
	39	准	준할 준, 콧마루 절	冫	10	수
	40	蠢	꾸물거릴 준, 꿈틀거릴 준	虫	21	수
	41	濬	깊을 준, 개천을 칠 준	水, 氵	18	수
	42	浚	깊게 할 준	水, 氵	11	수
	43	餕	대궁 준(먹다 남은 밥)	食, 飠	16	수
	44	한자없음				
	45	한자없음				
줄	1	茁	싹 줄, 싹틀 촬, 싹 절	艸, ++	11	목
	2	乶	줄 줄	乙	9	목
중	1	眔	무리 중	目	11	목
	2	仲	버금 중	亻	6	화
	3	重	무거울 중, 아이 동	里	9	토
	4	中	가운데 중	丨	4	토
	5	衆	무리 중	血	12	수
즉	1	卽	곧 즉	卩	9	수
	2	即	곧 즉, 卽과 통용어	卩	7	수
	3	喞	두런거릴 즉	口	12	수
즐	1	櫛	빗 즐, 빗질 즐, 즐비할 즐	木	19	목
	2	騭	수말 즐	馬	20	화
즙	1	楫	노 즙, 노 집	木	13	목

한글	번호	한자	뜻 풀 이	부수	획수	자원오행
즙	2	葺	기울 즙, 기울 집	艸,++	15	목
	3	檝	노 즙, 노 집	木	17	목
	4	蕺	삼백초 즙, 부러지는 소리 첩	艸,++	19	목
	5	汁	즙 즙, 맞을 협, 그릇 집, 고을 이름 십	水,氵	6	수
증	1	蒸	찔 증, 더울 증	艸,++	16	목
	2	拯	건질 증	手,扌	10	목
	3	繒	비단 증	糸	18	목
	4	罾	그물 증	网,罒	17	목
	5	曾	일찍 증, 곧 증	日	12	화
	6	憎	미울 증, 미움 증	心,忄	16	화
	7	烝	김 오를 증	灬	10	화
	8	甑	시루 증	瓦	17	토
	9	增	더할 증, 많을 증, 겹칠 층	土	15	토
	10	嶒	높을 증, 높고 험할 쟁	山	15	토
	11	矰	주살 증	矢	17	금
	12	贈	줄 증, 보낼 증	貝	19	금
	13	證	증거 증	言	19	금
	14	症	증세 증, 적취 징	疒	15	수
지	1	池	성씨, 못 지, 강 이름 타, 제거할 철	水,氵	7	수
	2	智	성씨, 슬기 지, 지혜 지	日	12	화
	3	祉	복 지	示,礻	9	목
	4	芝	지초 지, 버섯 지	艸,++	10	목
	5	指	가리킬 지	手,扌	10	목
	6	枝	가지 지, 육손이 지	木	8	목

한글	번호	한자	뜻 풀 이	부수	획수	자원오행
지	7	枳	탱자 지, 탱자 기	木	9	목
	8	紙	종이 지	糸	10	목
	9	持	가질 지	手,扌	10	목
	10	摯	잡을 지	手,扌	15	목
	11	芷	어수리 지, 구리 때 지, 향기풀 뿌리 지	艸,++	10	목
	12	搘	버틸 지	手,扌	14	목
	13	禔	복 지, 복 제, 복 시- 행복	示,礻	14	목
	14	觝	만날 지	角	11	목
	15	榰	주춧돌 지	木	14	목
	16	秖	다만 지	禾	10	목
	17	篪	피리 지, 긴 대 호	竹	16	목
	18	抵	칠 지, 막을 저	手,扌	9	목
	19	恓	사랑할 지, 믿을 치	心,忄	8	화
	20	舐	핥을 지	舌	10	화
	21	軹	굴대 끝 지	車	12	화
	22	鷙	맹금 지, 의심할 질	鳥	22	화
	23	旨	뜻 지	日	6	화
	24	志	뜻 지, 기치 치	心	7	화
	25	駤	굳셀 지	馬	14	화
	26	支	지탱할 지, 가지 지	支	4	토
	27	遲	더딜 지, 늦을 지	辵,辶	19	토
	28	之	갈 지	丿	4	토
	29	趾	발 지	足	11	토
	30	止	그칠 지	止	4	토

한글	번호	한자	뜻 풀 이	부수	획수	자원오행
지	31	地	땅 지	土	6	토
	32	至	이를 지, 덜렁대는 모양 질	至	6	토
	33	址	터 지	土	7	토
	34	劤	굳건할 지	力	6	토
	35	坁	머무를 지	土	7	토
	36	坻	머무를 지	土	7	토
	37	墀	지대뜰 지	土	15	토
	38	踟	머뭇거릴 지	足	15	토
	39	躓	넘어질 지, 넘어질 질	足	22	토
	40	阯	터 지	阜,阝(좌)	12	토
	41	鋕	기록할 지	金	15	금
	42	誌	기록할 지	言	14	금
	43	識	적을 지, 표할 지, 알 식, 깃발 치	言	19	금
	44	砥	숫돌 지	石	10	금
	45	贄	폐백 지, 움직이지 아니할 얼	貝	18	금
	46	知	알 지	矢	8	금
	47	祗	다만 지, 공경할 지, 땅귀신 기	示,礻	10	금
	48	只	다만 지, 어조사 지, 외짝 척	口	5	수
	49	脂	기름 지	肉,月	12	수
	50	漬	담글 지	水,氵	15	수
	51	泜	섬 지	水,氵	10	수
	52	底	숫돌 지	厂	7	수
	53	肢	팔다리 지	肉,月	10	수
	54	沚	물가 지	水,氵	8	수

한글	번호	한자	뜻 풀 이	부수	획수	자원오행
지	55	咫	여덟치 지, 길이 지	口	9	수
	56	蜘	거미 지	虫	14	수
	57	吱	가는 소리 지	口	7	수
	58	泜	붙을 지, 가지런할 지	水, 氵	8	수
	59	泜	물 이름 지, 물 이름 제, 물 이름 치	水, 氵	9	수
	60	痣	사마귀 지	疒	12	수
	61	鮨	물고기젓 지, 능성어 예, 지느러미 기	魚	17	수
	62	한자없음	知 : 알지와 동자	矢		금
	63	한자없음				
직	1	禝	사람 이름 직	示, 礻	15	목
	2	稙	올벼 직	禾	13	목
	3	織	짤 직, 기치 치	糸	18	목
	4	稷	피 직, 기장 직	禾	15	목
	5	直	곧을 직, 값 치	目	8	목
	6	職	직분 직	耳	18	화
진	1	陳	성씨, 베풀 진, 묵을 진	阜, 阝(좌)	16	토
	2	晋	성씨, 진나라 진, 나아갈 진, 물 이름 전, 晉과 통용어	日	10	화
	3	秦	성씨, 나라 이름 진	禾	10	목
	4	眞	성씨, 참 진	目	10	목
	5	真	참 진, 眞과 통용어	目	10	목
	6	瞋	부릅뜰 진, 성낼 진	目	15	목
	7	榛	개암나무 진	木	14	목
	8	蓁	더위지기 진(나무 종류)	艸, ++	17	목

한글	번호	한자	뜻 풀 이	부수	획수	자원오행
진	9	禛	복 받을 진	示,ネ	15	목
	10	杒	바디 진, 사침대 진	木	8	목
	11	袗	홑옷 진	衣,ネ	11	목
	12	抮	되돌릴 진, 잡을 진	手,扌	9	목
	13	稹	빽빽할 진, 떨기로 날 진	禾	15	목
	14	縉	붉은 비단 진	糸	16	목
	15	搢	꽂을 진, 흔들 장	手,扌	14	목
	16	蓁	우거질 진	艸,++	16	목
	17	栚	평고대 진, 대청 진	木	11	목
	18	槇	나무 끝 전, 부리 모일 진, 결 고울 진	木	14	목
	19	縝	고울 진, 삼실 진, 촘촘할 진	糸	16	목
	20	振	떨칠 진	手,扌	11	목
	21	靕	바를 진	靑	13	목
	22	敒	다스릴 신	攵	11	목
	23	眹	눈동자 진	目	11	목
	24	侲	아이 진	亻	9	화
	25	鬒	숱 많고 검을 진	髟	20	화
	26	軫	수레 뒤턱 나무 진	車	12	화
	27	眹	밝을 진, 흘겨볼 미	臣	11	화
	28	晈	밝을 진	日	9	화
	29	晉	나아갈 진, 진나라 진	日	10	화
	30	進	나아갈 진, 선사 신	辵,辶	15	토
	31	塵	티끌 진	土	14	토
	32	畛	두둑 진, 두렁 길 진	田	10	토

한글	번호	한자	뜻 풀 이	부수	획수	자원오행
진	33	辰	별 진, 때 신	辰	7	토
	34	塡	진정할 진, 누를 진, 진정할 진, 메울 전	土	13	토
	35	臻	이를 진, 미칠 진	至	16	토
	36	陣	진 칠 진	阜,阝(좌)	15	토
	37	陳	베풀 진, 묵을 진	阜,阝(좌)	16	토
	38	趁	쫓을 진, 쫓을 년(연)	走	12	토
	39	珒	옥 이름 진	玉,王	11	금
	40	珍	보배 진	玉,王	10	금
	41	鉁	보배 진	金	10	금
	42	瑨	아름다운 돌 진	玉,王	15	금
	43	瑱	누를 진, 귀막이 옥 전	玉,王	15	금
	44	診	진찰할 진, 볼 진	言	12	금
	45	賑	구휼할 진, 넉넉할 진	貝	14	금
	46	鎭	진압할 진, 진정할 진, 편안할 진, 메울 전	金	18	금
	47	璡	옥돌 진	玉,王	17	금
	48	儘	다할 진	亻	16	화
	49	盡	다할 진	皿	14	금
	50	尽	다할 진, 盡과 통용어	尸	6	수
	51	殄	다할 진, 죽을 진	歹	9	수
	52	疹	마마 진	疒	10	수
	53	嗔	성낼 진, 성한 모양 전	口	13	수
	54	唇	놀랄 진, 입술 순	口	10	수
	55	震	우레 진, 벼락칠 진, 진동할 진, 애 밸 신	雨	15	수
	56	溱	많을 진, 성할 진	水,氵	14	수

한글	번호	한자	뜻 풀 이	부수	획수	자원오행
진	57	津	나루 진	水, 氵	10	수
	58	蟜	설렐 진	虫	17	수
	59	한자없음	瑨의 속자 : 아름다운 돌 진	玉,王		금
질	1	絰	질 질	糸	12	목
	2	帙	책권 차례 질, 책 질	巾	8	목
	3	桎	차꼬 질, 속박할 질	木	10	목
	4	秩	차례 질, 쌓아올릴 질	禾	10	목
	5	蒺	남가새 질	艸, ++	16	목
	6	侄	어리석을 질, 조카 질	亻	8	화
	7	跌	거꾸러질 질, 넘어질 질	足	12	토
	8	嫉	미워할 질, 시기할 질	女	13	토
	9	姪	조카 질	女	9	토
	10	迭	번갈아들질,지나칠질,범할 일	辵,辶	12	토
	11	垤	개밋둑 질	土	9	토
	12	郅	고을 이름 질, 깃대 길	邑,阝(우)	13	토
	13	瓆	사람 이름 질	玉,王	20	금
	14	質	바탕 질, 근본 질, 폐백 지	貝	15	금
	15	鑕	도끼 질	金	23	금
	16	窒	막힐 질	穴	11	수
	17	膣	음도 질, 음순 질	肉,月	17	수
	18	疾	병 질	疒	10	수
	19	蛭	거머리 질	虫	12	수
	20	叱	꾸짖을 질	口	5	수
짐	1	鴆	짐새 짐, 새 이름 담	鳥	15	화

한글	번호	한자	뜻 풀 이	부수	획수	자원오행
짐	2	斟	짐작할 짐, 술 따를 짐, 짐작할 침	斗	13	화
	3	朕	나 짐	肉,月	10	화
집	1	楫	노 집, 돛대 즙, 노 즙	木	13	목
	2	緝	모을 집, 낳을 집, 이을 즙	糸	15	목
	3	集	모을 집	隹	12	화
	4	輯	모을 집, 화목할 집	車	16	화
	5	什	세간 집, 물건 집, 열 사람 십	亻	4	화
	6	執	잡을 집, 지킬 집	土	11	토
	7	戢	거둘 집	戈	13	금
	8	鏶	판금 집	金	20	금
	9	潗	샘솟을 집	水,氵	16	수
	10	咠	소곤거릴 집	口	9	수
	11	한자없음	潗자와 동자 : 샘솟을 집	水,氵		수
징	1	瞪	바로 볼 징, 바로 볼 쟁, 바로 볼 챙	目	17	목
	2	懲	징계할 징	心	19	화
	3	徵	부를 징, 음률 이름 치	彳	15	화
	4	澄	맑을 징, 나뉠 등	水,氵	16	수
	5	澂	맑을 징	水,氵	16	수
	6	瀓	맑을 징	水,氵	19	수
	7	癥	적취 징	广	20	수
차	1	車	성씨, 수레 차, 수레 거	車	7	화
	2	奲	관대할 차, 너그러울 차, 풍부할 다	大	24	목
	3	茶	차 차, 차 다	艸,++	12	목
	4	且	또 차, 공경스러울 저, 도마 조	一	5	목

한글	번호	한자	뜻 풀 이	부수	획수	자원오행
차	5	箚	찌를 차	竹	14	목
	6	槎	나무 벨 차, 떼 사	木	14	목
	7	伬	잴 차	亻	8	화
	8	偺	빌릴 차	亻	11	화
	9	借	빌릴 차	亻	10	화
	10	差	다를 차, 차별 치, 버금 채	工	10	화
	11	侘	낙망할 차, 뽐낼 차	亻	9	화
	12	次	버금 차, 머뭇거릴 차	欠	6	화
	13	嵯	우뚝 솟을 차, 울쑥불쑥할 치	山	13	토
	14	遮	가릴 차, 막을 차, 이 저	辵,辶	18	토
	15	此	이 차, 이에 차	止	6	토
	16	姹	자랑할 차, 예쁜 여자 차, 자랑할 타	女	9	토
	17	蹉	미끄러질 차, 넘어질 차	足	17	토
	18	岔	갈림길 차, 산이 높을 분	山	7	토
	19	磋	갈 차, 삭은 뼈 자	石	15	금
	20	硨	옥돌 차, 조개 거	石	12	금
	21	瑳	고울 차, 깨끗할 차	玉,王	15	금
	22	鹾	소금 차	鹵	21	수
	23	叉	갈래 차, 작살 차	又	3	수
	24	嗟	탄식할 차	口	13	수
착	1	搾	짤 착, 술주자 자	手,扌	14	목
	2	捉	잡을 착	手,扌	11	목
	3	着	붙을 착, 나타날 저	目	12	목
	4	擉	작살 착	手,扌	17	목

한글	번호	한자	뜻 풀 이	부수	획수	자원오행
착	5	戳	찌를 착	戈	18	금
	6	斲	깎을 착	斤	14	금
	7	齪	악착할 착	齒	22	금
	8	鑿	뚫을 착, 구멍 조, 새길 촉	金	28	금
	9	錯	어긋날 착, 섞일 착, 둘 조	金	16	금
	10	窄	좁을 착	穴	10	수
찬	1	簒	빼앗을 찬	竹	16	목
	2	篡	빼앗을 찬, 簒과 통용어	竹	17	목
	3	粲	정미 찬, 선명할 찬, 깨끗할 찬	米	13	목
	4	纘	이을 찬	糸	25	목
	5	撰	지을 찬, 갖출 찬, 가릴 찬, 가릴 선	手,扌	16	목
	6	攢	모일 찬, 옹기종기 모일 찬	手,扌	23	목
	7	欑	모을 찬, 모일 찬	木	23	목
	8	纂	모을 찬	糸	20	목
	9	儹	모을 찬, 일 공론할 찬	亻	17	화
	10	儧	모을 찬	亻	21	화
	11	爨	부뚜막 찬, 부뚜막 촌	火	30	화
	12	燦	빛날 찬	火	17	화
	13	巑	산 뾰족할 찬	山	22	토
	14	孏	희고 환할 찬	女	22	토
	15	趲	놀라 흩어질 찬	走	26	토
	16	劗	깎을 찬, 깎을 전	刂	21	금
	17	讚	기릴 찬	言	26	금
	18	讃	기릴 찬, 讚과 통용어	言	22	금

한글	번호	한자	뜻 풀 이	부수	획수	자원오행
찬	19	鑽	뚫을 찬	金	27	금
	20	贊	도울 찬	貝	19	금
	21	賛	도울 찬, 贊과 통용어	貝	15	금
	22	瓚	옥잔 찬, 큰 홀 찬	玉,王	24	금
	23	璨	옥빛 찬, 빛날 찬	玉,王	18	금
	24	澯	맑을 찬	水,氵	17	수
	25	饌	반찬 찬, 지을 찬, 여섯 냥 선	食,飠	21	수
	26	竄	숨을 찬	穴	18	수
	27	餐	밥 찬, 먹을 찬, 물말이할 손	食	16	수
찰	1	紮	감을 찰	糸	11	목
	2	擦	문지를 찰, 비빌 찰	手,扌	18	목
	3	札	편지 찰, 뽑을 찰	木	6	목
	4	察	살필 찰	宀	14	목
	5	扎	편지 찰, 뽑을 찰	手,扌	5	목
	6	刹	절 찰	刂	8	금
참	1	攙	찌를 참	手,扌	21	목
	2	槧	판 참, 건목 칠 첨	木	15	목
	3	欃	살별 이름 참	木	21	목
	4	傪	어긋날 참	亻	19	화
	5	慘	비통할 참	心,忄	16	화
	6	懺	뉘우칠 참, 뉘우칠 천	心	21	화
	7	毚	약은 토끼 참	比	17	화
	8	驂	곁마 참	馬	21	화
	9	慘	참혹할 참, 우울해질 조	心,忄	15	화

한글	번호	한자	뜻 풀 이	부수	획수	자원오행
참	10	僭	주제넘을 참, 범할 참	亻	14	화
	11	慚	부끄러워할 참	心,忄	15	화
	12	慙	부끄러울 참, 慚과 통용어	心	15	화
	13	參	참여할 참, 석 삼	厶	11	화
	14	塹	구덩이 참, 낮을 점	土	14	토
	15	巉	가파를 참	山	20	토
	16	嶄	가파를 참	山	14	토
	17	斬	벨 참	斤	11	금
	18	譖	참소할 참	言	19	금
	19	鏨	새길 참, 새길 잠	金	19	금
	20	鑱	침 참	金	25	금
	21	讖	예언 참	言	24	금
	22	站	역마을 참, 우두커니 설 참	立	10	금
	23	讒	참소할 참, 해칠 참	言	24	금
	24	黲	검푸르죽죽할 참	黑	23	수
	25	饞	탐할 참	食	26	수
창	1	昌	성씨, 창성할 창	日	8	화
	2	倉	성씨, 곳집 창	人	10	화
	3	槍	창 창, 어지럽힐 창, 칠 추	木	14	목
	4	菖	창포 창	艸,++	14	목
	5	廠	공장 창, 헛간 창, 곳집 창	广	15	목
	6	艙	부두 창, 선창 창	舟	16	목
	7	蒼	푸를 창, 평 창, 통할 창	艸,++	16	목
	8	搶	부딪칠 창	手,扌	14	목

한글	번호	한자	뜻 풀 이	부수	획수	자원오행
창	9	闛	문 창	門	16	목
	10	鬯	술 이름 창	鬯	10	목
	11	昶	해 길 창, 트일 창, 밝을 창	日	9	화
	12	彰	드러날 창, 밝을 창, 뚜렷할 창	彡	14	화
	13	暢	화창할 창	日	14	화
	14	倡	광대 창, 기생 창	亻	10	화
	15	愴	슬플 창	心,忄	14	화
	16	晿	사람 이름 창	日	12	화
	17	倀	갈팡질팡할 창, 귀신 이름 창	亻	10	화
	18	傖	천할 창	亻	12	화
	19	悵	원망할 창	心,忄	12	화
	20	惝	경황없을 창	心,忄	12	화
	21	氅	새털 창	毛	16	화
	22	鶬	재두루미 창	鳥	21	화
	23	蹌	추창할 창	足	17	토
	24	猖	미쳐 날뛸 창	犬,犭	11	토
	25	娼	창녀 창	女	11	토
	26	敞	시원할 창, 높을 창, 드러날 창	攵	12	금
	27	創	비롯할 창, 다칠 창	刂	12	금
	28	刅	비롯할 창, 다칠 창	刀	8	금
	29	戧	비롯할 창, 다칠 창	戈	14	금
	30	瑲	옥 소리 창	玉,王	15	금
	31	鋹	날카로울 창	金	16	금
	32	淐	물 이름 창	水,氵	12	수

<table>
<tr><th>한글</th><th>번호</th><th>한자</th><th>뜻 풀 이</th><th>부수</th><th>획수</th><th>자원오행</th></tr>
<tr><td rowspan="9">창</td><td>33</td><td>淌</td><td>큰 물결 창</td><td>水, 氵</td><td>12</td><td>수</td></tr>
<tr><td>34</td><td>滄</td><td>찰 창</td><td>氵</td><td>12</td><td>수</td></tr>
<tr><td>35</td><td>窻</td><td>창 창, 굴뚝 총</td><td>穴</td><td>12</td><td>수</td></tr>
<tr><td>36</td><td>漲</td><td>넘칠 창</td><td>水, 氵</td><td>15</td><td>수</td></tr>
<tr><td>37</td><td>滄</td><td>큰 바다 창, 강 이름 창</td><td>水, 氵</td><td>14</td><td>수</td></tr>
<tr><td>38</td><td>窓</td><td>창 창, 굴뚝 총</td><td>穴</td><td>11</td><td>수</td></tr>
<tr><td>39</td><td>瘡</td><td>부스럼 창</td><td>广</td><td>15</td><td>수</td></tr>
<tr><td>40</td><td>脹</td><td>부을 창, 배부를 창, 창자 장</td><td>肉, 月</td><td>14</td><td>수</td></tr>
<tr><td>41</td><td>唱</td><td>부를 창</td><td>口</td><td>11</td><td>수</td></tr>
<tr><td rowspan="15">채</td><td>1</td><td>蔡</td><td>성씨, 풀 채, 내칠 살</td><td>艸, ++</td><td>17</td><td>목</td></tr>
<tr><td>2</td><td>采</td><td>성씨, 풍채 채, 캘 채</td><td>采</td><td>8</td><td>목</td></tr>
<tr><td>3</td><td>菜</td><td>성씨, 나물 채</td><td>艸, ++</td><td>14</td><td>목</td></tr>
<tr><td>4</td><td>睬</td><td>주목할 채, 속된 말 채</td><td>目</td><td>13</td><td>목</td></tr>
<tr><td>5</td><td>綵</td><td>비단 채</td><td>糸</td><td>14</td><td>목</td></tr>
<tr><td>6</td><td>採</td><td>캘 채, 풍채 채, 가려 낼 채</td><td>手, 扌</td><td>12</td><td>목</td></tr>
<tr><td>7</td><td>棌</td><td>참나무 채</td><td>木</td><td>12</td><td>목</td></tr>
<tr><td>8</td><td>寀</td><td>녹봉 채</td><td>宀</td><td>11</td><td>목</td></tr>
<tr><td>9</td><td>寨</td><td>목책 채</td><td>宀</td><td>14</td><td>목</td></tr>
<tr><td>10</td><td>茝</td><td>어수리 채, 궁궁이 싹 치</td><td>艸, ++</td><td>12</td><td>목</td></tr>
<tr><td>11</td><td>彩</td><td>채색 채</td><td>彡</td><td>11</td><td>화</td></tr>
<tr><td>12</td><td>債</td><td>빚 채</td><td>亻</td><td>13</td><td>화</td></tr>
<tr><td>13</td><td>埰</td><td>사패지 채, 무덤 채</td><td>土</td><td>11</td><td>토</td></tr>
<tr><td>14</td><td>婇</td><td>여자의 이름자 채</td><td>女</td><td>11</td><td>토</td></tr>
<tr><td>15</td><td>責</td><td>빚 채, 꾸짖을 책</td><td>貝</td><td>11</td><td>금</td></tr>
</table>

한글	번호	한자	뜻 풀 이	부수	획수	자원오행
채	16	砦	진터 채, 울타리 채	石	11	금
	17	琗	옥빛 채, 주옥의 광채 쉬, 주옥의 광채 슬, 옥빛 채, 옥빛 신	玉,王	13	금
	18	釵	비녀 채, 비녀 차	金	11	금
책	1	策	꾀 책 , 채찍 책	竹	12	목
	2	冊	책 책, 册과 통용어	冂	5	목
	3	册	책 책	冂	5	목
	4	筴	책 책, 채찍 책	竹	11	목
	5	栅	울타리 책	木	9	목
	6	幘	머리쓰개 책	巾	14	목
	7	簀	살평상 책	竹	17	목
	8	磔	찢을 책	石	15	금
	9	責	꾸짖을 책, 빚 채	貝	11	금
	10	嘖	들렐 책	口	14	수
	11	蚱	메뚜기 책	虫	11	수
처	1	萋	우거질 처	艸,⁺⁺	14	목
	2	覷	엿볼 처	見	19	화
	3	悽	슬퍼할 처, 바쁠 서	心,忄	12	화
	4	妻	아내 처	女	8	토
	5	處	곳 처	虍	11	토
	6	郪	땅 이름 처, 제나라 땅 이름 서, 현 이름 차, 현 이름 자	邑,阝(우)	15	토
	7	淒	쓸쓸할 처, 찰 처	水,氵	12	수
	8	凄	쓸쓸할 처, 찰 처	冫	10	수

한글	번호	한자	뜻 풀 이	부수	획수	자원오행
척	1	擲	던질 척	手,扌	19	목
	2	拓	넓힐 척, 주울 척, 박을 탁, 부러뜨릴 척	手,扌	9	목
	3	尺	자 척	尸	4	목
	4	捗	칠 척, 거둘 보	手,扌	11	목
	5	摭	주울 척, 주울 석	手,扌	15	목
	6	惕	두려워할 척	心,忄	12	화
	7	隻	외짝 척, 새 한마리 척	隹	10	화
	8	倜	기개 있을 척, 어긋나게 뻗을 주	亻	10	화
	9	慽	근심할 척	心,忄	15	화
	10	慼	근심할 척	心	15	화
	11	塉	메마른 땅 척	土	13	토
	12	跖	밟을 척	足	12	토
	13	躑	머뭇거릴 척	足	22	토
	14	蹠	밟을 척	足	18	토
	15	陟	오를 척	阜,阝(좌)	15	토
	16	墌	터 척, 기지 척, 토대 척	土	14	토
	17	坧	터 척, 기지 척	土	8	토
	18	戚	친척 척, 근심할 척, 재촉할 촉	戈	11	금
	19	剔	뼈 바를 척, 깎을 체	刂	10	금
	20	刺	찌를 척, 찌를 자, 비방할 체, 수라 라(나)	刂	8	금
	21	斥	물리칠 척, 방자할 탁, 성씨 자	斤	5	금
	22	蜴	도마뱀 척	虫	14	수
	23	脊	등마루 척	肉,月	12	수
	24	滌	씻을 척, 물 이름 조	水,氵	15	수

한글	번호	한자	뜻 풀 이	부수	획수	자원오행
척	25	瘠	여윌 척	疒	15	수
천	1	天	성씨, 하늘 천	大	4	화
	2	千	성씨, 일천 천, 밭두둑 천, 그네 천	十	3	수
	3	舛	어그러질 천, 잡될 준	舛	6	목
	4	茜	꼭두서니 천	艸,++	12	목
	5	闡	밝힐 천, 열 천, 넓힐 천	門	20	목
	6	薦	천거할 천, 꽂을 진	艸,++	19	목
	7	擅	멋대로 할 천	手,扌	17	목
	8	芊	우거질 천	艸,++	9	목
	9	荐	천거할 천, 꽂을 진	艸,++	12	목
	10	蒨	꼭두서니 천	艸,++	16	목
	11	蕆	신칙할 천	艸,++	18	목
	12	靝	하늘 천	靑	18	목
	13	倩	얕을 천	亻	10	화
	14	倩	남자의 미칭 천, 사위 청	亻	10	화
	15	僐	등질 천	亻	14	화
	16	僤	머뭇거릴 천, 찬찬할 단, 사양할 선	亻	15	화
	17	阡	두렁 천, 언덕 천	阜,阝(좌)	11	화
	18	仟	일천 천, 밭두둑 천	亻	5	화
	19	遷	옮길 천, 바뀔 천	辵,辶	19	토
	20	踐	밟을 천	足	15	토
	21	臶	거듭 천	至	12	토
	22	辿	천천히 걸을 천	辵,辶	10	토
	23	祆	하늘 천, 하늘 현	示,礻	9	금

한글	번호	한자	뜻 풀 이	부수	획수	자원오행
천	24	賤	천할 천	貝	15	금
	25	韆	그네 천	革	24	금
	26	玔	옥고리 천	玉,王	8	금
	27	釧	팔찌 천	金	11	금
	28	淺	얕을 천, 물을 끼얹을 전	水,氵	12	수
	29	穿	뚫을 천	穴	9	수
	30	泉	샘 천	水	9	수
	31	喘	숨찰 천, 헐떡거릴 천	口	12	수
	32	川	내 천	川	3	수
	33	洊	이를 천	水,氵	10	수
	34	濺	흩뿌릴 천, 더운 물 뿌릴 찬	水,氵	19	수
철	1	綴	엮을 철	糸	14	목
	2	撤	거둘 철, 걷을 철, 치울 철	手,扌	16	목
	3	瞮	눈 밝을 철	目	17	목
	4	掇	주을 철	手,扌	12	목
	5	惙	근심할 철, 숨이 찰 체	心,忄	12	화
	6	歠	들이마실 철	欠	19	화
	7	徹	통할 철	彳	15	화
	8	轍	바퀴 자국 철	車	19	화
	9	輟	그칠 철	車	15	화
	10	垤	밝을 철	土	10	토
	11	喆	밝을 철, 쌍길 철	口	12	수
	12	哲	밝을 철	口	10	수
	13	詹	이를 첨, 넉넉할 담, 두꺼비 섬	言	13	금

한글	번호	한자	뜻 풀 이	부수	획수	자원오행
철	14	鉄	쇠 철, 鐵과 통용어	金	13	금
	15	鐵	쇠 철	金	21	금
	16	銕	쇠 철	金	14	금
	17	剟	깎을 철	刂	10	금
	18	銕	바늘 철	金	16	금
	19	啜	먹을 철	口	11	수
	20	飻	탐할 철	飠	14	수
	21	饕	탐할 철	食	18	수
	22	澈	맑을 철	水, 氵	16	수
	23	凸	볼록할 철	凵	5	수
첨	1	籤	제비 첨	竹	23	목
	2	簽	제비 첨, 쪽지 첨, 서명할 첨	竹	19	목
	3	瞻	볼 첨, 우러러 볼 첨	目	18	목
	4	幨	수레 휘장 첨	巾	16	목
	5	檐	처마 첨, 질 담	木	17	목
	6	簷	처마 첨	竹	19	목
	7	櫼	쐐기 첨, 삼목 삼	木	21	목
	8	襜	행주치마 첨, 부족 이름 담	衣, 衤	19	목
	9	僉	다 첨, 여러 첨	人	13	화
	10	忝	더럽힐 첨	心, 忄	8	화
	11	憸	가락 어지러울 첨	心, 忄	12	화
	12	甜	달 첨	甘	11	토
	13	甛	달 첨	甘	11	토
	14	詹	이를 첨, 넉넉할 담, 두꺼비 섬	言	7	금

한글	번호	한자	뜻 풀 이	부수	획수	자원오행
첨	15	諂	아첨할 첨	言	15	금
	16	尖	뾰족할 첨	小	6	금
	17	瀸	건수 첨, 적실 첨	水, 氵	21	수
	18	沾	더할 첨, 젖을 점, 경망할 접	水, 氵	9	수
	19	添	더할 첨	水, 氵	12	수
첩	1	帖	문서 첩, 체지 체	巾	8	목
	2	牒	편지 첩, 글시 판 첩	片	13	목
	3	睫	속눈썹 첩, 깜작일 섭	目	13	목
	4	捷	빠를 첩, 이길 첩, 꽂을 삽	手, 扌	12	목
	5	褺	겹옷 첩	衣, 衤	17	목
	6	倢	빠를 첩	亻	10	화
	7	怗	고요할 첩, 어울리지 않을 첨	心, 忄	9	화
	8	輒	문득 첩	車	14	화
	9	堞	성가퀴 첩(성 위에 낮게 쌓은 담)	土	12	토
	10	疊	거듭 첩, 겹쳐질 첩	田	22	토
	11	妾	첩 첩	女	8	토
	12	貼	붙일 첩	貝	12	금
	13	諜	염탐할 첩, 말 잇닿을 섭	言	16	금
	14	呫	소곤거릴 첩, 소곤거릴 첨	口	8	수
	15	喋	재재거릴 첩, 쪼아먹을 잡	口	12	수
청	1	廳	관청 청	广	25	목
	2	靑	푸를 청	靑	8	목
	3	青	푸를 청	靑	8	목
	4	菁	우거질 청, 순무 정	艸, ++	14	목

한글	번호	한자	뜻 풀 이	부수	획수	자원오행
청	5	晴	갤 청	日	12	화
	6	聽	들을 청	耳	22	화
	7	鶄	푸른 백로 청	鳥	19	화
	8	婧	날씬한 정, 날씬한 청	女	11	토
	9	請	청할 청	言	15	금
	10	淸	맑을 청	水,氵	12	수
	11	清	맑을 청	水,氵	12	수
	12	鯖	청어 청, 잡회 정	魚	19	수
	13	凊	서늘할 청, 서늘할 정	冫	10	수
	14	圊	뒷간 청	囗	11	수
	15	蜻	잠자리 청	虫	14	수
	16	한자없음	晴의 속자 : 갤청			
	17	한자없음	請의 속자 : 청할 청			
체	1	諟	살필 체, 이 시	言	16	목
	2	締	맺을 체	糸	15	목
	3	棣	산앵두나무 체, 익숙할 태	木	12	목
	4	蔕	꼭지 체, 밑 대	艸,++	15	목
	5	蔕	꼭지 체, 밑 대	艸,++	17	목
	6	彘	돼지 체	彐	12	화
	7	髰	머리 깎을 체	髟	15	화
	8	替	바꿀 체, 참람할 참	日	12	화
	9	遞	갈릴 체, 두를 대	辵,辶	17	토
	10	逮	잡을 체, 탈 태	辵,辶	15	토
	11	玼	옥빛 깨끗할 체, 흠 자	玉,王	11	금

한글	번호	한자	뜻 풀 이	부수	획수	자원오행
체	12	砌	섬돌 체	石	9	금
	13	諦	살필 체, 울 제	言	16	금
	14	剃	머리 깎을 체	刂	9	금
	15	切	온통 체, 끊을 절	刀	4	금
	16	體	몸 체	骨	23	금
	17	滯	막힐 체	水, 氵	15	수
	18	涕	눈물 체	水, 氵	11	수
	19	殢	나른할 체, 나른할 혜	歹	15	수
	20	靆	구름 낄 체	雨	20	수
초	1	楚	성씨, 초나라 초, 회초리 초	木	13	목
	2	肖	성씨, 닮을 초, 같을 초, 꺼질 소	肉, 月	9	수
	3	招	부를 초, 지적할 교, 풍류 이름 소	手, 扌	9	목
	4	稍	점점 초, 끝 초, 구실 소	禾	12	목
	5	梢	나뭇가지 끝 초, 마들가리 소	木	11	목
	6	椒	산초나무 초	木	12	목
	7	草	풀 초	艸, ++	12	목
	8	艸	풀 초, 草의 본자	艸	6	목
	9	樵	나무할 초	木	16	목
	10	茗	완두 초, 갈대 이삭 초, 풀 이름 소	艸, ++	11	목
	11	抄	뽑을 초, 두벌갈이할 초	手, 扌	8	목
	12	秒	분초 초, 까끄라기 묘	禾	9	목
	13	蕉	파초 초	艸, ++	18	목
	14	杪	나무 끝 초	木	8	목
	15	綃	생사 초, 건 소	糸	13	목

한글	번호	한자	뜻 풀 이	부수	획수	자원오행
초	16	䑀	써레 초	耒	10	목
	17	俏	닮을 초, 거문고 탈 소	亻	9	화
	18	超	뛰어넘을 초	走	12	화
	19	焦	탈 초, 그을릴 초	灬	12	화
	20	憔	파리할 초, 수척할 초	心,忄	16	화
	21	炒	볶을 초	火	8	화
	22	愀	인정 없을 초	亻	11	화
	23	僬	밝게 볼 초	亻	14	화
	24	怊	슬퍼할 초	心,忄	9	화
	25	悄	근심할 초	心,忄	11	화
	26	愀	근심할 초	心,忄	13	화
	27	燋	그을릴 초, 불 안켤 초 착	火	16	화
	28	軺	수레 이름 초, 작은 수레 요	車	12	화
	29	顦	야윌 초	頁	21	화
	30	髫	늘어뜨린 머리 초	髟	15	화
	31	鷦	뱁새 초	鳥	23	화
	32	岧	높을 초, 산 높은 모양 초	山	8	토
	33	勦	노곤할 초, 끊을 초	力	13	토
	34	嫶	야윌 초	女	15	토
	35	峭	가파를 초	山	10	토
	36	嶕	높을 초	山	15	토
	37	趠	넘을 초, 멀 탁	走	15	토
	38	迢	멀 초	辵,辶	12	토
	39	誚	꾸짖을 초	言	14	금

한글	번호	한자	뜻 풀 이	부수	획수	자원오행
초	40	譙	꾸짖을 초	言	19	금
	41	鈔	노략질할 초	金	12	금
	42	鍬	가래 초	金	17	금
	43	鍫	가래 초	金	17	금
	44	鞘	칼집 초	革	16	금
	45	齠	이 갈 초	齒	20	금
	46	酢	신맛 나는 조미료 초, 잔 돌릴 작	酉	12	금
	47	礁	암초 초	石	17	금
	48	硝	화약 초, 초석 초	石	12	금
	49	醋	초 초, 잔 돌릴 작	酉	15	금
	50	剿	끊을 초, 노곤할 초, 괴로워할 초	刂	13	금
	51	初	처음 초	刀	7	금
	52	礎	주춧돌 초	石	18	금
	53	鈥	좋은 쇠 초, 좋을 초	金	11	금
	54	醮	제사 지낼 초	酉	19	금
	55	貂	담비 초	豸	12	수
	56	哨	망볼 초	口	10	수
	57	噍	지저귈 초, 새 소리 추	口	15	수
	58	한자없음	오색선명할 초	黹		
촉	1	觸	닿을 촉	角	20	목
	2	矗	우거질 촉	目	24	목
	3	矚	볼 촉	目	26	목
	4	蜀	접시꽃 촉	艸,++	19	목
	5	曯	비출 촉	日	25	화

한글	번호	한자	뜻 풀 이	부수	획수	자원오행
촉	6	爥	촛불 촉	火	25	화
	7	燭	촛불 촉	火	17	화
	8	促	재촉할 촉, 악착스러울 착	亻	9	화
	9	躅	머뭇거릴 촉, 자취 탁	足	20	토
	10	髑	해골 촉, 해골 독	骨	23	금
	11	囑	부탁할 촉	口	24	수
	12	蜀	나라 이름 촉	虫	13	수
촌	1	村	마을 촌	木	7	목
	2	邨	마을 촌, 시골 촌	邑,阝(우)	11	토
	3	寸	마디 촌	寸	3	목
	4	吋	마디 촌, 꾸짖을 두	口	6	수
	5	忖	헤아릴 촌	心,忄	7	화
총	1	蔥	파 총, 짐수레 창	艸,++	17	목
	2	葱	파 총, 짐수레 창	艸,++	15	목
	3	総	다 총, 합할 총	糸	14	목
	4	摠	다 총, 합할 총	手,扌	15	목
	5	總	다 총, 합할 총	糸	17	목
	6	寵	사랑할 총, 현 이름 룡(용)	宀	19	목
	7	蓯	우거질 총, 육종용 종	艸,++	17	목
	8	驄	총이말 총	馬	21	화
	9	悤	바쁠 총, 총명할 총	心	11	화
	10	憁	분주할 총	心,忄	15	화
	11	聰	귀 밝을 총	耳	17	화
	12	聡	귀 밝을 총, 聰과 통용어	耳	14	화

한글	번호	한자	뜻 풀 이	부수	획수	자원오행
총	13	塚	무덤 총	土	13	토
	14	冢	무덤 총	冖	10	수
	15	銃	총 총	金	14	금
	16	鎗	창 총, 칠 창	金	19	금
	17	叢	떨기 총, 모일 총	又	18	수
촬	1	撮	모을 촬, 사진 찍을 촬	手,扌	16	목
최	1	崔	성씨, 높을 최	山	11	토
	2	催	성씨, 재촉할 최	亻	13	화
	3	摧	꺾을 최, 꼴 좌	手,扌	15	목
	4	榱	서까래 최	木	14	목
	5	縗	상복 이름 최	糸	16	목
	6	璀	빛날 최	玉,王	16	금
	7	確	높을 최	石	16	금
	8	嘬	물 최	口	15	수
	9	漼	깊을 최, 무너질 최	水,氵	15	수
	10	膗	불알 최, 오그라질 선	肉,月	12	수
	11	最	가장 최, 극진할 최	曰	12	수
추	1	秋	성씨, 가을 추, 밀치 추	禾	9	목
	2	鄒	추나라 추	邑,阝(우)	17	토
	3	抽	뽑을 추	手,扌	9	목
	4	芻	꼴 추	艸,++	10	목
	5	推	밀 추, 밀 퇴	手,扌	12	목
	6	樞	문 지도리(돌저귀) 추, 나무 이름 우	木	15	목
	7	萩	사철쑥 추	艸,++	15	목

한글	번호	한자	뜻 풀 이	부수	획수	자원오행
추	8	楸	가래나무 추	木	13	목
	9	椎	쇠몽치 추, 등골 추	木	12	목
	10	帚	비 추	巾	8	목
	11	捶	때릴 추, 불릴 타	手,扌	12	목
	12	搊	모을 추	手,扌	13	목
	13	搥	칠 추, 던질 퇴	手,扌	14	목
	14	箠	채찍 추	竹	14	목
	15	簉	버금 자리 추	竹	17	목
	16	縋	매달 추	糸	16	목
	17	縐	주름질 추, 주름질 축	糸	16	목
	18	蒭	꼴 추	艸,++	16	목
	19	傶	품삯 추	亻	14	화
	20	惆	실심할 추	心,忄	12	화
	21	隹	새 추, 높을 최	隹	8	화
	22	騶	오추마 추	馬	18	화
	23	鶖	무수리 추	鳥	20	화
	24	雛	병아리 추	隹	18	화
	25	騶	마부 추, 기사 추, 승마 추	馬	20	화
	26	鵻	비둘기 추	鳥	19	화
	27	한자없음	난새 추, 새새끼 추(책 49번에 있는 글자임)	鳥	21	화
	28	墜	떨어질 추	土	15	토
	29	追	쫓을 추, 따를 추, 갈 퇴, 따를 수	辵,辶	13	토
	30	趨	달아날 추, 재촉할 촉	走	17	토
	31	娵	별 이름 추, 장가들 취	女	11	토

한글	번호	한자	뜻 풀 이	부수	획수	자원오행
주	32	甃	벽돌 추	瓦	14	토
	33	陬	구석 추	阜,阝(좌)	16	토
	34	麤	거칠 추	鹿	33	토
	35	鞦	밀치 추	革	18	금
	36	鎚	쇠망치 추, 옥 다듬을 퇴	金	18	금
	37	錘	저울추 추	金	16	금
	38	錐	송곳 추	金	16	금
	39	酋	우두머리 추, 묵은 술 추, 숙성할 추	酉	9	금
	40	諏	물을 추, 꾀할 추	言	15	금
	41	皺	주름 추	皮	15	금
	42	醜	추할 추	酉	17	금
	43	湫	다할 추, 낮을 초	水,氵	13	수
	44	鰌	미꾸라지 추	魚	20	수
	45	鰍	미꾸라지 추, 鰌와 통용어	魚	20	수
	46	啾	어린애의 작은 소리 추	口	12	수
	47	魋	몽치 머리 추, 퇴곰 퇴	鬼	18	수
	48	瘳	나을 추	广	16	수
	49	龝	秋 :가을 추, 밀치 추의 고자	龜	21	수
축	1	縮	줄일 축, 다스릴 축, 옳을 축	糸	17	목
	2	筑	악기 이름 축, 쌓을 축	竹	12	목
	3	竺	나라 이름 축, 대나무 축, 두터울 독	竹	8	목
	4	逐	쫓을 축, 돼지 돈, 급급한 모양 적	辵,辶	17	목
	5	築	쌓을 축, 악기 이름 축	竹	16	목
	6	蓄	모을 축, 쌓을 축, 겨울 푸성귀 휵	艸,++	16	목

한글	번호	한자	뜻 풀 이	부수	획수	자원오행
축	7	舳	고물 축, 이물 유	舟	11	목
	8	軸	굴대 축(구멍에 끼우는 긴 막대를 의미)	車	12	화
	9	蹴	찰 축	足	19	토
	10	蹙	닥칠 축, 줄어들 척, 대어들 축, 쫓을 축	足	18	토
	11	畜	짐승 축, 쌓을 축, 기를 휵	田	10	토
	12	丑	소 축, 추할 추	一	4	토
	13	妞	동서 축, 두근거릴 추	女	8	토
	14	蹜	종종걸음칠 축	足	18	토
	15	鼀	두꺼비 축, 두꺼비 추	黽	18	토
	16	祝	빌 축, 저주할 주	示,礻	10	금
	17	豖	발 얽은 돼지의 걸음 축, 발 얽은 돼지의 걸음 촉, 돼지 시	豕	8	수
춘	1	椿	참죽나무 춘	木	13	목
	2	春	봄 춘, 움직일 준	日	9	화
	3	賰	넉넉할 춘	貝	16	금
	4	瑃	옥 이름 춘	玉,王	14	금
출	1	秫	차조 출	禾	10	목
	2	朮	차조 출	木	5	목
	3	出	날 출	凵	5	토
	4	黜	내칠 출	黑	17	수
충	1	充	채울 충	儿	5	목
	2	衷	속마음 충	衣	10	목
	3	衝	찌를 충, 뒤얽힐 종	行	15	화
	4	忠	충성 충	心	8	화

한글	번호	한자	뜻 풀 이	부수	획수	자원오행
충	5	忡	근심할 충	心,忄	8	화
	6	琩	귀고리 옥 충	玉,王	11	금
	7	蟲	벌레 충, 벌레 훼, 찔 동	虫	18	수
	8	虫	벌레 충, 蟲과 통용어, 벌레 훼, 찔 동	虫	6	수
	9	沖	화할 충, 빌 충, 찌를 충	水,氵	8	수
	10	冲	화할 충, 빌 충, 찌를 충, 沖과 통용어	冫	6	수
췌	1	萃	모을 췌	艸,++	14	목
	2	揣	헤아릴 췌, 헤아릴 취, 때릴 추, 뭉칠 단	手,扌	13	목
	3	惴	두려워할 췌, 꿈틀거릴 천	心,忄	13	화
	4	顇	야윌 췌, 야윌 취	頁	17	화
	5	悴	파리할 췌, 파리할 취	心,忄	12	화
	6	膵	췌장 췌	肉,月	8	수
	7	贅	혹 췌	貝	18	수
	8	瘁	병들 췌	广	13	수
취	1	橇	썰매 취, 썰매 교	木	16	목
	2	毳	솜털 취	毛	12	화
	3	聚	모을 취, 모일 취, 무리 취	耳	14	화
	4	趣	뜻 취, 나아갈 취, 재촉할 촉, 벼슬 이름 추	走	15	화
	5	吹	불 취	口	7	화
	6	翠	푸를 취, 물총새 취	羽	14	화
	7	驟	달릴 취	馬	24	화
	8	鷲	독수리 취	鳥	23	화
	9	炊	불 땔 취	火	8	화
	10	就	나아갈 취, 이룰 취, 관대할 여	尢	12	토

한글	번호	한자	뜻 풀 이	부수	획수	자원오행
취	11	娶	장가들 취, 중매들 서	女	11	토
	12	醉	술 취할 취	酉	15	금
	13	取	가질 취, 취할 취	又	8	수
	14	臭	냄새 취, 맡을 후	自	10	수
	15	脆	연할 취, 무를 취	肉,月	12	수
	16	嘴	부리 취	口	15	수
	17	冣	모을 취, 가장 최	冖	10	수
측	1	廁	뒷간 측	厂	11	목
	2	側	곁 측	亻	11	화
	3	仄	기울 측	人	4	화
	4	昃	기울 측	日	8	화
	5	惻	슬퍼할 측	心,忄	13	화
	6	厠	뒷간 측	广	12	화
	7	測	헤아릴 측, 헤아릴 측	水,氵	13	수
층	1	層	층 층	尸	15	목
치	1	梔	치자나무 치	木	11	목
	2	緻	빽빽할 치, 이를 치	糸	15	목
	3	緇	검을 치, 검은 비단 치	糸	14	목
	4	稚	어릴 치	禾	13	목
	5	穉	어릴 치	禾	16	목
	6	幟	기 치, 표기 치, 표적 치	巾	15	목
	7	置	둘 치	网,罒	14	목
	8	寘	둘 치, 메울 전	宀	13	목
	9	絺	칡베 치	糸	13	목

한글	번호	한자	뜻 풀 이	부수	획수	자원오행
치	10	菑	묵정밭 치, 재앙 재	艸,++	14	목
	11	薙	목련 치, 깎을 체	艸,++	19	목
	12	褫	빼앗을 치	衣,衤	16	목
	13	鴟	올빼미 치	鳥	16	화
	14	鵄	꿩 치, 송골매 골	鳥	16	화
	15	鵄	올빼미 치	鳥	17	화
	16	熾	성할 치	火	16	화
	17	馳	달릴 치	馬	13	화
	18	恥	부끄러울 치	心	10	화
	19	雉	꿩 치, 짐승 이름 사, 땅 이름 이, 키 작을 개	隹	13	화
	20	侈	사치할 치	亻	8	화
	21	輜	짐수레 치	車	17	화
	22	值	값 치	亻	10	화
	23	峙	언덕 치	山	9	토
	24	致	이를 치, 빽빽할 치	至	10	토
	25	畤	제사터 치, 제사터 지, 모종 낼 시	田	11	토
	26	跱	그칠 치	足	13	토
	27	阤	비탈 치, 허물어질 타, 기운 모양 이	阜,阝(좌)	11	토
	28	錙	저울눈 치	金	16	금
	29	齒	이 치	齒	15	금
	30	治	다스릴 치, 강 이름 이	水,氵	9	수
	31	嗤	비웃을 치	口	13	수
	32	淄	검은빛 치	水,氵	12	수
	33	痔	치질 치	广	11	수

한글	번호	한자	뜻 풀 이	부수	획수	자원오행
치	34	癡	어리석을 치	疒	19	수
	35	蚩	어리석을 치	虫	10	수
	36	痴	어리석을 치, 癡과 통용어	疒	13	수
	37	卮	잔 치, 술잔 치	卩	5	수
	38	哆	입 딱 벌릴 치, 입술 처질 차	口	9	수
	39	瘛	악할 치	疒	11	수
	40	豸	벌레 치, 해태 채, 해태 태	豸	7	수
	41	鯔	숭어 치	魚	19	수
칙	1	敕	칙서 칙, 채찍질할 책, 신칙할 칙	攵	10	목
	2	勅	칙서 칙, 신칙할 칙	力	9	토
	3	則	법칙 칙, 곧 즉	刂	9	금
	4	飭	신칙할 칙, 경계할 척	食,飠	13	수
친	1	櫬	무궁화나무 친, 널 츤	木	20	목
	2	襯	속옷 친, 속옷 츤	衣,衤	22	목
	3	親	친할 친	見	16	화
칠	1	柒	옻나무 칠, 옻 칠, 일곱 칠, 삼갈 철	木	9	목
	2	漆	옻 칠, 일곱 칠, 삼갈 철	水,氵	15	수
	3	七	일곱 칠	一	7	금
침	1	寢	잘 침, 방 침	宀	14	목
	2	枕	베개 침	木	8	목
	3	棽	우거질 침, 뒤덮일 침, 무성할 림(임)	木	12	목
	4	寖	잠길 침	宀	13	목
	5	椹	모탕 침, 오디 심	木	13	목
	6	侵	침노할 침	亻	9	화

한글	번호	한자	뜻 풀 이	부수	획수	자원오행
침	7	忱	정성 침, 정성 심	心,忄	8	화
	8	驂	달릴 침, 모일 참	馬	17	화
	9	郴	고을 이름 침	邑,阝(우)	15	토
	10	砧	다듬잇돌 침	石	10	금
	11	鍼	침 침	金	17	금
	12	琛	보배 침	玉,王	13	금
	13	針	바늘 침	金	10	금
	14	鐩	새길 침, 첨예할 첨	金	15	금
	15	浸	잠길 침	水,氵	11	수
	16	沈	잠길 침, 성씨 심	水,氵	8	수
칩	1	蟄	숨을 칩, 동면할 칩	虫	17	수
칭	1	稱	일컬을 칭, 저울 칭	禾	14	목
	2	秤	저울 칭	禾	10	목
쾌	1	夬	터놓을 쾌, 쾌괘 쾌, 깍지 결	大	4	목
	2	快	쾌할 쾌	心,忄	8	화
	3	噲	목구멍 쾌, 까칠까칠할 괄	口	16	수
타	1	朶	늘어질 타	木	9	목
	2	舵	키 타	舟	11	목
	3	打	칠 타, 때릴 타	手,扌	6	목
	4	拖	끌 타, 풀어놓을 타	手,扌	9	목
	5	橢	길쭉할 타, 수레통 가운데 그릇 와	木	16	목
	6	楕	길고 둥글 타, 길쭉할 타, 橢과 통용어	木	13	목
	7	扡	끌 타	手,扌	9	목
	8	柁	키 타	木	9	목

한글	번호	한자	뜻 풀 이	부수	획수	자원오행
타	9	佗	다를 타, 꼬불꼬불할 이	亻	7	화
	10	他	다를 타, 남 타	亻	5	화
	11	馳	곱사등이 타	馬	15	화
	12	鴕	타조 타	鳥	16	화
	13	駝	낙타 타	馬	15	화
	14	馱	실을 타, 태울 타, 실을 태	馬	13	화
	15	惰	게으를 타	心, 忄	13	화
	16	妥	온당할 타	女	7	토
	17	陀	비탈질 타, 사타 타	阜, 阝(좌)	13	토
	18	坨	비탈질 타, 땅 이름 이	土	8	토
	19	墮	떨어질 타, 무너뜨릴 휴	土	15	토
	20	跎	헛디딜 타	足	12	토
	21	躱	감출 타	身	13	토
	22	鼉	악어 타	黽	25	토
	23	訑	속일 타, 으쓱거릴 이, 방종할 탄	言	12	금
	24	詫	속일 타, 고할 하	言	13	금
	25	咤	꾸짖을 타	口	9	수
	26	唾	침 타, 침 뱉을 타	口	11	수
	27	沱	물 이름 타	水, 氵	9	수
	28	鮀	문절망둑 타	魚	16	수
탁	1	卓	성씨, 높을 탁	十	8	목
	2	拓	박을 탁, 넓힐 척, 주울 척	手, 扌	9	목
	3	柝	딱따기 탁, 쪼갤 석, 처녑 사	木	9	목
	4	擢	뽑을 탁, 제거할 탁	手, 扌	18	목

한글	번호	한자	뜻 풀 이	부수	획수	자원오행
탁	5	托	맡길 탁, 밀 탁	手,扌	7	목
	6	度	헤아릴 탁, 법도 도, 살 택	广	9	목
	7	槖	전대 탁	木	16	목
	8	橐	전대 탁, 槖과 통용어	木	14	목
	9	拆	터질 탁	手,扌	9	목
	10	蘀	낙엽 탁, 택사 택	艸,艹	22	목
	11	籜	대껍질 탁	竹	22	목
	12	晫	밝을 탁	日	12	화
	13	倬	클 탁	亻	10	화
	14	逴	멀 탁	辵,辶	15	토
	15	踔	멀 탁, 달릴 초	足	15	토
	16	坼	터질 탁, 퍼질 탁	土	8	토
	17	柝	나무 이름 탁, 칠 책	石	8	금
	18	琸	사람 이름 탁, 사람 이름 착	玉,王	13	금
	19	鐸	방울 탁, 목탁 탁	金	21	금
	20	託	부탁할 탁	言	10	금
	21	琢	다듬을 탁	玉,王	13	금
	22	涿	칠 탁	水,氵	12	수
	23	啄	쫄 탁, 부리 주	口	11	수
	24	濁	흐릴 탁	水,氵	17	수
	25	濯	씻을 탁, 상앗대 도	水,氵	18	수
	26	沰	떨어뜨릴 탁	水,氵	9	수
탄	1	彈	성씨, 탄알 탄	弓	15	금
	2	綻	터질 탄	糸	14	목

312 | 인명용 한자

한글	번호	한자	뜻 풀 이	부수	획수	자원오행
탄	3	攤	펼 탄, 누를 난	手,扌	23	목
	4	憻	평탄할 탄, 너그러울 탄	心,忄	17	화
	5	驒	연전총 탄	馬	22	화
	6	憚	꺼릴 탄, 놀랄 달	心,忄	16	화
	7	炭	숯 탄	火	9	화
	8	暺	밝을 탄	日	16	화
	9	坦	평탄할 탄, 너그러울 탄	土	8	토
	10	誕	낳을 탄, 거짓 탄	言	14	금
	11	歎	탄식할 탄	欠	15	금
	12	嘆	탄식할 탄, 또 우	口	14	수
	13	灘	여울 탄, 물가 탄	水,氵	23	수
	14	呑	삼킬 탄	口	7	수
	15	殫	다할 탄	歹	16	수
	16	癱	중풍 탄	疒	24	수
탈	1	奪	빼앗을 탈, 빼앗길 탄, 좁은 길 태	大	14	목
	2	侻	가벼울 탈, 알맞을 태	亻	9	화
	3	脫	벗을 탈, 기뻐할 태	肉,月	13	수
탐	1	眈	노려볼 탐, 머리를 내밀고 볼 침	目	9	목
	2	探	찾을 탐	手,扌	12	목
	3	忐	마음 허할 탐, 진실할 경	心	7	화
	4	耽	즐길 탐	耳	10	화
	5	貪	탐낼 탐	貝	11	금
	6	酖	즐길 탐, 짐새 짐	酉	11	금
	7	噉	여럿이 먹는 소리 탐	口	14	수

한글	번호	한자	뜻 풀 이	부수	획수	자원오행
탑	1	榻	걸상 탑	木	14	목
	2	搨	베낄 탑	手,扌	14	목
	3	傝	나쁠 탑, 불안할 탐	亻	12	화
	4	塔	탑 탑	土	13	토
	5	塌	애벌갈 탑, 무너질 탑	土	13	토
탕	1	帑	금고 탕, 새고리 탕, 처자 노	巾	8	목
	2	蕩	방탕할 탕, 씻어버릴 탕	艸,++	18	목
	3	糖	엿 탕, 엿 당	米	16	목
	4	宕	호탕할 탕, 방탕할 탕	宀	8	목
	5	蘯	쓸 탕	艸,++	23	목
	6	燙	데울 탕	火	16	화
	7	盪	씻을 탕	皿	17	금
	8	碭	무늬 있는 돌 탕	石	14	금
	9	湯	물 끓일 탕, 물이 세차게 흐를 상, 해돋이 양	水,氵	13	수
태	1	太	성씨, 클 태	大	4	목
	2	颱	태풍 태	風	14	목
	3	苔	이끼 태	艸,++	11	목
	4	笞	볼기칠 태	竹	11	목
	5	駘	둔마 태	馬	15	화
	6	態	모습 태, 태도 태	心	14	화
	7	怠	게으를 태, 안락할 이	心	9	화
	8	跆	밟을 태	足	12	토
	9	邰	나라 이름 태, 태나라 태	邑,阝(우)	12	토
	10	迨	미칠 태	辵,辶	12	토

한글	번호	한자	뜻 풀 이	부수	획수	자원오행
태	11	埭	둑 태	土	11	토
	12	娧	아름다울 태	女	10	토
	13	兌	바꿀 태, 기쁠 태, 날카로울 예, 기뻐할 열	儿	7	금
	14	鈦	티타늄 태	金	12	금
	15	珆	옥 무늬 태, 옥돌 이	玉,王	10	금
	16	胎	아이 밸 태	肉,月	11	수
	17	汰	일 태, 사치할 태, 씻을 태	水,氵	8	수
	18	台	별 태, 태풍 태, 나 이, 대 대	口	5	수
	19	泰	클 태	水,氺	9	수
	20	殆	거의 태, 위태할 태	歹	9	수
	21	鮐	복어 태	魚	16	수
	22	脫	벗을 탈, 기뻐할 태	肉,月	13	수
	23	姴	아이 밸 태	子	8	수
택	1	擇	가릴 택, 사람 이름 역	手,扌	17	목
	2	宅	집 택, 댁 댁, 터질 탁	宀	6	목
	3	垞	사람 이름 택, 언덕 타	土	9	토
	4	澤	못 택, 윤택할 택, 풀 석, 전국술 역, 별 이름 탁	水,氵	17	수
탱	1	撐	버틸 탱, 버팀목 택	手,扌	16	목
	2	撑	버틸 탱	手,扌	16	목
	3	牚	버틸 탱	牙	12	금
터	1	攄	펼 터	手,扌	19	목
토	1	兎	토끼 토, 兔과 통용어	儿	7	목
	2	兔	토끼 토	儿	8	목

한글	번호	한자	뜻 풀 이	부수	획수	자원오행
토	3	土	흙 토, 뿌리 두, 쓰레기 차	土	3	토
	4	討	칠 토	言	10	금
	5	吐	토할 토	口	6	수
톤	1	噋	느릿할 톤, 일깨울 순, 바르지 않을 퇴	口	15	수
통	1	統	거느릴 통	糸	12	목
	2	筒	대통 통, 대롱 통	竹	12	목
	3	桶	통 통, 되 용	木	11	목
	4	樋	나무 이름 통	木	15	목
	5	箹	대통 통, 전동 용	竹	13	목
	6	恫	상심할 통, 두려워할 동	心, 忄	10	화
	7	慟	서러워할 통, 서럽게 울 통	心	15	화
	8	通	통할 통	辵, 辶	14	토
	9	洞	밝을 통, 골짜기 동	水, 氵	10	수
	10	痛	아플 통, 상할 통	疒	12	수
퇴	1	槌	망치 퇴, 망치 추	木	14	목
	2	褪	바랠 퇴, 벗을 퇴, 물러설 퇴	衣, 衤	16	목
	3	頹	무너질 퇴, 턱 퇴	頁	16	화
	4	退	물러날 퇴	辵, 辶	13	토
	5	堆	쌓을 퇴	土	11	토
	6	隤	무너질 퇴	阜, 阝(좌)	20	토
	7	腿	넓적다리 퇴	肉, 月	15	수
투	1	套	씌울 투, 덮개 투	大	10	목
	2	投	던질 투, 머무를 두	手, 扌	8	목
	3	偸	훔칠 투	亻	11	화

한글	번호	한자	뜻 풀 이	부수	획수	자원오행
투	4	透	사무칠 투, 통할 투, 놀랄 숙	辵,辶	14	토
	5	妬	샘낼 투	女	8	토
	6	骰	주사위 투	骨	14	금
	7	鬪	싸울 투 , 싸움 투	鬥	20	금
	8	渝	변할 투, 변할 유	水,氵	13	수
통	1	佟	성씨 퉁, 성씨 통, 성씨 동	亻	7	화
특	1	忒	틀릴 특	心	7	화
	2	慝	사특할 특, 숨길 닉(익)	心	15	화
	3	特	특별할 특, 수컷 특	牛	10	토
틈	1	闖	엿볼 틈	門	18	목
파	1	杷	비파나무 파	木	8	목
	2	擺	열 파, 옷의 아랫단 파, 열 패, 옷의 아랫단 패	手,扌	19	목
	3	播	뿌릴 파	手,扌	16	목
	4	把	잡을 파, 긁을 파	手,扌	8	목
	5	罷	마칠 파, 고달플 피	网	16	목
	6	爬	긁을 파	爪	8	목
	7	芭	파초 파	艸,++	10	목
	8	爸	아버지 파, 아비 파	父	8	목
	9	簸	까부를 파	竹	19	목
	10	耙	써레 파	耒	10	목
	11	菠	시금치 파	艸,++	14	목
	12	葩	꽃 파	艸,++	15	목
	13	怕	두려워할 파, 담담할 백	心,忄	9	화
	14	頗	자못 파	頁	14	화

한글	번호	한자	뜻 풀 이	부수	획수	자원오행
파	15	跛	절름발이 파, 비스듬히 설 피	足	12	토
	16	婆	할머니 파, 음역자 바	女	11	토
	17	巴	꼬리 파, 바랄 파	己	4	토
	18	坡	언덕 파	土	8	토
	19	妑	새앙머리 파	女	7	토
	20	岥	비탈질 파	山	8	토
	21	鄱	고을 이름 파	邑,阝(우)	19	토
	22	玻	유리 파	玉,王	10	금
	23	皤	흴 파	白	17	금
	24	琶	비파 파	玉,王	13	금
	25	破	깨뜨릴 파, 무너질 피	石	10	금
	26	波	물결 파, 방죽 피	水,氵	9	수
	27	派	물 갈래 파, 보낼 파	水,氵	10	수
	28	叵	어려울 파	口	5	수
	29	灞	물 이름 파	水,氵	25	수
판	1	判	성씨, 판단할 판	刂	7	금
	2	板	널빤지 판	木	8	목
	3	瓣	외씨 판, 꽃잎 판	瓜	19	목
	4	版	판목 판, 널 판, 조각 판	片	8	목
	5	坂	언덕 판, 비탈 판	土	7	토
	6	阪	언덕 판	阜,阝(좌)	12	토
	7	鈑	금박 판	金	12	금
	8	販	팔 판	貝	11	금
	9	辦	힘들일 판	辛	16	금

한글	번호	한자	뜻 풀 이	부수	획수	자원오행
팔	1	朳	고무래 팔	木	6	목
	2	捌	깨뜨릴 팔, 여덟 팔	手, 扌	11	목
	3	八	여덟 팔	八	8	금
	4	叭	입 벌릴 팔, 나팔 팔	口	5	수
	5	汃	물결치는 소리 팔	水, 氵	6	수
패	1	牌	패 패, 호적 패	片	12	목
	2	稗	피 패, 일년초 열매 매	禾	13	목
	3	悖	거스를 패, 어그러질 패, 우쩍 일어날 발	心, 忄	11	화
	4	佩	찰 패, 노리개 패	亻	8	화
	5	狽	이리 패, 패할 패	犬, 犭	11	토
	6	旆	기 패	方	10	토
	7	珮	찰 패	玉, 王	11	금
	8	霸	으뜸 패, 두목 패	雨	19	금
	9	覇	으뜸 패, 두목 패	襾	19	금
	10	敗	패할 패	攴	11	금
	11	貝	조개 패	貝	7	금
	12	唄	염불 소리 패	口	10	수
	13	浿	강 이름 패	水, 氵	11	수
	14	沛	비 쏟아질 패, 늪 패	水, 氵	8	수
	15	孛	살별 패, 안색 변할 발	子	7	수
	16	霈	비 쏟아질 패	雨	15	수
팽	1	彭	성씨, 땅 이름 팽, 곁 방,	彡	12	화
	2	祊	제사 팽	示, 礻	9	목
	3	烹	삶을 팽	灬	11	화

한글	번호	한자	뜻 풀 이	부수	획수	자원오행
팽	4	硼	돌 구르는 소리 팽	石	10	금
	5	蟛	방게 팽	虫	18	수
	6	蟚	방게 팽	虫	18	수
	7	澎	물소리 팽	水, 氵	16	수
	8	膨	부를 팽	肉, 月	18	수
퍅	1	愎	강퍅할 퍅	心, 忄	13	화
편	1	片	성씨, 조각 편, 절반 반	片	4	목
	2	扁	성씨, 작을 편, 치우칠 편	戶	9	목
	3	編	엮을 편, 땋을 변	糸	15	목
	4	篇	책 편, 책 편찬할 편	竹	15	목
	5	緶	꿰맬 편	糸	15	목
	6	艑	거룻배 편	舟	15	목
	7	萹	마디풀 편, 마디풀 변	艸, ++	15	목
	8	褊	좁을 편, 휘날릴 변	衣, 衤	15	목
	9	徧	두루 미칠 편, 두루 변	彳	12	화
	10	愊	편협할 편	心, 忄	13	화
	11	便	편할 편, 똥오줌 변	亻	9	화
	12	騙	속일 편, 말 탈 편	馬	19	화
	13	偏	치우칠 편	亻	11	화
	14	翩	나부낄 편, 빨리 날 편	羽	15	화
	15	遍	두루 편	辵, 辶	16	토
	16	諞	말 잘할 편	言	16	금
	17	鞭	채찍 편	革	18	금
	18	蝙	박쥐 편	虫	15	수

한글	번호	한자	뜻 풀 이	부수	획수	자원오행
편	19	匾	납작할 편	匚	11	수
폄	1	貶	낮출 폄	貝	12	금
	2	砭	돌침 폄	石	10	금
	3	窆	하관할 폄	穴	10	수
평	1	平	성씨, 평평할 평, 다스릴 편	干	5	목
	2	萍	부평초 평	艸,++	14	목
	3	蓱	부평초 평	艸,++	17	목
	4	枰	바둑판 평	木	9	목
	5	抨	탄핵할 평	手,扌	9	목
	6	苹	개구리밥 평, 전차 이름 병, 부릴 병	艸,++	11	목
	7	怦	곧을 평	心,忄	9	화
	8	坪	들 평, 평평할 평	土	8	토
	9	評	평할 평	言	12	금
	10	泙	물소리 평	水,氵	9	수
	11	鮃	넙치 평	魚	16	수
폐	1	敝	해질 폐	攵	12	목
	2	閉	닫을 폐	門	11	목
	3	蔽	덮을 폐, 닦을 별	艸,++	18	목
	4	幣	화폐 폐, 재물 패	巾	15	목
	5	廢	폐할 폐, 버릴 폐	广	15	목
	6	狴	감옥 폐, 감옥 비	犬,犭	11	토
	7	獘	넘어질 폐, 짐승 이름 폐	犬	16	토
	8	陛	대궐 섬돌 폐	阜,阝(좌)	15	토
	9	嬖	사랑할 폐	女	16	토

한글	번호	한자	뜻 풀 이	부수	획수	자원오행
폐	10	斃	죽을 폐	攵	18	금
	11	弊	폐단 폐, 해질 폐, 닦을 별	廾	15	수
	12	吠	짖을 폐	口	7	수
	13	肺	허파 폐, 성할 패	肉,月	11	수
	14	癈	폐질 폐	疒	17	수
포	1	包	성씨, 쌀 포, 꾸러미 포	勹	5	금
	2	鮑	성씨, 절인 물고기 포	魚	16	수
	3	捕	잡을 포, 사로잡을 포	手,扌	11	목
	4	抱	안을 포, 던질 포	手,扌	9	목
	5	匏	박 포, 바가지 포	勹	11	목
	6	拋	던질 포	手,扌	8	목
	7	抛	던질 포	手,扌	9	목
	8	匍	길 포, 힘 다할 포	勹	9	목
	9	襃	기릴 포, 모을 부	衣	15	목
	10	苞	쌀 포	艸,++	11	목
	11	葡	포도 포	艸,++	15	목
	12	布	베 포, 펼 포, 보시 보	巾	5	목
	13	蒲	부들 포, 왕골 포	艸,++	16	목
	14	袍	도포 포, 웃옷 포	衣,衤	11	목
	15	庖	부엌 포	广	8	목
	16	儤	번 설 포	亻	17	화
	17	晡	신시 포	日	11	화
	18	曝	사나울 포, 사나울 폭, 쬘 폭, 앙상할 박	日	17	화
	19	暴	사나울 포, 사나울 폭, 쬘 폭, 앙상할 박	日	15	화

한글	번호	한자	뜻 풀 이	부수	획수	자원오행
포	20	炮	통째로 구울 포	火	9	화
	21	炰	통째로 구울 포	灬	9	화
	22	怖	두려워할 포	心,忄	9	화
	23	佈	펼 포	亻	7	화
	24	逋	도망갈 포	辵,辶	11	토
	25	誧	도울 포	言	14	금
	26	鉋	대패 포, 발굴할 포	金	13	금
	27	鞄	혁공 포	革	14	금
	28	鋪	펼 포, 가게 포	金	15	금
	29	砲	대포 포	石	10	금
	30	餔	저녁밥 포	食	16	수
	31	鯆	돌고래 포, 큰 물고기 부	魚	18	수
	32	泡	거품 포	水,氵	9	수
	33	疱	물집 포, 천연두 포	疒	10	수
	34	脯	포 포, 회식할 보	肉,月	13	수
	35	胞	세포 포, 여드름 포	肉,月	11	수
	36	哺	먹일 포, 먹을 포	口	10	수
	37	飽	배부를 포	食,飠	14	수
	38	浦	개 포, 물가 포	水,氵	11	수
	39	圃	채마밭 포	囗	10	수
	40	咆	고함지를 포, 성낼 포	口	8	수
폭	1	幅	폭 폭, 행전 핍, 두건 복	巾	12	목
	2	暴	사나울 폭, 쬘 폭, 사나울 포, 앙상할 박	日	15	화
	3	曝	사나울 폭, 쬘 폭, 사나울 포, 앙상할 박	日	19	화

한글	번호	한자	뜻 풀 이	부수	획수	자원오행
폭	4	輻	바퀴살 폭, 바퀴살 복, 몰려들 부	車	16	화
	5	爆	불 터질 폭, 지질 박	火	19	화
	6	瀑	폭포 폭, 소나기 포, 용솟음칠 팍	水, 氵	19	수
표	1	表	성씨, 겉 표, 시계 표	衣	9	목
	2	飄	나부낄 표, 질풍 표	風	20	목
	3	瓢	바가지 표, 표주박 표	瓜	16	목
	4	飆	폭풍 표	風	21	목
	5	標	표할 표	木	11	목
	6	杓	북두자루 표, 별 이름 표, 구기 작	木	7	목
	7	飇	폭풍 표	風	21	목
	8	摽	칠 표	手, 扌	15	목
	9	縹	휘날릴 표, 옥색 표	糸	17	목
	10	裱	목도리 표	衣, 衤	14	목
	11	聽	들을 표	耳	17	화
	12	俵	나누어 줄 표	亻	10	화
	13	髟	늘어질 표, 처마 삼	髟	10	화
	14	熛	불똥 표	火	15	화
	15	票	표 표	示, 礻	11	화
	16	驃	황부루 표(누런 바탕에 흰빛이 섞인 말)	馬	21	화
	17	彪	범 표, 범 무늬 표	彡	11	화
	18	慓	급할 표, 재빠를 표	心, 忄	15	화
	19	儦	날랠 표, 가벼울 표	亻	13	화
	20	嫖	날랠 표, 음탕할 표	女	14	토
	21	勳	으를 표	力	13	토

한글	번호	한자	뜻 풀 이	부수	획수	자원오행
표	22	鏢	칼집 끝 장식 표	金	19	금
	23	鑣	재갈 표	金	23	금
	24	剽	겁박할 표, 빠를 표, 사나울 표	刂	13	금
	25	豹	표범 표	豸	10	수
	26	漂	떠다닐 표	水, 氵	15	수
	27	嘌	빠를 표	口	14	수
	28	殍	주려 죽을 표	歹	11	수
	29	鰾	부레 표	魚	22	수
품	1	稟	여쭐 품, 곳집 름(늠)	禾	13	목
	2	品	물건 품	口	9	수
풍	1	馮	성씨, 업신여길 빙	馬	12	화
	2	豐	풍년 풍, 부들 풍, 무성할 풍	豆	18	목
	3	楓	단풍 풍	木	13	목
	4	風	바람 풍	風	9	목
	5	豊	풍년 풍, 부들 풍, 예도 례(예), 굽 높은 그릇 례(예), 豐와 통용어	豆	13	목
	6	諷	풍자할 풍	言	16	금
	7	瘋	두풍 풍	疒	14	수
피	1	皮	성씨, 가죽 피	皮	5	금
	2	被	입을 피	衣, 衤	11	목
	3	披	헤칠 피	手, 扌	9	목
	4	髲	다리 피	髟	15	화
	5	彼	저 피	彳	8	화
	6	避	피할 피	辵, 辶	20	토

한글	번호	한자	뜻 풀 이	부수	획수	자원오행
피	7	陂	방죽 피, 비탈 파	阜,阝(좌)	12	토
	8	詖	치우칠 피	言	12	금
	9	鞁	가슴걸이 피	革	14	금
	10	疲	피곤할 피	疒	10	수
픽	1	腷	답답할 픽	肉,月	15	수
필	1	弼	성씨, 도울 필	弓	12	금
	2	筆	붓 필	竹	12	목
	3	苾	향기로울 필, 종족 이름 별	艸,++	11	목
	4	馝	좋은 향내가 날 필	香	14	목
	5	斁	다할 필	攵	15	목
	6	篳	사립짝 필	竹	17	목
	7	罼	족대 필	网,罒	17	목
	8	蓽	콩 필	艸,++	17	목
	9	觱	악기 이름 필	角	16	목
	10	鵯	직박구리 필, 직박구리 비	鳥	19	화
	11	駜	살찔 필	馬	15	화
	12	佖	점잖을 필	亻	7	화
	13	必	반드시 필	心	5	화
	14	畢	마칠 필	田	11	토
	15	疋	짝 필, 발 소, 바를 아	疋	5	토
	16	蹕	벽제할 필	足	18	토
	17	韠	슬갑 필	革	20	금
	18	韠	슬갑 필	韋	20	금
	19	珌	칼집 장식 필	玉,王	10	금

한글	번호	한자	뜻 풀 이	부수	획수	자원오행
필	20	鉍	창자루 필, 밉게 볼 피, 거문고 슬	金	13	금
	21	匹	짝 필, 집오리 목, 비유할 비	匚	4	수
	22	泌	스며흐를 필, 분비할 비	水, 氵	9	수
	23	㴉	샘이 용솟을 필, 봇도랑 혁	水	12	수
	24	咇	향내 날 필	口	8	수
	25	潷	용솟음할 필	水, 氵	15	수
핍	1	偪	핍박할 핍, 나라 이름 복	亻	11	화
	2	逼	핍박할 핍, 닥칠 필	辵, 辶	16	토
	3	乏	모자랄 핍, 가난할 핍	丿	5	금
하	1	河	성씨, 물 하	水, 氵	9	수
	2	夏	성씨, 여름 하, 개오동나무 가	夊	10	화
	3	廈	문간방 하, 큰집 하, 처마 하	广	13	목
	4	厦	문간방 하, 廈와 통용어	厂	12	목
	5	閜	크게 열릴 하	門	13	목
	6	荷	멜 하, 꾸짖을 하, 잔달 가	艸, ++	13	목
	7	蕸	연잎 하	艸, ++	19	목
	8	抲	지휘할 하, 체포할 나, 멜 타	手, 扌	9	목
	9	煆	데울 하	火	13	화
	10	欱	껄껄 웃을 하, 숨을 내쉴 가	欠	9	화
	11	懗	속일 하	心, 忄	18	화
	12	昰	여름 하, 이 시, 옳을 시	日	9	화
	13	何	어찌 하, 꾸짖을 하, 멜 하	亻	7	화
	14	赮	붉을 하	赤	16	화
	15	遐	멀 하	辵, 辶	16	토

한글	번호	한자	뜻 풀 이	부수	획수	자원오행
하	16	岈	산골 횡할 하, 산 이름 아	山	7	토
	17	罅	틈 하	缶	17	토
	18	鍜	경개 하	金	17	금
	19	瑕	허물 하	玉,王	14	금
	20	賀	하례할 하, 경사 하	貝	12	금
	21	碬	숫돌 하	石	14	금
	22	謮	대답할 하	言	19	금
	23	嘏	클 하, 클 가	口	14	수
	24	霞	노을 하	雨	17	수
	25	下	아래 하	一	3	수
	26	嚇	웃음소리 하, 성낼 혁	口	17	수
	27	嗄	웃을 하	口	16	수
	28	呀	입 딱 벌릴 하, 입 딱 벌릴 아	口	7	수
	29	蝦	두꺼비 하, 새우 하	虫	15	수
	30	鰕	새우 하, 도롱농 하	魚	20	수
	31	瘕	기생충병 하, 뱃병 가	广	14	수
학	1	虐	모질 학, 사나울 학	虍	9	목
	2	鷽	비둘기 학	鳥	24	화
	3	鶴	학 학, 흴 학, 두루미 학	鳥	21	화
	4	壑	골 학, 산골자기 학, 도랑 학	土	17	토
	5	狢	오소리 학	犬,犭	10	토
	6	郝	땅 이름 학	邑,阝(우)	14	토
	7	皬	흴 학	白	21	금
	8	碻	자갈땅 학, 굳을 확, 메마를 각	石	12	금

한글	번호	한자	뜻 풀 이	부수	획수	자원오행
학	9	謔	희롱할 학	言	17	금
	10	學	배울 학, 가르칠 교, 고지새 할	子	16	수
	11	学	배울 학, 가르칠 교, 고지새 할, 學과 통용어	子	8	수
	12	嗃	엄할 학, 큰소리로 외칠 효	口	13	수
	13	瘧	학질 학	疒	14	수
한	1	韓	성씨, 한국 한, 나라 한	韋	17	금
	2	漢	성씨, 한수 한, 한나라 한, 은하수 한, 신년 탄	水, 氵	15	수
	3	罕	드물 한	网, 罒	9	목
	4	閑	익힐 한	門	16	목
	5	寒	찰 한	宀	12	목
	6	橌	큰 나무 한	木	16	목
	7	扞	막을 한, 칠 하, 펼 간	手, 扌	7	목
	8	捍	막을 한, 몽둥이 간	手, 扌	11	목
	9	閈	이문 한	門	11	목
	10	忓	방해할 간	心, 忄	7	화
	11	暵	마를 한	日	15	화
	12	駻	사나울 한	馬	17	화
	13	悍	사나울 한, 원통할 한	心, 忄	11	화
	14	鷳	백한 한	鳥	23	화
	15	僩	굳셀 한, 위험스러울 한	亻	14	화
	16	旱	가물 한	日	7	화
	17	翰	편지 한, 날개 한, 줄기 한, 깃 한	羽	16	화
	18	恨	한 한	心, 忄	10	화
	19	限	한할 한, 한계 한, 심할 은	阜, 阝(좌)	14	토

한글	번호	한자	뜻 풀 이	부수	획수	자원오행
한	20	嫻	우아할 한, 아담할 한	女	15	토
	21	閒	한가할 한, 사이 간	門	12	토
	22	邯	땅 이름 한	邑,阝(우)	10	토
	23	嫺	우아할 한	女	15	토
	24	鼾	코 고는 소리 한	鼻	17	금
	25	閑	한가할 한, 틈 한, 사이 한	門	12	수
	26	汗	땀 한, 현 이름 간	水,氵	7	수
	27	瀚	넓고 큰 모양 한	水,氵	20	수
	28	澖	넓을 한, 아득히 넓은 모양 한	水,氵	16	수
	29	澣	빨래할 한, 열흘 한	水,氵	17	수
	30	한자 없음	산 형상 한			
할	1	瞎	애꾸눈 할	目	15	목
	2	轄	다스릴 할, 비녀장 할, 수레소리 할	車	17	화
	3	割	벨 할	刂	12	금
함	1	咸	성씨, 다 함, 짤 함, 덜 감	口	9	금
	2	艦	큰 배 함, 싸움 배 함	舟	20	목
	3	函	함 함, 상자 함	凵	8	목
	4	菡	연꽃 함	艸,艹	10	목
	5	緘	봉할 함	糸	15	목
	6	檻	난간 함, 우리 함, 감옥 함	木	18	목
	7	蓞	꽃술 함	艸,艹	13	목
	8	闞	범 소리 함, 바라볼 감	門	20	목
	9	轞	함거 함	車	21	화
	10	陷	빠질 함, 함정 함	阜,阝(좌)	16	토

한글	번호	한자	뜻 풀 이	부수	획수	자원오행
함	11	銜	재갈 함	金	14	금
	12	諴	화동할 함	言	16	금
	13	鹹	짤 함, 다 함, 소금 함	鹵	20	수
	14	含	머금을 함	口	7	수
	15	涵	젖을 함	水, 氵	12	수
	16	喊	소리칠 함, 다물 함	口	12	수
	17	唅	재갈 머금을 함	口	11	수
합	1	闔	문짝 합	門	18	목
	2	閤	쪽문 합, 규방 합	門	14	목
	3	柙	우리 합, 향나무 갑	木	9	목
	4	榼	통 합	木	14	목
	5	陜	좁을 합, 땅 이름 합, 좁을 협	阜, 阝(좌)	14	토
	6	郃	고을 이름 합	阝	13	토
	7	盒	합 합	皿	11	금
	8	盍	덮을 합, 할단새 갈	皿	10	금
	9	匌	돌 합, 쌀포 합	勹	8	금
	10	溘	갑자기 합, 배가 모래에 박힐 개	水, 氵	14	수
	11	哈	물고기 많은 모양 합, 웃는 소리 합	口	9	수
	12	蛤	대합조개 합	虫	12	수
	13	合	합할 합, 쪽문 합, 홉 홉	口	6	수
	14	嗑	입 다물 합, 말이 많을 갑	口	13	수
항	1	杭	건널 항	木	8	목
	2	抗	겨룰 항, 막 올릴 항, 큰 길 강	手, 扌	8	목

한글	번호	한자	뜻 풀 이	부수	획수	자원오행
항	3	桁	차꼬 항(죄수를 가두어 둘 때 쓰던 형구), 도리 형	木	10	목
	4	夯	멜 항	大	5	목
	5	航	배 항	舟	10	목
	6	炕	마를 항, 마를 강	火	8	화
	7	頏	새 날아 내릴 항	頁	13	화
	8	伉	짝 항	亻	6	화
	9	項	항목 항	頁	12	화
	10	行	항렬 항, 다닐 행	行	6	화
	11	恒	항상 항, 반달 긍	心,忄	10	화
	12	恆	항상 항, 恒의 본자, 반달 긍	心,忄	10	화
	13	降	항복할 항, 내릴 강	阜,阝(좌)	14	토
	14	缸	항아리 항	缶	9	토
	15	姮	항아 항	女	9	토
	16	嫦	항아 항, 항아 상	女	14	토
	17	巷	거리 항, 마을 항, 골목 항	己	9	토
	18	缿	투서함 항	缶	12	토
	19	港	항구 항, 통할 홍	水,氵	13	수
	20	沆	넓을 항	水,氵	8	수
	21	亢	높을 항, 오를 항	亠	4	수
	22	肛	항문 항, 항문 홍	肉,月	9	수
해	1	海	성씨, 바다 해	水,氵	11	수
	2	解	풀 해	角	13	목
	3	楷	본보기 해	木	13	목

한글	번호	한자	뜻 풀 이	부수	획수	자원오행
해	4	害	해할 해, 어느 할	宀	10	목
	5	祄	도울 개(대법원한자표 해자란에 기재되어 있음)	示,礻	9	목
	6	廨	공해 해	广	16	목
	7	薤	염교 해	艸,++	19	목
	8	晐	갖출 해	日	10	화
	9	欬	기침 해	欠	10	화
	10	頦	아래턱 해	頁	15	화
	11	懈	게으를 해	心,忄	17	화
	12	偕	함께 해	亻	11	화
	13	駭	놀랄 해	馬	16	화
	14	垓	지경 해, 경계 해	土	9	토
	15	邂	만날 해	辵,辶	20	토
	16	嶰	골짜기 해	山	16	토
	17	獬	해태 해, 억센 모양 개	犬,犭	17	토
	18	醢	육장 해	酉	17	금
	19	骸	뼈 해, 해골 해	骨	16	금
	20	該	갖출 해, 마땅 해	言	13	금
	21	諧	화할 해	言	16	금
	22	瑎	검은 옥돌 해, 검은 옥돌 개	玉,王	14	금
	23	亥	돼지 해	亠	6	수
	24	蟹	게 해	虫	19	수
	25	孩	어린아이 해	子	9	수
	26	咍	비웃을 해	口	8	수

한글	번호	한자	뜻 풀 이	부수	획수	자원오행
해	27	奚	어찌 해	大	10	수
	28	瀣	이슬 기운 해	水, 氵	20	수
	29	咳	어린아이 웃을 해, 기침 해	口	9	수
	30	澥	바다 이름 해	水, 氵	17	수
	31	痎	학질 해	疒	11	수
	32	鮭	어채 해, 복어 규	魚	17	수
	33	한자없음	海 바다 해와 같은 뜻			
핵	1	核	씨 핵, 풀뿌리 해	木	10	목
	2	覈	핵실할 핵, 보리 싸라기 흘	襾	19	금
	3	劾	꾸짖을 핵, 노력할 핵, 힘쓸 해	力	8	수
	4	翮	깃촉 핵, 솥 력	羽	16	수
행	1	荇	노랑어리연꽃 행, 마름 행	艸, ++	12	목
	2	杏	살구 행	木	7	목
	3	幸	다행 행	干	8	목
	4	倖	요행 행	亻	10	화
	5	悻	성낼 행	心, 忄	12	화
	6	行	다닐 행, 항렬 항	行	6	수
	7	涬	기운 행, 큰물 모양 행	水, 氵	12	수
향	1	香	향기 향	香	9	목
	2	薌	곡식 향내 향	艸, ++	19	목
	3	曏	밝을 향	日	10	화
	4	麝	사향 사슴 향	鹿	20	토
	5	享	누릴 향, 삶을 팽	亠	8	토
	6	鄕	시골 향	邑, 阝(우)	17	토

한글	번호	한자	뜻 풀 이	부수	획수	자원오행
향	7	珦	옥 이름 향, 옥 이름 상	玉,王	11	금
	8	響	울릴 향	音	22	금
	9	餉	건량 향, 도시락 향	食,飠	15	수
	10	饗	잔치할 향	食	222	수
	11	嚮	향할 향, 성씨 상	口	19	수
	12	向	향할 향, 성씨 상	口	6	수
허	1	許	성씨, 허락할 허, 이영차 호	言	11	금
	2	虛	빌 허	虍	12	목
	3	歔	흐느낄 허	欠	16	화
	4	墟	터 허, 언덕 허	土	15	토
	5	噓	불 허, 울 허	口	14	수
헌	1	櫶	나무 이름 헌	木	20	목
	2	幰	수레 휘장 헌	巾	19	목
	3	攇	죌 헌	手,扌	20	목
	4	軒	집 헌, 초헌 헌	車	10	화
	5	憲	총명할 헌, 한탄할 흰	心,忄	20	화
	6	昍	밝을 흰	日	8	화
	7	憲	법 헌	心	16	화
	8	軒	집 헌, 추녀 헌, 난간 헌	車	10	화
	9	獻	드릴 헌, 술두루미 사, 위의 있을 의	犬	20	토
	10	巘	봉우리 헌	山	23	토
헐	1	歇	쉴 헐, 개 이름 갈, 사람 이름 알	欠	13	화
험	1	驗	시험 험	馬	23	화
	2	險	험할 험, 괴로워할 삼, 낭떠러지 암	阜,阝	21	토

한글	번호	한자	뜻 풀 이	부수	획수	자원오행
험	3	嶮	험할 험	山	16	토
	4	獫	오랑캐 이름 험, 개 렴(염)	犬, 犭	17	토
	5	玁	오랑캐 이름 험, 부리 긴 개 렴(염)	犬, 犭	24	토
혁	1	奕	클 혁, 아름다울 혁	大	9	목
	2	弈	바둑 혁	廾	9	목
	3	鬩	다툴 혁, 고요할 격	鬥	18	목
	4	爀	불빛 혁	火	18	화
	5	烞	빛날 혁, 꾸짖을 하, 쏠 석	火	11	화
	6	赫	빛날 혁, 붉을 혁, 꾸짖을 하, 쏠 석	赤	14	화
	7	侐	고요할 혁	亻	8	화
	8	焱	불꽃 혁, 불꽃 염	火	12	화
	9	爀	진한 붉은색 혁	赤	21	화
	10	革	가죽 혁, 중해질 극	革	9	금
	11	嚇	성낼 혁, 웃음소리 하	口	17	수
	12	洫	봇도랑 혁, 넘칠 일	水, 氵	10	수
현	1	玄	성씨, 검을 현, 하늘 현	玄	5	화
	2	舷	뱃전 현	舟	11	목
	3	縣	고을 현, 매달 현	糸	16	목
	4	絢	무늬 현, 끈 순	糸	12	목
	5	眩	어지러울 현, 아찔할 현, 요술 환, 돌아다니며 팔 견	目	10	목
	6	弦	시위 현	弓	8	목
	7	絃	줄 현	糸	11	목
	8	橩	땅 이름 현	木	12	목

한글	번호	한자	뜻 풀 이	부수	획수	자원오행
현	9	繯	맬 현	糸	19	목
	10	駽	돗총이 현	馬	17	화
	11	睍	불거진 눈 현	目	12	화
	12	炫	밝을 현, 빛날 현	火	9	화
	13	昡	햇빛 현, 당혹할 현	日	9	화
	14	見	뵈올 현, 볼 견	見	7	화
	15	俔	염탐할 현	亻	9	화
	16	怰	팔 현	心,忄	9	화
	17	晛	햇살 현, 햇살 년(연)	日	11	화
	18	衒	자랑할 현, 선전할 현	行	11	화
	19	儇	영리할 현	亻	15	화
	20	譞	영리할 현	言	20	금
	21	弮	활 현	弓	11	화
	22	顯	나타날 현	頁	23	화
	23	顕	나타날 현, 顯과 통용어	頁	18	화
	24	懸	매달 현, 고을 현	心	20	화
	25	嬛	산뜻할 현, 홀로 경, 서고 환	女	16	토
	26	娊	허리 가늘 현	女	10	토
	27	姛	여자의 자 현	女	8	토
	28	峴	고개 현	山	10	토
	29	晛	한정할 현	阜,阝(좌)	15	토
	30	誢	말다툼할 현	言	14	금
	31	現	나타날 현	玉,王	12	금
	32	琄	옥 모양 현	玉,王	12	금

한글	번호	한자	뜻 풀 이	부수	획수	자원 오행
현	33	賢	어질 현	貝	15	금
	34	鉉	솥귀 현	金	13	금
	35	玹	옥돌 현	玉,王	10	금
	36	鋗	노구솥 현, 쓸 견	金	15	금
	37	泫	이슬 빛날 현, 물 깊을 현, 땅 이름 견	水,氵	9	수
	38	呟	소리 현	口	8	수
	39	灦	물이 깊고 맑을 현	水,氵	27	수
	40	痃	현벽 현	疒	10	수
	41	翾	날 현	羽	19	수
	42	蜆	도롱이벌레 현	虫	13	수
혈	1	絜	헤아릴 혈, 깨끗할 결, 들 계, 홀로 갈	糸	12	목
	2	趐	나아갈 혈	走	13	화
	3	頁	머리 혈, 책 면 엽	頁	9	화
	4	血	피 혈	血	6	수
	5	穴	구멍 혈, 굴 휼	穴	5	수
	6	孑	외로울 혈 현	子	3	수
혐	1	嫌	싫어할 혐	女	13	토
협	1	夾	낄 협	大	7	목
	2	莢	꼬투리 협, 콩깍지 협	艸,++	13	목
	3	挾	낄 협, 가질 협	手,扌	11	목
	4	篋	상자 협	竹	15	목
	5	匧	상자 협	匚	9	목
	6	愶	화합할 협, 으를 협	心,忄	10	화
	7	協	화합할 협	十	8	수

한글	번호	한자	뜻 풀 이	부수	획수	자원오행
협	8	恔	쾌할 협	心,忄	11	화
	9	愜	쾌할 협	心,忄	13	화
	10	俠	의기로울 협	亻	9	화
	11	頰	뺨 협	頁	16	화
	12	峽	골짜기 협	山	10	토
	13	狹	좁을 협	犬,犭	11	토
	14	埉	물가 협	土	10	토
	15	鋏	집게 협	金	15	금
	16	冾	화할 협	冫	8	수
	17	浹	두루 미칠 협, 젖을 협	水,氵	11	수
	18	脅	위협할 협, 겨드랑이 협, 갈빗대 협	肉,月	12	수
	19	脇	위협할 협, 겨드랑이 협, 옆구리 협	玉,王	12	수
	20	叶	맞을 협, 잎 엽	口	5	수
형	1	邢	성씨 형, 땅 이름 경	邑,阝(우)	11	토
	2	兄	형 형, 두려워할 황	儿	5	목
	3	荊	가시나무 형	艸,++	12	목
	4	馨	꽃다울 형, 향기 형	香	20	목
	5	敻	멀 형, 구할 현	攵	15	목
	6	逈	멀 형	辵,辶	12	토
	7	迥	멀 형	辵,辶	13	토
	8	泂	멀 형, 찰 형, 깊을 형	水,氵	9	수
	9	衡	저울대 형, 가로 횡	行	16	화
	10	炯	빛날 형	火	9	화
	11	侀	이룰 형	亻	8	화

한글	번호	한자	뜻 풀 이	부수	획수	자원오행
형	12	形	모양 형	彡	7	화
	13	熒	등불 형	火	14	화
	14	亨	형통할 형, 드릴 향, 삶을 팽	亠	7	토
	15	型	모형 형, 본보기 형	土	9	토
	16	娙	여관 형, 날씬할 경	女	10	토
	17	陘	지레목 형	阜,阝(좌)	15	토
	18	鑅	줄 형, 갈 형, 문지를 형, 줄 영	金	18	금
	19	瑩	의혹할 형, 밝을 형, 밝을 영, 옥돌 옥	玉,王	15	금
	20	珩	노리개 형	玉,王	11	금
	21	刑	형벌 형, 탕기 형	刂	6	금
	22	詗	염탐할 형	言	12	금
	23	瀅	물 이름 형	水,氵	22	수
	24	滎	실개천 형	水	14	수
	25	螢	반딧불 형	虫	16	수
	26	濙	물 맑을 형, 물 이름 경	水,氵	19	수
혜	1	蕙	풀 이름 혜, 난초 혜	艸,⁺⁺	18	목
	2	憲	밝힐 혜	宀	15	목
	3	槥	널 혜, 널 위, 널 세	木	15	목
	4	盻	흘겨볼 혜	目	9	목
	5	傒	가둘 혜	亻	12	화
	6	徯	기다릴 혜, 샛길 혜	彳	13	화
	7	暳	별 반짝일 혜	日	15	화
	8	憓	사랑할 혜	心	16	화
	9	惠	은혜 혜	心	12	화

한글	번호	한자	뜻 풀 이	부수	획수	자원오행
혜	10	恵	은혜 혜, 惠와 통용어	心	10	화
	11	彗	살별 혜, 총명 혜, 살별 수	彐	11	화
	12	蹊	좁은 길 혜, 이상야릇할 계	足	17	토
	13	訡	진실한 말 혜, 그러할 예	言	11	금
	14	譿	꾸짖을 혜	言	17	금
	15	慧	슬기로울 혜	心	15	화
	16	譓	슬기로울 혜	言	22	금
	17	譓	슬기로울 혜	言	19	금
	18	鞋	신(가죽신) 혜	革	15	금
	19	兮	어조사 혜	八	4	금
	20	鏸	날카로울 혜	金	20	금
	21	醯	식혜 혜	酉	19	금
	22	匸	감출 혜	匸	2	수
	23	嘒	작은 소리 혜	口	14	수
호	1	扈	성씨, 뒤 따를 호, 파랑새 호	戶	11	목
	2	胡	성씨, 되 호, 오랑캐 이름 호, 수염 호	肉,月	11	수
	3	瓠	박 호	瓜	11	목
	4	葫	마늘 호	艸,⺾	15	목
	5	號	이름 호, 부르짖을 호	虍	13	목
	6	号	이름 호, 부르짖을 호	口	5	수
	7	壺	병 호, 질 그릇 호	士	12	목
	8	縞	명주 호	糸	16	목
	9	弧	활 호	弓	8	목
	10	糊	풀칠할 호, 죽 호	米	15	목

한글	번호	한자	뜻 풀 이	부수	획수	자원오행
호	11	虎	범 호	虍	8	목
	12	蒿	쑥 호, 향기 호, 짚 고	艸,++	16	목
	13	戶	집 호, 지게 호	戶	4	목
	14	芐	지황 호, 지황 하	艸,++	9	목
	15	芦	지황 호, 지황 하, 갈대 로(노)	艸,++	10	목
	16	薅	빛 호	艸,++	17	목
	17	熩	빛날 호	火	15	화
	18	怙	믿을 호, 아버지 호	心,忄	9	화
	19	儫	호걸 호	亻	16	화
	20	鬍	되 호, 오랑캐 이름 호, 수염 호	髟	19	화
	21	聕	들릴 호	耳	13	화
	22	昊	하늘 호	日	8	화
	23	晧	밝을 호, 빛날 호	日	11	화
	24	毫	터럭 호, 가는 털 호	毛	11	화
	25	顥	클 호, 빛나는 모양 호	頁	21	화
	26	娎	재치 있을 호, 재치 있을 효	女	11	토
	27	壕	해자 호, 해자 호, 도랑 호	土	17	토
	28	狐	여우 호	犬,犭	8	토
	29	峼	산 호	山	8	토
	30	犒	호궤할 호, 군사먹일 호	牛	14	토
	31	好	좋을 호, 아름다울 호	女	6	토
	34	鄗	땅 이름 호	邑,阝(우)	17	토
	33	嫭	아름다울 호	女	14	토
	32	嫮	아름다울 호	女	14	토

한글	번호	한자	뜻 풀 이	부수	획수	자원오행
호	35	猢	원숭이 호	犬, 犭	13	토
	36	瓳	반호 호	瓦	10	금
	37	皜	흴 호	白	15	금
	38	皓	흴 호, 밝을 호	白	12	금
	39	皞	밝을 호	白	12	금
	40	醐	우락 더껑이 호	酉	16	금
	41	乎	어조사 호	ノ	5	금
	42	瑚	산호 호	玉, 王	14	금
	43	鎬	호경 호, 밝은 모양 호	金	18	금
	44	琥	호박 호	玉, 王	13	금
	45	護	도울 호, 보호할 호	言	21	금
	46	頀	구할 호	音	23	금
	47	祜	복 호	示, 礻	10	금
	48	湖	호수 호	水, 氵	13	수
	49	滸	물가 호, 물가 허	水, 氵	15	수
	50	蝴	나비 호	虫	15	수
	51	豪	호걸 호	豕	14	수
	52	浩	넓을 호, 술 거를 고	水, 氵	11	수
	53	澔	넓을 호	水, 氵	16	수
	54	灝	넓을 호, 재치있을 호	水, 氵	25	수
	55	互	서로 호	二	4	수
	56	呼	부를 호	口	8	수
	57	淏	맑을 호	水, 氵	12	수
	58	濩	퍼질 호, 삶을 확	水, 氵	18	수

한글	번호	한자	뜻 풀 이	부수	획수	자원오행
호	59	濠	호주 호, 해자 호	水, 氵	18	수
	60	冱	얼 호	冫	6	수
	61	沍	얼 호	水, 氵	6	수
	62	嘷	울부짖을 호	口	15	수
	63	滈	장마 호	水, 氵	14	수
	64	滬	물 이름 호	水, 氵	15	수
	65	餬	죽 호, 풀칠할 호	食	18	수
혹	1	熇	뜨거울 혹, 엄할 효, 불꽃 일 학, 불에 쬘 고	火	14	화
	2	惑	미혹할 혹, 어지로울 혹	心	12	화
	3	或	혹 혹, 늘 혹, 나라 역	戈	8	금
	4	酷	심할 혹, 독할 혹	酉	14	금
혼	1	閽	문지기 혼	門	16	목
	2	顛	둥글 혼, 둥글 운	頁	19	화
	3	焜	빛날 혼, 빛날 곤	火	12	화
	4	昏	어두울 혼, 힘쓸 민	日	8	화
	5	俒	완전할 혼	亻	9	화
	6	魂	넋 혼	鬼	14	화
	7	婚	혼인할 혼	女	11	토
	8	琿	아름다운 옥 혼	玉, 王	14	금
	9	渾	흐릴 혼, 뒤섞일 혼, 물소리 혼	水, 氵	13	수
	10	混	섞을 혼, 오랑캐 곤	水, 氵	12	수
	11	圂	뒷간 혼, 가축 환	囗	10	수
	12	湣	어지러울 혼, 근심할 민, 시호 민, 어두울 면	水, 氵	12	수
	13	溷	어지러울 혼	水, 氵	14	수

한글	번호	한자	뜻 풀 이	부수	획수	자원오행
홀	1	箹	홀 홀, 피리가락 홀	竹	10	목
	2	惚	황홀할 홀	心, 忄	12	화
	3	忽	갑자기 홀, 활홀한 홀	心	8	화
	4	囫	온전할 홀	口	7	수
홍	1	洪	성씨, 넓을 홍, 큰 물 홍	水, 氵	10	수
	2	弘	클 홍, 넓을 홍	弓	5	화
	3	紅	붉을 홍, 상복 공	糸	9	목
	4	篊	통발 홍	竹	15	목
	5	鬨	싸울 홍, 싸울 항	鬥	16	목
	6	曉	날 밝으려할 홍	日	10	화
	7	烘	화롯불 홍	火	10	화
	8	鴻	기러기 홍, 원기 홍	鳥	17	화
	9	鈜	쇠뇌 고동 홍, 석궁 홍	金	14	금
	10	訌	어지러울 홍, 무너질 홍	言	10	금
	11	汞	수은 홍	水	9	수
	12	澒	수은 홍	水, 氵	16	수
	13	虹	무지개 홍, 어지러울 항, 고을 이름 공	虫	9	수
	14	哄	떠들썩할 홍, 노랫소리 홍	口	9	수
	15	泓	물 깊을 홍	水, 氵	9	수
화	1	化	성씨, 될 화, 잘못 와	匕	4	금
	2	畫	그림 화, 그을 획	田	12	목
	3	畵	그림 화, 그을 획, 畫와 통용	田	13	목
	4	禍	재앙 화	示, 礻	13	목
	5	禾	벼 화, 말 이빨의 수효 수	禾	5	목

한글	번호	한자	뜻 풀 이	부수	획수	자원오행
화	6	樺	벚나무 화, 자작나무 화	木	16	목
	7	花	꽃 화	艸,++	10	목
	8	華	빛날 화	艸,++	14	목
	9	火	불 화, 태울 화	火	4	화
	10	俰	화할 화	亻	10	화
	11	和	화할 화	口	8	수
	12	龢	화할 화	龠	22	화
	13	驊	준마 화	馬	22	화
	14	嬅	탐스러울 화, 고울 화	女	15	토
	15	譁	시끄러울 화	言	19	금
	16	話	말씀 화	言	13	금
	17	貨	재물 화, 물품 화	貝	11	금
	18	靴	가죽신 화	革	13	금
	19	澕	물 깊을 화	水,氵	16	수
	20	嘩	떠들썩 할 화, 바뀔 와	口	15	수
확	1	攫	움킬 확, 움킬 국	手,扌	24	목
	2	廓	클 확, 둘레 곽	广	14	목
	3	擴	넓힐 확, 북칠 황	手,扌	19	목
	4	穫	곡식 거둘 확, 땅 이름 호	禾	19	목
	5	矍	두리번거릴 확	目	20	목
	6	矍	창 확	矛	25	금
	7	確	회초리 확	石	21	금
	8	鑊	가마솥 확	金	22	금
	9	確	굳을 확	石	15	금

한글	번호	한자	뜻 풀 이	부수	획수	자원오행
확	10	碻	굳을 확, 확실할 확, 고르지 않은 모양 교	石	15	금
환	1	宦	벼슬 환	宀	9	목
	2	桓	굳셀 환, 묘목 환	木	10	목
	3	換	바꿀 환	手,扌	13	목
	4	紈	흰 비단 환, 맺을 환	糸	9	목
	5	寰	경기 고을 환, 고을 현	宀	16	목
	6	擐	꿸 환, 꿸 관, 걷을 선	手,扌	17	목
	7	睆	가득 찬 모양 환, 추파 던질 완	目	12	목
	8	絙	끈 환	糸	12	목
	9	奐	빛날 환, 성할 환	大	9	목
	10	煥	불꽃 환, 빛날 환	火	13	화
	11	懽	기뻐할 환, 재앙 환	心,忄	22	화
	12	驩	기뻐할 환, 말 이름 환	馬	28	화
	13	歡	기쁠 환	欠	22	금
	14	轘	거열할 환	車	20	화
	15	鬟	쪽 환	髟	23	화
	16	幻	헛보일 환, 변할 환	幺	4	화
	17	患	근심 환	心	11	화
	18	晥	환할 환	日	11	화
	19	丸	둥글 환	丶	3	토
	20	還	돌아올 환, 돌 선	辵,辶	20	토
	21	皖	환할 환	白	12	금
	22	瓛	옥홀 환, 옥홀 현, 재갈 얼	玉,王	25	금
	23	鍰	여섯 냥쭝 환	金	17	금

한글	번호	한자	뜻 풀 이	부수	획수	자원오행
환	24	環	고리 환, 둥글 환, 도리옥 환	玉,王	18	금
	25	鐶	고리 환, 가락지 환	金	21	금
	26	洹	세차게 흐를 환, 물 이름 원	水,氵	9	수
	27	豢	기를 환	豕	13	수
	28	圜	두를 환, 둥글 원	口	16	수
	29	鰥	환어 환, 홀아버지 환, 곤이 곤	魚	21	수
	30	喚	부를 환	口	12	수
	31	渙	흩어질 환, 밝을 환, 불빛 환, 물 이름 회	水,氵	13	수
활	1	闊	넓을 활, 트일 활	門	17	목
	2	濶	넓을 활, 闊과 통용어	水,氵	18	수
	3	猾	교활할 활	犬,犭	14	토
	4	滑	미끄러울 활, 익살스러울 골	水,氵	14	수
	5	活	살릴 활, 물 콸콸 흐를 괄	水,氵	10	수
	6	豁	뚫린 골 활	谷	17	수
	7	蛞	올챙이 활	虫	12	수
황	1	黃	성씨, 누를 황	黃	12	토
	2	榥	책상 황	木	14	목
	3	幌	휘장 황	巾	13	목
	4	凰	봉황 황	几	11	목
	5	艎	깃대 황	木	13	목
	6	荒	거칠 황, 공허할 강	艸,++	12	목
	7	篁	대숲 황	竹	14	목
	8	簧	혀 황, 피리 황(악기종류)	竹	18	목
	9	怳	어슴푸레할 황	心,忄	9	화

한글	번호	한자	뜻 풀 이	부수	획수	자원오행
황	10	慌	어리둥절할 황	心, 忄	14	화
	11	熀	이글거릴 황, 밝을 황, 이글거릴 엽	火	14	화
	12	惶	두려울 황	心, 忄	13	화
	13	徨	헤맬 황, 노닐 황	彳	12	화
	14	恍	황홀할 황, 용맹스러운 모양 광	心, 忄	10	화
	15	煌	빛날 황	火	13	화
	16	晃	밝을 황	日	10	화
	17	晄	밝을 황, 빛날 황	日	10	화
	18	愰	마음 밝을 황	心, 忄	14	화
	19	遑	급할 황, 허둥거릴 황	辵, 辶	16	토
	20	隍	해자 황	阜, 阝(좌)	16	토
	21	堭	당집 황, 전각 황	土	12	토
	22	媓	어머니 황, 여자 이름 황	女	12	토
	23	璜	패옥 황	玉, 王	17	금
	24	皇	임금 황, 갈 왕	白	9	금
	25	瑝	옥 소리 황	玉, 王	14	금
	26	貺	줄 황	貝	12	금
	27	鍠	종소리 황	金	18	금
	28	喤	울음소리 황, 떠들썩한 소리 횡	口	12	수
	29	肓	명치끝 황	肉, 月	9	수
	30	滉	물 깊을 황, 넓을 황	水, 氵	14	수
	31	況	상황 황, 하물며 황	水, 氵	9	수
	32	潢	웅덩이 황	水, 氵	16	수
	33	蝗	메뚜기 황, 누릴 황	虫	15	수

한글	번호	한자	뜻 풀 이	부수	획수	자원오행
황	34	湟	성지 황, 빠질 활	水, 氵	13	수
황보	1	皇甫	성씨	白,用	16	금
회	1	繪	그림 회	糸	19	목
	2	絵	그림 회, 繪와 통용어	糸	12	목
	3	茴	회향풀 회	艸,++	12	목
	4	檜	전나무 회	木	17	목
	5	會	모일 회	日	13	목
	6	会	모일 회, 繪와 통용어	人	6	화
	7	佪	노닐 회	亻	8	화
	8	頮	세수할 회	頁	16	화
	9	恢	넓을 회	心,忄	10	화
	10	悔	뉘우칠 회	心,忄	11	화
	11	懷	품을 회	心,忄	20	화
	12	徊	머뭇거릴 회, 노닐 회	彳	9	화
	13	灰	재 회	火	6	화
	14	晦	그믐 회, 어두울 회	日	111	화
	15	獪	교활할 회, 교활할 쾌	犬,犭	17	토
	16	迴	돌아올 회	辵,辶	13	토
	17	盌	주발 회	皿	11	금
	18	詼	조롱할 회	言	13	금
	19	誨	가르칠 회	言	14	금
	20	賄	재물 회, 뇌물 회, 선물 회	貝	13	금
	21	淮	물 이름 회	水, 氵	12	수
	22	澮	봇도랑 회, 물 흐를 회	水, 氵	17	수

한글	번호	한자	뜻 풀 이	부수	획수	자원오행
회	23	膾	회 회, 회칠 회	肉,月	19	수
	24	蛔	회충 회	虫	12	수
	25	回	돌아올 회	口	6	수
	26	匯	물 돌아 나갈 회	匚	13	수
	27	廻	돌 회, 돌이킬 회	廴	9	수
	28	洄	돌아흐를 회	水,氵	10	수
	29	鱠	회 회	魚	24	수
획	1	画	畫 : 그을 획, 그림화의 속자	田	8	목
	2	獲	얻을 획, 노비 획, 실심할 확	犬,犭	18	토
	3	劃	그을 획	刂	14	금
	4	嚄	깜짝 놀라는 소리 획	口	17	수
횡	1	宖	집 울릴 횡, 클 홍, 클 굉	宀	8	목
	2	橫	가로 횡, 빛 광	木	16	목
	3	黌	학교 횡	黃	25	토
	4	鈜	쇳소리 횡	金	12	금
	5	鐄	종 횡, 낫 횡	金	20	금
	6	澋	물 삥 돌아나갈 횡	水,氵	16	수
효	1	洨	성씨, 물 이름 효	水,氵	11	수
	2	梟	올빼미 효, 목매달 교	木	11	목
	3	庨	높을 효	广	10	목
	4	唬	범 울부짖을 효	虍	10	목
	5	熇	엄할 효, 뜨거울 혹, 불꽃 일 학, 불에 쬘 고	火	14	화
	6	烋	거들먹거릴 효, 아름다울 휴	灬	10	화
	7	傚	본받을 효	亻	12	화

한글	번호	한자	뜻 풀 이	부수	획수	자원오행
효	8	效	본받을 효, 힘쓸 효	攵	10	금
	9	効	본받을 효, 效과 통용어	力	8	금
	10	驍	날랠 효	馬	22	화
	11	爻	사귈 효, 가로그을 효, 괘 효, 변할 효	爻	4	화
	12	曉	새벽 효, 밝을 효	日	16	화
	13	歊	김 오를 효	欠	14	화
	14	娹	재치 있을 효, 재치 있을 호	女	11	토
	15	崤	산 이름 효, 산 이름 호	山	11	토
	16	殽	섞일 효	殳	12	금
	17	酵	삭힐 효, 삭힐 교	酉	14	금
	18	斅	가르칠 효	攴	20	금
	19	謼	부를 호	言	18	금
	20	皛	나타날 효, 칠 박	白	15	금
	21	淆	뒤섞일 효	水, 氵	12	수
	22	肴	안주 효	肉, 月	10	수
	23	孝	효도 효	子	7	수
	24	嚆	울릴 효	口	17	수
	25	哮	성낼 효, 큰 솔이 낼 효	口	10	수
	26	窙	높은 기운 효	穴	12	수
	27	洨	강 이름 효	水, 氵	10	수
	28	嚻	들렐 효, 많을 오	口	21	수
	29	餚	섞일 효	食	17	수
후	1	后	성씨, 임금 후, 뒤 후	口	6	수
	2	朽	썩을 후	木	6	목

한글	번호	한자	뜻 풀 이	부수	획수	자원오행
후	3	帿	제후 후, 과녁 후	巾	12	목
	4	侯	제후 후, 어조사 혜	亻	9	화
	5	芉	풀 이름 간	艸,++	9	목
	6	篌	공후 후	竹	15	목
	7	欨	즐거워할 후, 즐거워할 호	欠	10	화
	8	候	기후 후	亻	10	화
	9	煦	따뜻하게 할 후	灬	13	화
	10	後	뒤 후, 임금 후	彳	9	토
	11	逅	만날 후, 우연히 만날 후	辵,辶	13	토
	12	堠	돈대 후(높게 두드러진 평평한 땅)	土	12	토
	13	厚	두터울 후, 후덕할 후	厂	9	토
	14	垕	두터울 후, 당 이름 후	土	9	토
	15	𡊍	두터울 후	土	9	토
	16	姁	아름다울 후	女	8	토
	17	猴	원숭이 후	犬,犭	13	토
	18	詡	자랑할 후, 자랑할 허	言	13	금
	19	譃	거짓말할 후	言	19	금
	20	酗	주정할 후	酉	11	금
	21	珝	옥 이름 후, 옥 이름 허	玉,王	11	금
	22	喉	목구멍 후	口	12	수
	23	吼	울부짖을 후	口	7	수
	24	嗅	맡을 후	口	13	수
	25	吽	짖을 후, 물어뜯을 우, 진언 흠	口	7	수
	26	煦	불 후	口	12	수

한글	번호	한자	뜻 풀 이	부수	획수	자원오행
후	27	餱	건량 후	食	18	수
훈	1	薰	향풀 훈, 향기날 훈	艸,++	20	목
	2	薫	향풀 훈	艸,++	19	목
	3	蘍	향초 훈	艸,++	22	목
	4	葷	훈채 훈(생강 같은 고명풀)	艸,++	15	목
	5	纁	분홍빛 훈	糸	20	목
	6	煇	빛날 휘, 햇무리 운	火	13	화
	7	曛	어스레할 훈	日	18	화
	8	暈	무리 훈, 어지러울 운	日	13	화
	9	勳	공 훈	力	16	화
	10	勛	공 훈, 勳과 통용어	力	15	화
	11	勋	공 훈, 勳의 古字	力	12	화
	12	燻	연기낄 훈	火	18	화
	13	熏	불길 훈, 불기운 훈, 그을릴 훈	灬	14	화
	14	焄	김 쐴 훈, 향기 날 훈	灬	11	화
	15	獯	오랑캐 이름 훈	犬,犭	18	토
	16	壎	질나발 훈, 흙 훈	土	17	토
	17	塤	질나발 훈, 토음 훈, 풍류 훈	土	13	토
	18	鑂	금빛 투색할 훈	金	22	금
	19	訓	가르칠 훈, 길 순	言	10	금
	20	한자없음				
훌	1	欻	문득 훌	欠	12	화
훙	1	薨	훙서 훙, 죽을 훙, 무리 훙, 많을 횡	艸,++	20	목
훤	1	萱	원추리 훤	艸,++	15	목

한글	번호	한자	뜻 풀 이	부수	획수	자원오행
훤	2	喧	온난할 훤, 따뜻할 훤	日	13	화
	3	煊	마를 훤, 따뜻할 훤, 불 훼	火	13	화
	4	愃	너그러울 훤, 잊을 선	心,忄	13	화
	5	晅	밝을 훤	日	8	화
	6	烜	마를 훤, 불 훼	火	10	화
	7	諠	잊을 훤, 지껄일 훤	言	16	금
	8	諼	속일 훤	言	16	금
	9	喧	지껄일 훤	口	12	수
훼	1	卉	풀 훼, 빠를 훌	十	5	목
	2	芔	풀 훼, 성할 휘	艸,++	9	목
	3	燬	불 훼	火	17	화
	4	毁	헐 훼	殳	13	금
	5	喙	부리 훼, 호흡 훼, 부리 달	口	12	수
	6	虺	살무사 훼, 고달플 회	虫	9	수
	7	卉	풀 훼, 풀훼의 속자, 빠를 훌	十	2	수
휘	1	撝	찢을 휘, 도울 위	手,扌	16	목
	2	揮	휘두를 휘, 표기 휘, 휘두를 혼	手,扌	13	목
	3	麾	기 휘, 지휘할 휘	麻	15	목
	4	煇	빛날 휘, 햇무리 운	火	13	화
	5	輝	빛날 휘	車	15	화
	6	暉	빛 휘	日	13	화
	7	煒	빛 휘, 밝을 휘, 빨갈 위	火	13	화
	8	徽	아름다울 휘, 표기 휘	彳	17	화
	9	彙	무리 휘, 고슴도치 휘	ヨ	13	화

한글	번호	한자	뜻 풀 이	부수	획수	자원오행
휘	10	諱	숨길 휘, 꺼릴 휘	言	16	금
	11	翬	훨훨 날 휘	羽	15	수
휴	1	携	이끌 휴, 가질 휴, 나눌 휴	手, 扌	14	목
	2	虧	이지러질 휴	虍	17	목
	3	庥	그늘 휴	广	9	목
	4	髹	검붉은빛 휴	髟	16	화
	5	鵂	수리부엉이 휴	鳥	17	화
	6	休	쉴 휴, 따뜻하게 할 후	亻	6	화
	7	烋	아름다울 휴, 경사로울 휴, 거들먹거릴 효	灬	10	화
	8	畦	밭두둑 휴, 지경 휴	田	11	토
	9	隳	무너뜨릴 휴, 떨어질 타	阜, 阝(좌)	23	토
	10	咻	신음 소리 휴, 따스히 할 후, 외칠 효	口	9	수
휼	1	鷸	도요새 휼	鳥	23	화
	2	恤	불쌍할 휼, 구휼할 휼	心, 忄	10	화
	3	譎	속일 휼	言	19	금
	4	卹	진휼할 휼, 먼지 떨 솔	卩	8	수
흉	1	兇	흉악할 흉	儿	6	목
	2	恟	두려워할 흉	心, 忄	10	화
	3	匈	오랑캐 흉, 가슴 흉	勹	6	금
	4	洶	용솟음칠 흉, 물살 셀 흉	水, 氵	10	수
	5	凶	흉할 흉	凵	4	수
	6	胸	가슴 흉	肉, 月	12	수
	7	胷	가슴 흉	肉, 月	12	수
흑	1	黑	검을 흑	黑	12	수

한글	번호	한자	뜻 풀 이	부수	획수	자원오행
흔	1	掀	번쩍 들 흔, 번쩍 들 헌	手, 扌	12	목
	2	很	패려궂을 흔	彳	9	화
	3	憣	기뻐할 흔	心, 忄	12	화
	4	昕	새벽 흔	日	8	화
	5	欣	기쁠 흔	欠	8	화
	6	忻	기쁠 흔	心, 忄	8	화
	7	炘	화끈거릴 흔, 기뻐할 흔	火	8	화
	8	釁	피 칠할 흔, 틈 흔	酉	26	금
	9	痕	흔적 흔	疒	11	수
흘	1	紇	묶을 흘	糸	9	목
	2	仡	날랠 흘, 흔들릴 올	亻	5	화
	3	迄	이를 흘	辵, 辶	10	토
	4	屹	우뚝 솟을 흘	山	6	토
	5	訖	이를 흘, 이를 글	言	10	금
	6	齕	깨물 흘	齒	18	금
	7	汔	거의 흘, 물 끓는 김 기, 소금 못 혈	水, 氵	7	수
	8	疙	쥐부스럼 흘	疒	8	수
	9	吃	말 더듬을 흘	口	6	수
흠	1	廞	벌여놓을 흠, 꺼진 모양 감	广	15	목
	2	欠	하품 흠, 이지러질 결	欠	4	화
	3	歆	흠향할 흠	欠	13	화
	4	欽	공경할 흠, 신음할 음	欠	12	금
	5	鑫	기쁠 흠	金	24	금
흡	1	歙	들이쉴 흡	欠	16	화

한글	번호	한자	뜻 풀 이	부수	획수	자원오행
흡	2	翕	합할 흡	羽	12	화
	3	恰	흡사할 흡	心, 忄	10	화
	4	洽	흡족할 흡, 강 이름 합	水, 氵	10	수
	5	吸	마실 흡	口	7	수
	6	噏	숨 들이쉴 흡	口	15	수
	7	潝	물 빨리 흐르는 소리 흡, 웅덩이에 빠질 압	水, 氵	16	수
	8	翖	합할 흡	羽	12	수
흥	1	興	일 흥, 피 바를 흔	臼	15	토
희	1	禧	복 희	示, 礻	17	목
	2	稀	드물 희, 성길 희, 드물 희	禾	12	목
	3	橲	나무 이름 희	木	16	목
	4	希	바랄 희, 칡베 치	巾	7	목
	5	悕	원할 희	心, 忄	11	화
	6	欷	한숨 쉴 희	欠	11	화
	7	爔	야화 희, 야화 선	火	18	화
	8	熹	빛날 희	灬	16	화
	9	熙	빛날 희, 복 희, 사람이름 이	灬	13	화
	10	熈	빛날 희, 熙와 통용어	灬	14	화
	11	熙	빛날 희, 사람 이름 이	灬	14	화
	12	熺	빛날 희, 지을 희, 성할 희	火	16	화
	13	晞	빛날 희	日	16	화
	14	凞	빛날 희	冫	16	수
	15	烯	불빛 희, 晞와 통용어	火	11	화
	16	晞	마를 희	日	11	화

한글	번호	한자	뜻 풀 이	부수	획수	자원오행
	17	爔	불 희	火	20	화
	18	喜	기쁠 희	口	12	수
	19	僖	기쁠 희	亻	14	화
	20	憘	기쁠 희, 성할 희, 아름다울 희	心, 忄	16	화
	21	嬉	기쁠 희	女	17	토
	22	憙	기뻐할 희	心	16	화
	23	曦	햇빛 희	日	20	화
	24	俙	비슷할 희	亻	9	화
	25	嬉	아름다울 희, 즐거울 희	女	15	토
	26	犠	희생 희, 술그릇 사	牛	20	토
	27	羲	복희씨 희, 숨 희, 화할 희	羊	16	토
희	28	姬	여자 희, 왕후 이, 앉을 거	女	9	토
	29	姫	여자 희, 삼갈 진	女	9	토
	30	戲	희롱 희, 놀이 희, 연극 희, 서러울 호, 기 휘	戈	17	금
	31	戱	희롱할 희, 탄식할 호	戈	16	금
	32	譆	감탄할 희	言	19	금
	33	咥	웃을 희, 깨물 질	口	9	수
	34	唏	훌쩍훌쩍 울 희	口	10	수
	35	嘻	화락할 희, 아 의	口	15	수
	36	豨	돼지 희	豕	14	수
	37	餼	보낼 희	食	19	수
	38	囍	쌍희 희	口	22	수
	39	噫	한숨 쉴 희, 트림할 애, 탄식할 억	口	16	수
힐	1	纈	홀치기 염색 힐	糸	21	목

한글	번호	한자	뜻 풀 이	부수	획수	자원오행
힐	2	襭	옷자락 걷을 힐	衣, 衤	21	목
	3	頡	곧은 목 힐, 겁략할 갈	頁	15	화
	4	犵	오랑캐 이름 힐	犬, 犭	7	토
	5	詰	물을 힐, 꾸짖을 힐	言	13	금
	6	黠	약을 힐, 약을 할	黑	18	수

작명 길라잡이

원부수와 약부수가
다른 부수

원부수와 약부수가 다른 부수 | ✳

일련 번호	원 부수		약 부수		부수 명칭	자원 오행
1	水	4	氵	3	삼수 변	수
2	水	4	氺	5	아래물 수 변	수
3	心	4	忄	3	마음 심 변	화
4	心	4	小	4	마음 심밑 변	화
5	手	4	扌	3	재 방변	목
6	肉	6	月	4	고기 육 변	수
7	艸	6	++	4	초두 변	목
8	辵	7	辶	4	책 받침 변	토
9	网	6	罒	5	그물 망 변	목
10	犬	4	犭	3	개 사슴 록 변	토
11	玉	5	王	4	임금 왕 변	금
12	邑	7	阝(우)	3	우부 방변	토
13	阜	8	阝(좌)	3	죄부 방변	토
14	老	6	耂	4	늙을 로 변	토
15	示	5	礻	4	보일 시 변	목
16	衣	6	衤	5	옷 의 변	목

肉,月　手,扌　玉,王　心,忄　水,氵

艸,++　辵,辶　网,罒　犬,犭　邑,阝(우)　阜,阝(좌)

老,耂　示,礻　衣,衤　食,飠

일련 번호	원 부수		약 부수		부수 명칭	자원 오행
1	水, 氵	4	氵	3	삼수 변	수
2	水, 氺	4	氺	5	아래물 수 변	수
3	心, 忄	4	忄	3	심방 변	화
4	心, 㣺	4	㣺	4	마음 심밑 변	화
5	手, 扌	4	扌	3	재 방 변	목
6	肉, 月	6	月	4	고기 육 변	수
7	艸, ++	6	++	4	초두 변	목
8	辵, 辶	7	辶	4	책 받침 변	토
9	网, 罒	6	罒	5	그물 망 변	목
10	犬, 犭	4	犭	3	개 사슴 록 변	토
11	玉, 王	5	王	4	임금 왕 변	금
12	邑, 阝(우)	7	阝(우)	3	우부 방 변	토
13	阜, 阝(좌)	8	阝(좌)	3	좌부 방 변	토
14	老, 耂	6	耂	4	늙을 로 변	토
15	示, 礻	5	礻	4	보일 시 변	목
16	衣, 衤	6	衤	5	옷 의 변	목

| 원부수와 약 부수가 다른 부수

자원오행

작명 길라잡이

부수일람표

여름
봄
가을
겨울
午未申酉戌亥子丑寅卯辰巳

획수	일련 번호	부수	명 칭	부수의 획수		자원 오행
				원부수	약부수	
1획	1	一	한일 변	1	1	목
	2	丨	뚫을 곤 변	1	1	목
	3	丿	삐칠 변 변	1	1	금
	4	乙	새을 변	1	1	목
	5	亅	갈고리 궐 변	1	1	금
	6	丶	점 주 변, 불똥 주 변	1	1	목
2획	1	二	두이 변	2	2	목
	2	亠	돼지 해 머리 변	2	2	화
	3	人	사람인 변	2	2	화
	4	亻	사람인 변	2	2	화
	5	儿	어진사람인 변	2	2	목
	6	入	들입 변	2	2	목
	7	八	여덟팔 변	2	2	금
	8	冂	멀경 변	2	2	화,토
	9	冖	민갓머리 변, 덮을 멱 변	2	2	수
	10	冫	이수 변	2	2	수
	11	几	안석궤 변, 책상궤 변	2	2	수,목
	12	凵	위 터진 입구 몸 변	2	2	수
	13	刀	칼도 변	2	2	금
	14	刂	선칼도 변	2	2	금

획수	일련 번호	부수	명 칭	부수의 획수		자원 오행
				원부수	약부수	
2획	15	力	힘력 변	2	2	토
	16	勹	쌀포 몸 변	2	2	금
	17	匕	비수비 변	2	2	금
	18	匚	터진 입구 몸 변, 상자 방 변	2	2	목,토
	19	匸	감출혜 몸 변	2	2	수
	20	十	열십 변	2	2	수
	21	卜	점복 변	2	2	화
	22	卩	병부절 변, 마디절 변	2	2	수
	23	厂	민 엄호 밑 변, 굴바위 엄 변	2	2	수
	24	又	또우 변	2	2	수
	25	厶	마늘모 변	2	2	목,화
3획	1	口	입구 변	3	3	수
	2	囗	큰 입구 변	3	3	수
	3	士	선비사 변	3	3	목
	4	夕	저녁석 변	3	3	수
	5	夂	뒤져올 치 변	3	3	수
	6	夊	천천히 걸을 쇠발 변	3	3	화,토
	7	大	큰대 변	3	3	목
	8	土	흙 토 변	3	3	토
	9	子	아들 자 변	3	3	수

획수	일련 번호	부수	명 칭	부수의 획수		자원 오행
				원부수	약부수	
3획	10	宀	갓머리 밑 변	3	3	목
	11	小	작을 소 변	3	3	수
	12	尢	절름발이 왕 변	3	3	토
	13	尸	주검시 엄 변	3	3	수
	14	屮	왼손 좌 변, 움 날 철 변	3	3	목
	15	寸	마디촌 변	3	3	토
	16	山	메산 변	3	3	토
	17	巛(川)	개미허리변, 내천 변	3	3	수
	18	工	장인공 변	3	3	화
	19	幺	작을요 변	3	3	수
	20	干	방패간 변	3	3	목
	21	己	몸기 변	3	3	토
	22	巾	수건 건 변	3	3	목
	23	广	엄호 밑 변, 돌집 엄 변	3	3	목
	24	廴	민책받침 변, 길게 걸을 변	3	3	목
	25	廾	스물입 발 변, 손 맞 잡을 공 변	3	3	목
	26	弋	주살익 변	3	3	금
	27	弓	활궁 변	3	3	화
	28	彐(彑)	터진 가로왈 변	3	3	화
	29	彡	터럭삼 변, 삐친석삼 변	3	3	화

<table>
<tr><td rowspan="2">획수</td><td rowspan="2">일련
번호</td><td rowspan="2">부수</td><td rowspan="2">명 칭</td><td colspan="2">부수의 획수</td><td rowspan="2">자원
오행</td></tr>
<tr><td>원부수</td><td>약부수</td></tr>
<tr><td rowspan="10">3획</td><td>30</td><td>彳</td><td>중인 변, 두인 변</td><td>3</td><td>3</td><td>화</td></tr>
<tr><td>31</td><td>女</td><td>계집 여 변</td><td>3</td><td>3</td><td>토</td></tr>
<tr><td>32</td><td>尢</td><td>절름발이 왕 변</td><td>3</td><td>3</td><td>토</td></tr>
<tr><td>33</td><td>干</td><td>방패 간 변</td><td>3</td><td>3</td><td>목</td></tr>
<tr><td>34</td><td>手,扌</td><td>손수 변, 재방 변</td><td>4</td><td>3</td><td>목</td></tr>
<tr><td>35</td><td>犬,犭</td><td>개 사슴록 변</td><td>4</td><td>3</td><td>토</td></tr>
<tr><td>36</td><td>邑,阝(우)</td><td>고을읍 변, 우방 변</td><td>7</td><td>3</td><td>토</td></tr>
<tr><td>37</td><td>阝(좌)阜</td><td>언덕부 변, 좌방 변</td><td>8</td><td>3</td><td>토</td></tr>
<tr><td>38</td><td>水,氵</td><td>삼수 변, 물수 변</td><td>4</td><td>3</td><td>수</td></tr>
<tr><td>39</td><td>心,忄</td><td>심방 변, 마음심 변</td><td>4</td><td>3</td><td>화</td></tr>
<tr><td rowspan="10">4획</td><td>1</td><td>火</td><td>불 화 변</td><td>4</td><td>4</td><td>화</td></tr>
<tr><td>2</td><td>心,忄</td><td>마음심 변, 심방 변</td><td>4</td><td>3</td><td>화</td></tr>
<tr><td>3</td><td>心,㣺</td><td>불화 변, 마음심 변, 심방 변</td><td>4</td><td>4</td><td>화</td></tr>
<tr><td>4</td><td>灬</td><td>연화발 변</td><td>4</td><td>4</td><td>화</td></tr>
<tr><td>5</td><td>支</td><td>지탱할 지</td><td>4</td><td>4</td><td>토</td></tr>
<tr><td>6</td><td>手,扌</td><td>손수 변, 재방 변</td><td>4</td><td>3</td><td>목</td></tr>
<tr><td>7</td><td>攴</td><td>칠복 변</td><td>4</td><td>4</td><td>금</td></tr>
<tr><td>8</td><td>攵</td><td>등글월 문 변</td><td>4</td><td>4</td><td>금</td></tr>
<tr><td>9</td><td>旡</td><td>이미기방 변</td><td>4</td><td>4</td><td>수</td></tr>
<tr><td>10</td><td>戈</td><td>창과 변</td><td>4</td><td>4</td><td>금</td></tr>
</table>

획수	일련 번호	부수	명 칭	부수의 획수		자원 오행
				원부수	약부수	
4획	11	爪	손톱조 변	4	4	금
	12	文	글월문 변	4	4	목
	13	斗	말 두 변	4	4	화
	14	斤	무게 근 변, 날 근 변	4	4	금
	15	方	모방 변	4	4	토
	16	无	없을 무 변, 기볼 변	4	4	수
	17	日	날일 변	4	4	화
	18	曰	가로왈 변	4	4	화,수
	19	犬,犭	개 견 변	4	3	토
	20	木	나무 목 변	4	4	목
	21	欠	하품 흠 방변	4	4	화
	22	止	그칠 지 변	4	4	토
	23	歹	죽음 시 변, 뼈 앙살할 변,	4	4	수
	24	殳	갖은 등글 월 문 변	4	4	금
	25	毋	말무 변	4	4	토
	26	比	견줄 비 변	4	4	화
	27	毛	터럭 모 변	4	4	화
	28	氏	각시씨 변, 성씨 변	4	4	화
	29	气	기운기 엄 변	4	4	수
	30	水,氵	물수 변, 삼수 변	4	3	수

획수	일련 번호	부수	명 칭	부수의 획수		자원 오행
				원부수	약부수	
4획	31	氵	물수 변, 이수 변	4	2	수
	32	水,氺	물수 변, 아래물 수 변	4	5	수
	33	戶	지게 호 변	4	4	목, 금
	35	父	아비 부 변	4	4	목
	36	爻	점괘 효 변	4	4	화
	37	爿	장수 변 장, 조각널장 변	4	4	목
	38	片	조각편 변	4	4	목
	39	牙	어금니아 변	4	4	금
	40	牛	소우 변	4	4	토
	41	歹	죽을 사 변	4	4	수
	41	肉,月	달월 변, 육각달월 변	6	4	수
	42	玉,王	임금왕 변	5	4	금
	43	老,耂	늙을 로 변	6	4	토
	44	艸,⺿	초두 변	6	4	목
	45	辵,辶	책받침 변	7	4	토
5획	1	玉,王	구슬 옥 변, 임금왕 변	5	4	금
	2	玄	검을 현 변	5	5	화
	3	瓜	오이과 변	5	5	목
	4	瓦	기와 와 변	5	5	토
	5	甘	달감 변	5	5	토

획수	일련 번호	부수	명 칭	부수의 획수		자원 오행
				원부수	약부수	
5획	6	生	날 생 변	5	5	목
	7	用	쓸 용 변	5	5	수
	8	田	밭 전 변	5	5	목,토
	9	疋	짝 필 변, 발 소 변	5	5	토
	10	疒	병질 엄 변	5	5	수
	11	癶	필발 머리 변	5	5	수
	12	白	흰백 변	5	5	금
	13	皮	가죽 피 변	5	5	금
	14	皿	그릇 명 변	5	5	화,금
	15	目	눈 목 변	5	5	목
	16	矛	창 모 변	5	5	금
	17	矢	화살 시 변	5	5	금
	18	石	돌 석 변	5	5	금
	19	示,礻	보일 시 변	5	4	목
	20	禸	짐승발자국 유 변	5	5	목,화
	21	禾	벼화 변	5	5	목
	22	穴	구멍혈 변	5	5	수
	23	立	설립 변	5	5	금
	24	四	넉사 변	5	4	수
	25	网,罒	그물 망 변	6	5	목

<table>
<tr><th rowspan="2">획수</th><th rowspan="2">일련
번호</th><th rowspan="2">부수</th><th rowspan="2">명 칭</th><th colspan="2">부수의 획수</th><th rowspan="2">자원
오행</th></tr>
<tr><th>원부수</th><th>약부수</th></tr>
<tr><td rowspan="20">6획</td><td>1</td><td>竹</td><td>대죽 변</td><td>6</td><td>6</td><td>목</td></tr>
<tr><td>2</td><td>米</td><td>쌀미 변</td><td>6</td><td>6</td><td>목</td></tr>
<tr><td>3</td><td>糸</td><td>실 사 변</td><td>6</td><td>6</td><td>목</td></tr>
<tr><td>4</td><td>缶</td><td>장군부 변</td><td>6</td><td>6</td><td>토</td></tr>
<tr><td>5</td><td>网,罒</td><td>그물망 변</td><td>6</td><td>5</td><td>목</td></tr>
<tr><td>6</td><td>羊</td><td>양양 변</td><td>6</td><td>6</td><td>토</td></tr>
<tr><td>7</td><td>羽</td><td>깃우 변</td><td>6</td><td>6</td><td>수</td></tr>
<tr><td>8</td><td>老,耂</td><td>늙을 로 변</td><td>6</td><td>4</td><td>토</td></tr>
<tr><td>9</td><td>而</td><td>말 이을 이 변</td><td>6</td><td>6</td><td>수</td></tr>
<tr><td>10</td><td>耒</td><td>쟁기 뢰 변, 가뢰뢰 변</td><td>6</td><td>6</td><td>목</td></tr>
<tr><td>11</td><td>耳</td><td>귀이 변</td><td>6</td><td>6</td><td>화</td></tr>
<tr><td>12</td><td>聿</td><td>오직율 변</td><td>6</td><td>6</td><td>화</td></tr>
<tr><td>13</td><td>肉,月</td><td>고기육 변, 달월 변</td><td>6</td><td>4</td><td>수</td></tr>
<tr><td>14</td><td>臣</td><td>신하신 변</td><td>6</td><td>6</td><td>화</td></tr>
<tr><td>15</td><td>自</td><td>스스로 자 변</td><td>6</td><td>6</td><td>목</td></tr>
<tr><td>16</td><td>至</td><td>이를 지 변</td><td>6</td><td>6</td><td>토</td></tr>
<tr><td>17</td><td>臼</td><td>절구 구 변</td><td>6</td><td>6</td><td>토</td></tr>
<tr><td>18</td><td>舌</td><td>혀 설 변</td><td>6</td><td>6</td><td>화</td></tr>
<tr><td>19</td><td>舛</td><td>어그러질 천 변</td><td>6</td><td>6</td><td>목</td></tr>
<tr><td>20</td><td>舟</td><td>배주 변</td><td>6</td><td>6</td><td>목</td></tr>
</table>

획수	일련 번호	부수	명 칭	부수의 획수		자원 오행
				원부수	약부수	
6획	21	艮	괘 이름 간 변, 그칠 간 변	6	6	토
	22	色	빛 색 변	6	6	토
	23	艸,++	초두 변, 풀초 변	6	4	목
	24	虍	범호엄 변, 범의 문채 호 변	6	6	목
	25	虫	벌레 충 변	6	6	수
	26	血	피 혈 변	6	6	수
	27	衣,衤	옷 의 변	6	6	목
	28	行	다닐행 변	6	6	화
	29	西	서녘 서 변	6	6	금
	30	襾	덮을아 변	6	6	금
7획	1	見	볼 견 변	7	7	화
	2	角	뿔 각 변	7	7	목
	3	言	말씀 언 변	7	7	금
	4	谷	골 곡 변	7	7	수
	5	豆	콩 두 변	7	7	목
	6	豕	돼지 시 변	7	7	수
	7	豸	갖은 돼지 시 변	7	7	수
	8	貝	조개 패 변	7	7	금
	9	赤	붉을 적 변	7	7	화
	10	走	달릴 주 변	7	7	화

획수	일련 번호	부수	명 칭	부수의 획수		자원 오행
				원부수	약부수	
7획	11	足	발 족 변	7	7	토
	12	身	몸 신 변	7	7	화
	13	車	수레 거 변	7	7	화
	14	辛	매울 신 변	7	7	금
	15	辰	별 진 변	7	7	토
	16	辵,辶	책 받침 변	7	4	토
	17	邑,阝(우)	고을 읍 변, 우방 변	7	3	토
	18	酉	닭 유 변	7	7	금
	19	采	분별할 변, 나눌 변	7	7	화
	20	里	마을 리 변	7	7	토
8획	1	金	쇠 금 변	8	8	금
	2	長	길 장 변	8	8	목
	3	門	문 문 변	8	8	목
	4	阝(좌),阜	언덕 부 변, 좌방 변	8	3	토
	5	隶	미칠 이 변	8	8	수
	6	隹	새 추 변	8	8	화
	7	雨	비 우 변	8	8	수
	8	青	푸를 청 변	8	8	목
	9	非	아닐 비 변	8	8	수
9획	1	面	낯 면 변	9	9	화

획수	일련 번호	부수	명 칭	부수의 획수		자원 오행
				원부수	약부수	
9획	2	革	가죽 혁 변	9	9	금
	3	韋	가죽 위 변	9	9	금
	4	韭	부추 구 변	9	9	목
	5	頁	머리 혈 변	9	9	화
	6	飛	날 비 변	9	9	화
	7	風	바람 풍 변	9	9	목
	8	食飠	밥 식 변	9	9	수
	9	音	소리 음 변	9	9	금
	10	首	머리 수 변	9	9	수
	11	香	향기 향 변	9	9	목
10획	1	馬	말 마 변	10	10	화
	2	骨	뼈 골 변	10	10	금
	3	高	높을 고 변	10	10	화
	4	髟	터럭 발 변	10	10	화
	5	鬥	싸움 투 변	10	10	금
	6	鬯	울창 주 창 변, 활집 창 변	10	10	목
	7	鬲	솥 력 변, 오지병 격 변	10	10	토
	8	鬼	귀신 귀 변	10	10	화
11획	1	魚	고기 어 변	11	11	수
	2	鳥	새 조 변	11	11	화

획수	일련 번호	부수	명 칭	부수의 획수		자원 오행
				원부수	약부수	
11획	3	鹵	소금밭 로변	11	11	수
	4	鹿	사슴 록변	11	11	토
	5	麥	보리 맥변	11	11	목
	6	麻	삼마 변	11	11	목
12획	1	黃	누를 황변	12	12	토
	2	黍	기장 서변	12	12	목
	3	黑	검을 흑변	12	12	수
	4	黹	바느질 치변	12	12	목
13획	1	黽	맹꽁이 맹변	13	13	토
	2	鼎	솥 정변	13	13	화
	3	鼓	북 고변	13	13	금
	4	鼠	쥐 서변	13	13	수
14획	1	鼻	코 비변	14	14	금
	2	齊	가지런할 제변	14	14	토
15획	1	齒	이 치변	15	15	금
16획	1	龍	용 룡변	16	16	토
17획	1	龜	거북 귀변	16	16	수
	2	龠	피리 약변	17	17	화

자원오행

작명 길라잡이

우리나라 성씨

번호	한글	한자	뜻 풀 이 본	부수	획수	자원 오행
1	가	賈	값 가, 장사 가 소주	貝	13	금
2	가	哥	노래 가, 노랫소리 가 자료없음.	口	10	수
3	간	簡	대쪽 간, 글 간, 편지 간 가평, 남양, 서산, 영광, 경주, 인동, 양양, 해주	竹	18	목
4	갈	葛	칡 갈 남양, 청주, 양주, 양근, 양성	艸,++	15	목
5	감	甘	달 감, 상쾌할 감 희산, 경남 창원(합포)	甘	5	토
6	강	强	강할 강 충주, 괴산	弓	12	금
7	강	康	편안 강, 즐거울 강, 신천	广	11	목
8	강	姜	생강 강, 굳셀 강 진주, 금천, 안동, 배천, 해미, 동복, 광주	女	9	토
9	강	剛	굳셀 강, 강철 강 본관이 분명치 않음.	刂	10	금
10	강	彊	굳셀 강 진주	弓	16	금
11	견	堅	굳을 견 천녕, 사량, 김포, 충주	土	11	토
12	견	甄	질그릇 견 황간, 전주	瓦	14	토

번호	한글	한자	뜻 풀 이 본	부수	획수	자원 오행
13	경	慶	경사 경, 발어사 강 청주	心	15	화
14	경	景	볕 경, 그림자 영 해주, 태인	日	12	화
15	경	卿	벼슬 경 자료없음	卩	12	목
16	경	敬	공경 경 자료없음	攵	13	금
17	계	桂	계수나무 계 수안	木	10	목
18	고	高	높을 고 제주, 장흥, 개성, 연안, 용담, 담양, 의령, 청주, 횡성, 김화, 토산, 회령, 안동,	高	10	화
19	곡	曲	휘다 곡, 누룩 곡 용궁, 면천	曰	6	토
20	골	骨	뼈 골 자료없음	骨	10	목
21	공	孔	구멍 공 곡부	子	4	수
22	공	公	공평할 공, 귀 공 김포, 문천	八	4	금
23	공	貢	바칠 공 수원, 인천, 이천, 김포, 행주, 전주, 창원, 인동, 창녕, 배천, 창성	貝	10	금

번호	한글	한자	뜻 풀 이 본	부수	획수	자원 오행
24	곽	郭	둘레 곽, 외성 곽 청주, 현풍	邑, 阝	15	토
25	관	冠	갓 관 자료없음.	冖	9	수
26	광	廣	넓을 광 자료없음	广	15	목
27	광	洸	성낼 광 자료없음	水, 氵	10	수
28	구	丘	언덕 구 평해	一	5	토
29	구	具	갖출 구 창원, 능성	八	8	금
30	구	邱	언덕 구, 땅 이름 구 은진	邑, 阝	12	토
31	국	國	나라 국 풍천, 현풍, 영양, 금성, 대명	囗	11	수
32	국	鞠	공 국, 궁할 국, 국문할 국, 담양	革	27	금
33	국	菊	국화 국 불상	艸, ++	14	목
34	군	君	임금 군 불상	口	7	수
35	궁	弓	활 궁 토산	弓	3	화

번호	한글	한자	뜻 풀 이 본	부수	획수	자원 오행
36	궉	鴌	봉새 궉, 꿩 궉 순창, 선산	鳥	11	화
37	권	權	권세 권, 저울 권 안동, 예천	木	22	목
38	근	斤	근 근, 도끼 근 청주	斤	4	금
39	금	琴	거문고 금 봉화금씨로 일원화 됨	玉,王	13	금
40	김 (금)	金	쇠 금 강릉, 강화, 개성, 경산, 경주, 고령, 고산, 고성, 공주, 광산, 廣州, 교화, 금녕, 금산, 김제, 김해, 금화, 나주, 낙안, 남양, 람보, 해남, 당악, 대구, 덕수, 도강, 동래, 등주, 무장, 문화, 밀양, 백천, 보령, 부안, 사천, 삼척, 상산, 서흥, 선산, 설성, 수안, 수원, 순천, 신천, 안동, 안로, 안산, 안성, 안악, 야성, 양근, 양산, 양주, 언양, 연안, 연주, 영광, 영동, 영산, 영암, 영양, 영월, 영천, 영해, 예안, 오천, 용궁, 용담, 우봉, 울산, 웅천, 원주, 월성, 은율, 은진, 의성, 이천, 의주, 장연, 적성, 전주, 정주, 진도, 진위, 진음, 진주, 진천, 창원, 창평, 청도, 청주, 청풍, 춘양, 충주, 철원, 태원, 통천, 파평, 평양, 평해, 풍기, 풍덕, 풍산, 하음, 함창, 해주, 해평, 해풍, 홍주, 화순, 희천	金	8	금
41	기	奇	기특할 기, 의지할 의 행주	大	8	토
42	기	箕	키 기, 쓰레박기 기 행주	竹	14	목
43	길	姞	삼갈 길 자료없음	女	9	토

번호	한글	한자	뜻 풀 이 본		부수	획수	자원 오행
44	길	吉	길할 길	해평(경북 구미)	口	6	수
45	나	羅	벌일 라(나), 그물 라(나)	금성, 나주, 안정, 비안, 수성, 군위, 정산, 경주, 김해, 안동, 의성, 장성, 전주, 진주, 해주	网, 罒	20	목
46	나	那	어찌 나, 어조사 내	자료없음	邑, 阝	11	토
47	남	南	남녘 남	고성, 영양, 의령, 남원	十	9	화
48	남궁	南宮	성씨 남궁	함열, 부윤, 남평, 용안, 의령, 자산	十 宀	19	화
49	낭 (랑)	浪	낭(랑)	양주	水, 氵	11	수
50	내	乃	곧 내, 이에 내	개성	丿	2	금
51	내	奈	어찌 내, 어지할 내, 어찌 나	나주	大	8	화
52	노 (로)	盧	성씨 노(로), 목로 로(노)	광주, 교하, 풍천, 장연, 안동, 연일, 평양, 곡산, 경주, 용성, 만경, 해주, 영광, 동성, 선산, 함평, 청도, 신창	皿 皿	16	수
53	노 (로)	魯	노나라 로(노), 노둔할 로(노)	강화, 광주, 밀양, 함평	魚 魚	15	수
54	노 (로)	路	성씨 노(로), 길 로(노)	개성	足 足	13	토

번호	한글	한자	뜻 풀 이 본		부수	획수	자원 오행
55	노 (로)	蘆	갈대 로(노)		艸,++	22	목
			광주, 충주, 경주, 상주				
56	뇌 (뢰)	雷	성씨 뇌(뢰), 우레 뢰(뇌)		雨	13	수
			교동				
57	뇌 (뢰)	賴	의뢰할 뇌(뢰), 힘입을 뢰		貝	16	금
			경기도 1명, 충북 1가구				
58	단	段	구분 단, 조각 단, 층계 단		殳	9	금
			강음, 연안				
59	단	單	성씨 단, 홑 단, 오직 단		口	12	수
			연안				
60	단	端	끝 단, 바를 단, 곧을 단		立	14	금
			한산				
61	당	唐	당나라 당, 허풍 당		口	12	수
			밀양				
62	대	大	클 대, 큰 대		大	3	목
			대산, 밀양				
63	도	都	도읍 도		邑,阝	16	토
			서제, 성주, 전주, 고성, 풍양				
64	도	道	길 도		辶	16	토
			고성				
65	도	陶	질그릇 도		阜,阝	16	토
			풍양, 남양, 청주, 유곡, 순천, 별량, 죽청, 경주, 병양, 밀양, 순천				
66	독고	獨孤	성씨		犬,犭	25	토
			남원				

번호	한글	한자	뜻 풀 이 본	부수	획수	자원 오행
67	돈	頓	조아릴 돈, 깨질 돈 목천	頁	13	화
68	돈	敦	도타울 돈, 인정 많을 돈 청주	攵	12	금
69	동	董	감독할 동, 바를 동 광천	艸,⁺⁺	15	목
70	동방	東方	성씨 진주	木,方	12	목
71	두	杜	막을 두, 아가위 두 두릉	木	7	목
72	량 (양)	梁	들보 량(양) 남양, 세주	木	11	목
73	류 (유)	柳	버들 류(유) 고흥, 문화, 진주	木	9	목
74	리 (이)	李	오얏 리(이) 전주	木	7	목
75	마	馬	말 마 목천, 장흥	馬	10	화
76	마	麻	삼 마 영평, 열산	麻	11	목
77	만	萬	일만 만 개성, 강화, 진강, 광주, 홍주, 강릉, 익곡	艸,⁺⁺	15	목
78	매	梅	매화 매 충주	木	11	목

번호	한글	한자	뜻 풀 이 본		부수	획수	자원 오행
79	맹	孟	맏 맹, 맏이 맹, 힘쓸 맹 신창		子	8	수
80	명	明	밝을 명 서촉		日	8	화
81	모	牟	소 우는 소리 모, 보리 모 함평		牛	6	토
82	모	毛	터럭 모 광주(光州), 공산, 서산, 김해		毛	4	화
83	목	睦	화목할 목 사천		目	13	목
84	묵	墨	먹 묵 광녕, 요동		土	15	토
85	문	文	글월 문 감천, 남평, 정선		文	4	목
86	문	門	문 문 자료없음		門	8	목
87	미	米	쌀 미 재령, 송림, 유성, 방산		米	6	목
88	민	閔	위문할 민 여흥		門	12	목
89	박	朴	성씨 강릉, 고령, 고성, 광주, 군위, 구산, 나주, 노성, 면천, 무안, 문의, 문주, 밀양, 번남, 비안, 사천, 삼척, 상산, 상주, 선산, 순창, 순천, 려주, 영암, 영해, 운봉, 울산, 월성, 은풍, 음성, 의흥, 인제, 전주, 죽산, 진원, 창원, 충천, 충주, 태안, 태인, 평산, 평주, 평택, 함양		木	6	목

번호	한글	한자	뜻 풀 이 본		부수	획수	자원 오행
90	반	潘	성씨 반, 뜨물 반		水, 氵	16	수
			거제(기성, 광주, 남평)				
91	반	班	성씨 반, 나눌 반		玉, 王	11	금
			개성, 고성. 평해				
92	방	邦	나라 방, 봉할 방		邑, 阝	11	토
			광주, 파주, 해주, 괴산, 무안, 수다, 풍기, 예천, 철원, 영흥, 덕천				
93	방	房	성씨 방, 방 방		戶	8	목
			남양, 수원				
94	방	方	모 방, 본뜰 방		方	4	토
			온양				
95	방	房	성씨 방, 방 방		戶	8	목
			남양, 수원				
96	방	龐	어지러울 방, 클 방		龍	19	토
			개성, 갈양, 대원				
97	방	旁	곁 방, 두루 방, 널리 방		方	10	토
98	배	裵	치렁치렁할 배		衣	14	목
			경주, 김해, 성주, 대구, 흥해, 협계, 곤양, 화순				
99	백	白	흰 백		白	5	금
			수원 등 30여 본이 있음.				
100	범	范	법 범		艸, ++	11	목
			금성				
101	범	凡	무릇 범		几	3	수
			안주				

번호	한글	한자	뜻 풀 이 본	부수	획수	자원 오행
102	변	邊	가장자리 변, 국경 변 원주, 장연, 황주	辵,辶	22	토
103	변	卞	법 변 초계, 밀양	卜	4	토
104	복	卜	점 복, 무 복 면천	卜	2	화
105	봉	奉	받들 봉 하음, 강화, 경주	大	8	목
106	봉	鳳	봉황새 봉 경주	鳥	14	화
107	부	夫	지아비 부 제주	大	4	목
108	비	丕	클 비, 으뜸 비 농서	一	5	수
109	빈	彬	빛날 빈 대구, 담양	彡	11	화
110	빈	賓	손 빈 달성, 영광	貝	14	금
111	빙	氷	얼음 빙, 엉길 응 경주	水	5	수
112	사	史	사기 사, 역사 사 거창, 청주	口	5	수
113	사	舍	집 사, 버릴 사, 관청 사 자료없음	舌	8	화

번호	한글	한자	뜻 풀 이 / 본	부수	획수	자원오행
114	사	謝	사례할 사, 말씀 사, 자랑할 사 경기, 전남에 각 1가구씩.	言	17	금
115	사공	司空	성씨 효령	口,穴	13	수
116	삼	森	풀 삼, 성할 나무 삼 삼가	木	12	목
117	상	尙	오히려 상, 높일 상, 숭상할 상 목천	小	8	금
118	서	徐	천천히 할 서, 한가할 서 남양, 남평, 달성, 당성, 대구, 부여, 연산, 이천, 장성, 절강, 평당	彳	10	화
119	서	西	서녘 서 전국에 2 가구.	襾	6	금
120	서문	西門	성씨 안음	襾,門	14	금
121	석	石	돌 석 충주, 홍주, 해주	石	5	금
122	석	昔	예 석 월성	日	8	화
123	석	碩	클 석, 충실할 석 나타나지 않음	石	14	금
124	선	宣	베풀 선 보성	宀	9	목
125	선	先	먼저 선, 나아갈 선 나타나지 않음	儿	6	목

번호	한글	한자	뜻 풀 이 본		부수	획수	자원 오행
126	선우	鮮于	성씨 태원		魚,二	10	수
127	설	薛	맑은 대쑥 설 경주, 순창		艸,++	19	목
128	설	偰	맑을 설 경주		亻	11	화
129	섭	葉	땅 이름 섭 공촌, 처인, 회미, 인의, 이파산, 해평, 평해		艸,++	15	목
130	성	成	이룰 성 창녕		戈	7	화
131	성	星	별 성 불상		日	9	화
132	소	蘇	되살아날 소, 차조기 소 진주		艸,++	22	목
133	소	邵	땅 이름 소, 고을 이름 소 평산, 남양, 인주, 공주, 청산, 전주, 경주, 여량, 진주, 밀양, 비안, 안태, 서화, 하남, 서촉, 안강		邑,阝	12	토
134	손	孫	손자 손 경주, 밀양, 비안, 안동, 월성, 청주, 평해, 구례, 청주, 나주, 부안, 안협		子	10	수
135	송	宋	송나라 송 김해, 남양, 덕산, 문경, 신평, 야성, 양주, 려산, 연안, 용성, 은진, 진천, 철원, 청주, 홍주		宀	7	목
136	송	松	소나무 송, 더벅머리 송 화순		木	8	목

번호	한글	한자	뜻 풀 이 본	부수	획수	자원 오행
137	수	水	물 수 강릉, 강남	水	4	수
138	수	洙	물가 수 불상	水, 氵	10	수
139	순	舜	순임금 순, 무궁화 순 파주, 임천	舛	12	목
140	순	淳	순박할 순 불상	水, 氵	12	수
141	순	順	순할 순 불상	頁	12	화
142	순	荀	성씨 순, 풀 이름 순 홍산, 임천, 창원, 연곡(강릉)	艸, ++	12	목
143	승	承	이을 승 연일, 광산	手	8	목
144	승	昇	오를 승 청평, 남원	日	8	화
145	시	施	베풀 시 절강, 성주	方	9	토
146	시	柴	섶 시 태인, 김화	木	9	목
147	신	辛	매울 신 영산, 영월	辛	7	금
148	신	愼	삼갈 신 거창	心, 忄	14	화

번호	한글	한자	뜻 풀 이 본		부수	획수	자원 오행
149	신	申	거듭 신, 펼 신, 아홉째 지지 신		田	5	금
			고령, 아주, 평산, 영해, 은풍, 천안, 이천, 신천, 곡성, 삭녕, 창주				
150	심	沈	성씨		水, 氵	8	화
			삼척, 청송, 풍산				
151	아	阿	언덕 아		阜, 阝	13	토
			불상				
152	안	安	편안 안		宀	6	목
			광주, 순흥, 죽산, 탐진, 태원				
153	애	艾	쑥 애, 다스릴 예		艸, ++	8	목
			한양, 연풍, 전주				
154	야	夜	밤 야		夕	8	수
			원평, 개성, 석천, 봉성				
155	양	楊	버들 양		木	13	목
			남양, 밀양, 안악, 중화, 청주, 통주, 남원				
156	양	樑	대들보 량(양), 굳셀 량		木	15	목
			불상				
157	양	襄	도울 양		衣	17	목
			불상				
158	양	梁	들보 량(양)		木	11	목
			제주, 남원, 충주, 양주, 임천, 나주				
159	어	魚	물고기 어		魚	11	수
			충주, 함종				
160	엄	嚴	엄할 엄		口	20	화
			영월				

번호	한글	한자	뜻 풀 이 본	부수	획수	자원 오행
161	여	呂	땅 이름 려, 법칙 려(여) 성주, 함양	口	7	수
162	여	余	나 여, 자신 여, 남을 여 의령	人	7	화
163	여	汝	너 여 불상	艸,++	7	수
164	연	延	늘일 연, 맞을 연, 끌 연 곡산	廴	7	토
165	연 (련)	連	잇닿을 련(연), 맺을 련 전주, 곡산	辵,辶	14	토
166	연	燕	제비 연, 편안할 연 정평, 영평, 전주, 평주, 곡산, 덕원	灬	16	화
167	염	廉	청렴할 렴, 검소할 렴 파주	广	13	목
168	영	永	길 영, 읊을 영 평해, 강령	水	5	수
169	영	影	그림자 영, 형상 영 불상	彡	15	화
170	예	芮	성씨 부계, 의홍	艸,++	10	목
171	오	吳	성씨 고창, 군위, 나주, 낙안, 동북, 보성, 연일, 울산, 장흥, 전주, 평해, 함양, 함평, 해주, 화순, 흥양, 두원, 울산, 의성	口	7	수

번호	한글	한자	뜻 풀 이 본		부수	획수	자원 오행
172	옥	玉	구슬 옥		玉,王	5	금
			의령				
173	온	溫	따뜻할 온		水,氵	14	수
			봉성, 경주, 금구, 서원, 온양, 전주, 이성, 나주, 평고, 거야, 종정, 진주				
174	옹	邕	막힐 옹, 화할 옹, 화목할 옹		邑	10	토
			순창, 부령				
175	옹	雍	온화할 옹, 누그러질 옹		隹	13	화
			파평				
176	왕	王	임금 왕, 옥 옥		玉,王	5	금
			개성, 제남, 강릉, 해주				
177	요	姚	예쁠 요		女	9	토
			휘주(중국), 수원				
178	용	龍	임금 룡(용), 용 룡(용)		龍	16	토
			홍천, 광주, 양근, 용인, 파주				
179	우	禹	하우씨 우, 펼 우		内	9	토
			단양				
180	우	于	어조사 우		二	3	수
			목천				
181	운	芸	평지 운		艸,++	10	목
			전주				
182	운	雲	구름 운		雨	12	수
			함흥, 청주, 장흥				
183	원	元	으뜸 원		儿	4	목
			원주				

번호	한글	한자	뜻풀이 본		부수	획수	자원오행
184	원	袁	옷 치렁거릴 원		衣	10	목
			비안				
185	위	韋	가죽 위		韋	9	금
			강화				
186	위	魏	나라 이름 위		鬼	18	화
			장흥				
187	유	俞 (兪)	대답할 유		入	9	화
			강진, 고령, 금산, 기계, 무안, 인동, 창원, 천녕, 장서				
188	유	劉	모금도 유(류), 죽일 류(유)		刂	15	금
			강릉, 충주, 거창, 금성, 배천, 연안, 전주, 경주, 강원, 강화, 개성, 고부, 공주, 광주, 금성, 남원, 무주, 수원, 순흥, 안동, 연백, 연안, 연천, 옥천, 영월, 원주, 진주, 창녕, 천안, 청주, 파평, 풍산, 해주				
189	유	庾	곳집 유, 노적가리 유		广	12	목
			무송, 평산				
190	유 (류)	柳	버들 류		木	9	목
			문화, 서산, 풍산, 선산, 진주, 전주, 고흥, 인동, 배천				
191	육	陸	뭍 륙(육), 언덕 육(륙), 육지 육(륙)		阜, 阝	16	토
			옥천				
192	윤	尹	다스릴 윤, 성실할 윤		尸	4	수
			남원, 무송, 양주, 영천, 예천, 칠원, 파평, 함안, 해남, 해평 , 해주, 야성, 기계, 현풍, 죽산, 고창, 평산, 여주, 신령, 덕산				
193	은	殷	성할 은, 은나라 은		殳	10	금
			행주				

번호	한글	한자	뜻 풀 이		부수	획수	자원오행
			본				
194	음	陰	그늘 음		阜, 阝	16	토
			죽산, 괴산				
195	이(리)	李	오얏 이(리)		木	7	목
			가평, 강진, 강화, 개성, 결성, 경산, 경주, 고령, 고부, 고성, 공주, 광산, 廣州, 광평, 교하, 김구, 기장, 김포, 나주, 남평, 단성, 단양, 담양, 대흥, 덕산, 덕수, 덕은, 동성, 벽진, 봉산, 부안, 부여, 부평, 상산, 서림, 성산, 성주, 수안, 수원, 순천, 신평, 아산, 안산, 안성, 안악, 양산, 양성, 양주, 여주, 연안, 寧川, 永川, 영해, 예안, 온양, 용궁, 용인, 우계, 우봉, 울산, 원주, 음죽, 익산, 인제, 인천, 장수, 장흥, 전의, 정선, 정주, 진보, 진안, 진위, 진주, 청녕, 청송, 청안, 청주, 청해, 태안, 태원, 통진, 평산, 평창, 하빈, 하음, 학성, 한산, 함안, 함평, 합천, 해남, 해주, 홍주, 화산, 희덕, 흥양, 밀양				
196	이(리)	異	다를 이(리)		田	11	토
			밀양				
197	이	伊	저 이, 어조사 이		亻	6	화
			태원, 은천				
198	인	印	도장 인		卩	11	목
			교동				
199	임	任	맡길 임, 맞을 임		亻	6	화
			장흥, 풍천, 곡성, 과천, 아선, 회덕, 진주, 함풍				
200	임(림)	林	수풀 림(임)		木	8	목
			나주, 평택, 진천, 울진, 예천, 부안, 순창, 장흥, 조양, 은진, 선산, 진주, 옥구, 경주, 옥야, 전주, 임천, 임하, 길안, 밀양, 보성, 안동				
201	자	慈	사랑 자		心	14	화
			요양, 해주, 중원				

번호	한글	한자	뜻 풀 이 본		부수	획수	자원 오행
202	장	張	베풀 장, 넓힐 장		弓	11	금
			결성, 구례(봉성), 나주, 단양, 덕수, 목천, 부안, 순천, 안동, 예산, 옥구, 울진, 인동, 전주, 절강, 지례, 진안, 진주, 진천, 창녕, 청송, 흥성, 흥양				
203	장	章	글 장		立	11	금
			거창, 보성				
204	장	莊	씩씩할 장, 전장 장		艸,++	13	목
			아산, 금천, 장연				
205	장	蔣	줄 장		艸,++	17	목
			아산, 청송, 김포				
206	전	全	온전할 전		入	6	토
			감천, 慶州, 기장, 나주, 성산, 성주, 옥산, 옥천(웅천), 완산, 용궁, 정선, 죽산, 천안, 팔거, 평강, 함창, 황간				
207	전	田	밭 전		田	5	목
			남양, 담양, 연안, 영광, 하음, 문경, 태산, 안주, 하음, 진원, 우봉, 정산,				
208	전	錢	돈 전		金	16	금
			문경, 지례, 악계				
209	점	占	점령할 점, 점칠 점		卜	5	화
			한산, 괴산				
210	정	鄭	나라 정		邑, 阝	19	토
			경주, 고성, 곤양, 光州, 금성, 김포, 나주, 낭야, 동래, 봉화, 서경, 서산, 야성, 연일, 영덕, 예천, 온양, 정기, 전주, 정산, 정주, 진양, 청산, 청주, 초계, 하동, 함평, 해주, 압해				

번호	한글	한자	뜻 풀 이 본			부수	획수	자원 오행
211	정	丁	고무래 정, 장정 정			一	2	화
			압해, 나주, 영광, 창원, 의성					
212	정	程	한도 정, 길 정, 헤아릴 정			禾	12	목
			하남					
213	제	諸	모두 제			言	16	금
			칠원, 의성					
214	제갈	諸葛	성씨			言, 艸,++	31	금
			남양(중국)					
215	조	趙	나라 조, 찌를 조			走	14	화
			김제, 백천, 밀양, 양주, 옥천, 임천, 직산, 진보, 태원, 평산, 평양, 풍양, 한양, 함안, 횡성					
216	조	曹	무리 조			日	10	화
			창녕, 능성, 남평, 옥주, 장흥, 안동, 청도, 수성, 가흥, 창평, 영암, 인산					
217	종	宗	마루 종			宀	8	목
			임진, 통진, 모압, 이파, 인의, 황원					
218	종	鐘	쇠북 종			金	20	금
			하음, 풍덕, 통진, 천안, 영암, 두원, 정의					
219	좌	左	왼 좌			工	5	화
			제주					
220	주	周	두루 주			口	8	수
			상주, 초계, 함안, 장흥, 삼계					
221	주	朱	붉을 주			木	6	목
			신안(중국), 나주, 능성, 웅천, 공주, 전주					

번호	한글	한자	뜻 풀 이 본		부수	획수	자원 오행
222	준	俊	준걸 준		イ	9	화
			청주				
223	지	池	못 지		水, 氵	7	수
			충주, 청주, 경주, 단양, 광주(무주), 울진(청송), 홍농				
224	지	智	슬기 지, 지혜 지		日	12	화
			봉주				
225	진	秦	나라 이름 진		禾	10	목
			진주, 풍기				
226	진	眞	참 진		目	10	목
			서산				
227	진	晉	진나라 진, 나아갈 진		日	10	화
			남원				
228	진	陳	베풀 진, 묵을 진		阜, 阝	16	토
			여양(홍성)으로 일원화				
229	차	車	수레 차		車	7	화
			연안				
230	창	昌	창성할 창		日	8	화
			거창, 창녕, 공주, 아산, 여산, 장성, 강릉				
231	창	倉	곳집 창		人	10	화
			아산				
232	채	蔡	성씨		艸, ++	17	목
			평강, 인천, 음성, 광주				
233	채	采	풍채 채, 캘 채		采	8	목
			여산				

번호	한글	한자	뜻 풀 이 본			부수	획수	자원 오행
234	채	菜	나물 채 영양, 진주			艸,++	14	목
235	천	千	일천 천, 밭두둑 천, 그네 천 영양			十	3	수
236	천	天	하늘 천 연안, 우봉			大	4	화
237	초	楚	초나라 초, 회초리 초 파릉, 성주, 청주, 강릉			木	13	목
238	초	肖	닮을 초, 같을 초 제주			肉,月	9	수
239	최	崔	높을 최 간성, 강릉, 강화, 개성, 경주, 계림, 고부, 곡강, 광주, 낭주, 동주, 부안, 삭령, 수성, 수원, 아산, 양주, 양천, 연풍, 영천, 영흥, 완산, 용강, 용궁, 우봉, 원주, 전주, 稷山, 진산, 청송, 청주, 초계, 충주, 탐진, 태인, 통천, 한남, 해주, 화순, 황주, 흥해			山	11	토
240	추	秋	가을 추, 밀치 추 전주, 추계			禾	9	목
241	추	鄒	추나라 추 불상			邑,阝	17	토
242	탁	卓	높을 탁 광산			十	8	목
243	탄	彈	탄알 탄 해주, 진주			弓	15	금

번호	한글	한자	뜻 풀 이 본		부수	획수	자원 오행
244	태	太	클 태	영순, 남원, 협계, 밀양, 통천,	大	4	목
245	판	判	판단할 판	해주	刂	7	금
246	팽	彭	땅 이름 팽	용강, 절강	彡	12	화
247	편	片	조각 편	절강	片	4	목
248	편	扁	작을 편, 치우칠 편	희천	戸	9	목
249	평	平	평평할 평	충주, 부평, 인천, 예산, 가흥, 평원	干	5	목
250	포	包	쌀 포, 꾸러미 포	풍덕, 순천	勹	5	금
251	표	表	겉 표, 시계 표	신창	衣	9	목
252	풍	馮	성씨	임구	馬	12	화
253	피	皮	가죽 피	괴산, 홍천, 단양, 광주, 충주, 파주,	皮	5	금
254	필	弼	도울 필	대흥, 전주	弓	12	금
255	하	河	물 하	진주, 안음, 강화	水, 氵	9	수

<table>
<thead>
<tr><th>번호</th><th>한글</th><th>한자</th><th colspan="2">뜻 풀 이
본</th><th>부수</th><th>획수</th><th>자원
오행</th></tr>
</thead>
<tbody>
<tr><td rowspan="2">256</td><td rowspan="2">하</td><td rowspan="2">夏</td><td colspan="2">여름 하</td><td rowspan="2">夊</td><td rowspan="2">10</td><td rowspan="2">화</td></tr>
<tr><td colspan="2">달성</td></tr>
<tr><td rowspan="2">257</td><td rowspan="2">한</td><td rowspan="2">韓</td><td colspan="2">한국 한, 나라 한</td><td rowspan="2">韋</td><td rowspan="2">17</td><td rowspan="2">금</td></tr>
<tr><td colspan="2">청주</td></tr>
<tr><td rowspan="2">258</td><td rowspan="2">한</td><td rowspan="2">漢</td><td colspan="2">한수 한, 한나라 한, 은하수 한</td><td rowspan="2">水, 氵</td><td rowspan="2">15</td><td rowspan="2">수</td></tr>
<tr><td colspan="2">충주</td></tr>
<tr><td rowspan="2">259</td><td rowspan="2">함</td><td rowspan="2">咸</td><td colspan="2">다 함, 짤 함</td><td rowspan="2">口</td><td rowspan="2">12</td><td rowspan="2">금</td></tr>
<tr><td colspan="2">강릉, 양근(경기 양평)</td></tr>
<tr><td rowspan="2">260</td><td rowspan="2">해</td><td rowspan="2">海</td><td colspan="2">바다 해</td><td rowspan="2">水, 氵</td><td rowspan="2">11</td><td rowspan="2">수</td></tr>
<tr><td colspan="2">김해, 영해</td></tr>
<tr><td rowspan="2">261</td><td rowspan="2">허</td><td rowspan="2">許</td><td colspan="2">허락할 허</td><td rowspan="2">言</td><td rowspan="2">11</td><td rowspan="2">금</td></tr>
<tr><td colspan="2">김해, 양천, 태인, 하양, 함창, 수원, 양주</td></tr>
<tr><td rowspan="2">262</td><td rowspan="2">현</td><td rowspan="2">玄</td><td colspan="2">검을 현, 하늘 현</td><td rowspan="2">玄</td><td rowspan="2">5</td><td rowspan="2">화</td></tr>
<tr><td colspan="2">성주, 순천, 연주, 창원</td></tr>
<tr><td rowspan="2">263</td><td rowspan="2">형</td><td rowspan="2">邢</td><td colspan="2">성씨</td><td rowspan="2">邑, 阝</td><td rowspan="2">11</td><td rowspan="2">토</td></tr>
<tr><td colspan="2">진주, 반성, 장흥</td></tr>
<tr><td rowspan="2">264</td><td rowspan="2">호</td><td rowspan="2">扈</td><td colspan="2">뒤 따를 호, 파랑새 호</td><td rowspan="2">戶</td><td rowspan="2">11</td><td rowspan="2">목</td></tr>
<tr><td colspan="2">보안, 전주</td></tr>
<tr><td rowspan="2">265</td><td rowspan="2">호</td><td rowspan="2">胡</td><td colspan="2">되 호, 오랑캐 이름 호, 수염 호</td><td rowspan="2">肉, 月</td><td rowspan="2">11</td><td rowspan="2">수</td></tr>
<tr><td colspan="2">파릉</td></tr>
<tr><td rowspan="2">266</td><td rowspan="2">홍</td><td rowspan="2">洪</td><td colspan="2">넓을 홍, 큰 물 홍</td><td rowspan="2">水, 氵</td><td rowspan="2">10</td><td rowspan="2">수</td></tr>
<tr><td colspan="2">남양, 풍산, 부계, 개령, 회인, 경주, 홍주, 의성, 풍천, 상주, 연안, 의주, 개성</td></tr>
<tr><td rowspan="2">267</td><td rowspan="2">화</td><td rowspan="2">化</td><td colspan="2">될 화</td><td rowspan="2">匕</td><td rowspan="2">4</td><td rowspan="2">금</td></tr>
<tr><td colspan="2">나주</td></tr>
</tbody>
</table>

번호	한글	한자	뜻 풀 이 / 본	부수	획수	자원오행
268	황	黃	누를 황	黃	12	토
			덕산, 상주, 성주, 우주, 장수, 제안, 창원, 평해, 항주, 황주, 회덕, 관성, 부안, 강화, 삼기,			
269	황보	皇甫	성씨	白,用	16	금
			영천			
270	후	后	임금 후, 뒤 후	口	6	수
			당인			

작명 길라잡이

격과 운 해설

획수	격	해설
1	기본격, 시두운	만물이 소생하는 기상으로, 부귀와 명예가 따른다.
2	분리격, 고독운	고독과 번뇌하며, 가정이 편치 못하고, 흩어져 불길하다.
3	명예격, 복덕운	지혜가 뛰어나고, 결단력과 실천력이 있어 크게 성공한다.
4	부정격, 파괴운	매사 용두사미가 되며, 실패와 좌절을 겪고 패가망신한다.
5	정성격, 성공운	온후 건실하며 지덕을 겸용하니 만사가 순조롭고 성공한다
6	계성격, 덕후운	외유내강하고 신념과 인내력이 강하여 대업을 성취한다.
7	독립격, 발전운	강한 의지와 자신감으로 어려움을 극복하고 목적을 달성한다.
8	발달격, 전진운	의지가 굳어 목적사를 성취하며 명망과 지위를 얻는다.
9	궁박격, 불행운	시작은 있으나 끝이 없는 격으로, 가정과 직장에서 좌절을 격는다.
10	공허격, 귀공운	성공을 이루기 어려운 수리로, 형액, 불구, 질병등을 얻는다.
11	신성격, 흥가운	사회적 지위와 신망을 얻어 부귀영화를 누린다.
12	유약격, 고수운	실천력이 부족하고 무기력하여 뜻을 이루지 못한다.
13	총명격, 지달운	지략이 충출하며, 만사에 크게 성공하고, 부귀영화를 누린다.
14	이산격, 방랑운	매사 분리되는 흉한 수리로, 가족과도 생리사별하며, 고독하다.

획수	격	해설
15	통솔격, 복수운	지혜와 덕성을 겸비하여 자립 대성하며 명성을 떨친다.
16	덕망격, 재부운	신망이 두텁고 품성이 인자하여 입신하며 부귀공명을 얻는다.
17	건창격, 용진운	강직하며, 의지가 굳어 어려움을 인내로 극복하고 대성한다.
18	발전격, 융창운	재주가 많고, 사회에서 비상한 발전이 있어 고귀한 지위에 오른다.
19	고난격, 병액운	병으로 고생을 하거나, 돈 때문에 고통을 당하게 된다.
20	허망격, 공허운	학업도 사업되고 중단되는 등 말년에는 고독한 생활을 한다.
21	자립격, 두령운	지모와 덕망이 뛰어나 만인의 선망을 얻고, 부귀공명한다.
22	중절격, 박약운	매사에 중도 좌절하게 되는 격으로, 각종 흉액에 시달린다.
23	공명격, 융창운	지덕과 문무를 겸비하여 큰 뜻을 이루며 이름을 떨친다.
24	입신격, 축재운	불굴지상으로 입지대업을 완수하여 명성을 떨치고 재복을 얻는다.
25	안강격, 재록운	지모가 뛰어나니 대사를 성취하여 자수성가하고 대업을 이룬다.
26	영웅격, 만달운	풍전등화와 같은 삶을 살게 되며, 불행을 격게 된다.
27	대인격, 중절운	권위와 명성을 널리 떨칠 대길운이나 중도에서 좌절한다.
28	파란격, 조난운	신상에 변란이 많고, 가정에 재앙이 생겨 방황한다.

획수	격	해설
29	성공격, 항복운	재주가 뛰어나고 처세가 능하니 입신출세하며 부귀공명한다.
30	부몽격, 불측운	한 번은 성공할 수는 있으나, 결국 한순간에 모든 것이 사라진다.
31	융창격, 흥가운	인품이 원만하고 지략이 뛰어나 명성과 부귀를 누린다.
32	순풍격, 왕성운	천우신조하여 의외의 재물과 명예, 지위를 얻어 만사형통한다.
33	융성격, 등룡운	지모가 출중하고 두각을 발휘하니 존경을 받으며 명성을 떨친다.
34	변란격, 파멸운	불의의 액운이 닥쳐 파란만장한 삶을 살게 된다.
35	태평격, 안강운	온유하고 원만하며 뭇사람의 신망을 얻어 행복 장수 부귀한다.
36	영웅격, 파란운	영웅운으로 파란곡절이 심하며, 기쁨과 슬픔이 쌍곡선을 이룬다.
37	인덕격, 출세운	지모가 뛰어나고 처세가 좋아 신망을 얻고 명성을 떨친다.
38	문예격, 학사운	재주가 뛰어나 문학 예술에 큰 업적을 남기며 입신양명한다.
39	대성격, 부영운	크게 성공하여 뭇사람을 거느리며 명성을 떨치고 부귀장수한다.
40	무상격, 허무운	일시적인 대성은 기대할 수 있으나 운기가 공허하고, 변화무쌍하다.
41	명예격, 고명운	인품과 덕망이 뛰어나 세인의 존경을 받고 재물과 명성을 얻는다.
42	고행격, 수난운	대인관계가 원만치 못하며, 매사에 중도 좌절한다.

획수	격	해 설
43	성쇠격, 산재운	내면의 세계에 부실하고 실속이 없으며, 남들한테 이용만 당한다.
44	난파격, 파멸운	일생동안 끝없는 흉액으로 평탄치 못한 삶을 살게 된다.
45	지혜격, 현달운	지혜와 계책이 뛰어나 대업을 성취하며, 자수성가하고, 대업을 이룬다.
46	춘몽격, 비애운	질병과 고독으로 단명하며, 모든 것이 허무하다.
47	출세격, 전개운	지략이 출중하여 만사가 해결되고 부귀영달한다.
48	유명격, 영달운	덕망이 있고 원만하니 매사가 안락 순탄하며 복록이 있다.
49	은퇴격, 변화운	성공과 실패를 반복하여, 변화무쌍한 삶을 살게 된다.
50	성패격, 길흉운	심신이 허약하여, 질병으로 고생하며, 고독한 삶을 살게 된다.
51	진퇴격, 성패운	한 번은 성공할 수 있지만, 결국 일장춘몽으로 허무해질 수 있다.
52	총명격, 영화운	운세가 대길하여 총명하니 성공을 거두고 공명을 얻는다.
53	우수격, 내허운	실속이 없는 외부내빈격으로, 삶에 굴곡이 심하다.
54	신고격, 패가운	불행한 일이 많이 생겨 패가망신하거나, 질병등으로 고생한다.
55	불안격, 미달운	재난을 당하여 매사 불안정하며, 가족과의 이별 등 고난을 당한다.
56	부족격, 한탄운	실천력과 진취성이 부족하여, 실패가 따라서 고통을 당한다.

획수	격	해설
57	노력격, 강성운	지혜가 뛰어나고 행운이 뒤따르니 성공을 거두며 부귀영화한다.
58	후영격, 후복운	처음에는 어려우나 결국 성공을 거두어 행복한 삶을 살아간다.
59	재화격, 불성운	모든 일이 불성이고, 액운이 속출해서 고독과 별병으로 고생한다.
60	부족격, 한탄운	한곳에 안주하지 못하고, 이리저리 헤매게 되며, 일생을 고독하게 살아간다.
61	영화격, 재리운	도량이 넓어 대인이 많고, 자기 주장이 강하며, 좌절했다가도 운이 오면 발전한다.
62	고독격, 쇠퇴운	의지가 작약하여 매사 실패하고, 파작 또는 형액이 따른다.
63	길상격, 성공운	부모덕과 재물복이 있으며, 부부화합하고 말년까지 복을 누린다.
64	침체격, 쇠멸운	두뇌가 명석하고 재주가 있지만, 오래가지 못하고 빚을 진다.
65	휘양격, 흥가운	인정이 많고 성품이 온하하며, 명예와 재물이 풍족하고, 가족이 화목하다.
66	우매격, 쇠망운	부모덕이 없고, 고집이 쎄서 타협할 줄 모르고, 주변의 신망을 잃어 좌절한다.
67	영달격, 천복운	성격이 당돌하고 추진력이 있어 한 번 실패해도 기어이 성공한다.
68	발달격, 흥가운	생각이 깊고 치밀하여 기획력이 뛰어나며, 가정이 화목하고 장수한다.
69	정지격, 불안운	질투, 시기심이 많고, 부모유산을 지키기 어려우며, 배우자 인연이 박하여 생리사별한다.
70	적막격, 공허운	일시 성공하나 일시에 망하게 되고, 부모 덕과 배우자 덕이 없다.

획수	격	해설
71	만달격, 발달운	부모 덕이 없어 초년에 고생하나 성실하여 자수성가하고, 가정화목하다.
72	상반격, 후곤운	부모가 계실때는 행복하나, 돌아가시고 나면 재물을 사기 당한다.
73	평길격, 평복운	초년에는 고생하지만 중년부터 은인을 만나 만사가 잘풀린다.
74	우매격, 불우운	성격이 급하고, 재주는 있으나, 속전속패하는 기질이고, 부부불화한다.
75	정수격, 평화운	성격이 온화하여 착하며, 재주가 있어도 드러내지 않고 순박하다.
76	선곤격, 후성운	초년 부모 덕이 없어 고생하나 천성이 착하며, 고비 때마다 주변의 도움으로 성공한다.
77	전후격, 길흉운	부모 덕은 있으나 허영심이 많고, 안일하며, 부모의 유업을 이어가지 못한다.
78	선길격, 평복운	치밀하고 조직적인 성격으로 매사 성공하며, 귀자를 둔다.
79	종극격, 부정운	정신적어 질병으로 의지가 박약하고, 소극적이며, 신병에 시달린다.
80	종결격, 은둔운	태양이 구름에 가려 쓸쓸하고 외로우며, 갈곳이 없어 탄식한다.
81	환원격, 성대운	겨울이 가고 새봄이 오는 것처럼 희망과 창조 등 새로운 것을 잉태한다.

자원오행
작명 길라잡이(개정판)

초판인쇄　　　　2015년 6월 30일
재판발행　　　　2018년 1월 15일

지은이　　　　　한길수 편저
발행인　　　　　조현수
펴낸곳　　　　　도서출판 프로방스
표지 & 편집 디자인　Design CREO
마케팅　　　　　최관호, 최문섭, 신성웅
ADD　　　　　　경기도 고양시 일산동구 백석2동 1301-2
　　　　　　　　　넥스빌오피스텔 704호

전화　　　　　　031-925-5366~7
팩스　　　　　　031-925-5368
이메일　　　　　provence70@naver com
등록번호　　　　제2016-000126호
등록　　　　　　2016년 6월 23일
ISBN　　　　　　979-11-88204-18-21-13720

정가 48,000원